江苏省社会科学基金资助出版

RESEARCH ON THE RESTRICTION
APPLICATION AND REDUCTION OF
POCKET CRIME

口袋罪的限制适用和消减进路研究

陈小炜 / 著

法律出版社
LAW PRESS·CHINA
北京

图书在版编目(CIP)数据

口袋罪的限制适用和消减进路研究 / 陈小炜著. --
北京：法律出版社，2022
ISBN 978-7-5197-6552-1

Ⅰ. ①口… Ⅱ. ①陈… Ⅲ. ①经营-刑事犯罪-研究
-中国 Ⅳ. ①D924.334

中国版本图书馆 CIP 数据核字(2022)第 049039 号

口袋罪的限制适用和消减进路研究
KOUDAIZUI DE XIANZHI SHIYONG HE XIAOJIAN JINLU YANJIU

陈小炜 著

策划编辑 张 珺
责任编辑 张 珺
装帧设计 汪奇峰

出版发行 法律出版社
编辑统筹 法商出版分社
责任校对 杨锦华
责任印制 胡晓雅
经　　销 新华书店

开本 710 毫米×1000 毫米 1/16
印张 17.75 **字数** 254 千
版本 2022 年 5 月第 1 版
印次 2022 年 5 月第 1 次印刷
印刷 三河市龙大印装有限公司

地址：北京市丰台区莲花池西里 7 号(100073)
网址：www.lawpress.com.cn
投稿邮箱：info@lawpress.com.cn
举报盗版邮箱：jbwq@lawpress.com.cn

销售电话：010-83938349
客服电话：010-83938350
咨询电话：010-63939796

书号：ISBN 978-7-5197-6552-1
定价：80.00 元
凡购买本社图书，如有印装错误，我社负责退换。电话：010-83938349

序　一

2021 年 9 月，最高人民检察院第二检察厅从全国重罪检察人才库中调用陈小炜同志协助工作，根据我的观察以及其他同事的反映，陈小炜同志政治站位高，工作认真踏实，谦虚勤奋好学，为人热情朴实，理论功底较好，办案能力较强，颇受大家欢迎和好评。最近，陈小炜同志向我汇报他的博士论文经过法律出版社严格审查获得出版批准，并得到江苏省委宣传部哲学社会科学规划办公室立项资助出版，我很为他感到高兴，所以当他提出希望我为他作序时，我欣然同意。我用了几天时间，认真审读陈小炜同志的书稿，主要有以下三点感受：

首先，书稿选题较好，结构层次安排合理。口袋罪属于理论界和实务界的热点、重点、难点和争点问题，较多问题亟待深入探讨和厘清。关于口袋罪的概念厘定、特征标准、正负价值、历史溯源、域外借鉴、基本原则和指导思想，鲜有系统全面论述，但是客观上又亟待厘清。我国口袋罪名具体包括哪些？传统口袋罪和新型口袋罪有何异同？各口袋罪如何在司法中限制适用，又怎样在立法中消减完善？这些谜团迫切需要得到解答。陈小炜同志坚持问题意识、需求意识、结果意识和目标意识，紧密围绕上述口袋罪诸多问题总分结合，点面兼顾，以小见大，有的放矢。书稿首先从口袋罪基本属性的解读入手，进而从刑事法律立法、司法办案实务、刑法机能作用、刑法解释原理、罪刑法定原则、刑法规范体系、定

序　二

欣闻我的博士研究生陈小炜以毕业论文为基础申报的江苏省社科基金后期资助项目成功立项,我由衷地高兴,并对他表示祝贺!众所周知,博士难考,竞争激烈,考上后能否毕业也是一道巨大的坎,最主要的就是要撰写近20万字的学术论文并在核心期刊发表3篇论文。陈小炜于2013年报考我的博士,从众多考生中脱颖而出,事后听人说他博士考试前一个礼拜几乎没有睡觉,看来一个人的任何成功都是有原因的,天道酬勤,努力拼搏。陈小炜属于在职读博,毕业的要求和脱产读博的要求是一样的,在繁忙的工作之余,他刻苦钻研,坚持不懈,利用晚上和周末撰写了约26万字的学术论文,并在核心期刊发表近十篇论文,按时完成课程学习和通过博士论文答辩,实在难能可贵。

尽管陈小炜顺利拿到博士学位已三年有余,但陈小炜并不满足于此,也未停止前进的步伐,又对博士论文《"口袋罪"要论——以寻衅滋事罪的限制和消减为重点》的原有框架和谋篇布局进行打破和优化重整。内容上,也根据专家和同行意见,结合近几年新出台的黑恶势力犯罪、高利贷入刑和防疫抗疫等司法解释,参考最新学界论文和著作,进行了与时俱进地更新、修改和完善,增删、调整篇幅达到原论文字数30%以上。于是乎,才有了今天《口袋罪的限制适用和消减进路研究》的新书稿,并以专著的形式得以面世,可喜可贺!

口袋罪,是指因为刑法中一些罪状高度概括、表述极度模糊，或者由于司法惯性、惰性、随意性，将指代不明的有关行为装进某一罪名进行规制的形象称谓。本书抽丝剥茧，较为全面、准确地概括出口袋罪的概念、特征、价值和历史等内容，提炼出口袋罪限制和消减的基本原则和指导思想，并旗帜鲜明地提出以刑法明确性公众认同为纲制约口袋罪、以法益机能为经克制口袋罪盲目扩张、以刑法解释为纬遏制口袋罪蔓延、以其他学科为辅指导口袋罪的限制和消减，为深入探讨具体口袋罪奠定了坚实的基础。

传统口袋罪包括非法经营罪、寻衅滋事罪和玩忽职守罪，新型口袋罪包括以危险方法危害公共安全罪、破坏计算机信息系统罪、巨额财产来源不明罪和组织、领导、参加黑社会性质组织罪。本书紧密围绕短期力促口袋罪谦抑性、明定性和准确性目标的实现，长期助推消减最终废除口袋罪的总体思路，分别针对上述七个具体口袋罪名分析论述，条分缕析，逐一击破，具体司法限制和立法消减的建议不乏真知灼见。

我认为，本书可圈可点之处众多，主要有如下内容和创新值得肯定，一是对"口袋罪"概念进行了重新理清，包括口袋罪兼具立法和司法属性予以了证成，新的概念和双重属性界定可以解决理论界和实务界关于口袋罪的不必要争论，为口袋罪系列具体问题的探讨提供了依据和遵循。二是提炼、概括、总结出限制和消减口袋罪的原则和总体要求，具体包括口袋罪立法时应当尽可能考虑民意、口袋罪刑法规制必须遵循谦抑性原则、严格执行罪刑法定原则、不能与非犯罪化的国际潮流相抵牾以及立法和司法都应当严格抑制"口袋"罪名的产生、扩张乃至异化，具有提纲挈领、纲举目张的指导意义和重要功能。三是在提出"无地位说""平等地位说""补充性独立地位说""补充性辅助地位说"等 4 个基本范畴后，主张和倡导"补充性辅助地位说"，该学说某种意义上可以成为陈小炜的学术标签，对于口袋罪的立法完善和司法适用具有一定意义。四是对于传统口袋罪和新型口袋罪的抑制方法的分析，既有宏观思路，也有微观建议，具有合理性和可操作性。

《口袋罪的限制适用和消减进路研究》一书作为陈小炜的倾心之作，是目前国内刑法学界涉及口袋罪相关问题的唯一著作，某种程度上填补了该领域的研究空白。当然，毫不讳言，本书也有一些不足之处，比如域外借鉴囿于资料的有限仍停留在较浅的层面，尚需深入挖掘和思考，"补充性辅助地位说”观点还有待进一步斟酌、推敲和证成，对其适用范围需要进一步厘清，在框架结构上，亦有待进一步细密化、严密化、严谨化，内容方面，寻衅滋事罪的笔墨过浓，其他口袋罪名的研究虽有涉及，但是相较而言，存在厚此薄彼和浮光掠影之嫌，仍然有巨大的挖潜空间。但是瑕不掩瑜，我希望陈小炜在博士论文出版后不要放弃对口袋罪等前沿问题的关注和探索，以此为契机和新起点，在理论研究和司法实践中勇攀新的高峰。

是为序。

 *

2021 年 12 月 16 日于苏州相门公寓

---

* 李晓明，苏州大学国家监察研究院院长、教授、博士生导师。

中文摘要

第一章绪言。口袋罪是我国刑法立法论和教义学中一个重要范畴,极受司法实践青睐和偏爱,同时争议颇多。学界和实务界对于口袋罪的评价、定位、地位、立场、态度及定罪量刑的争论均达到白炽化,研究对其的限制与消减意义重大且深远。在国内,口袋罪的理论化和系统化研究有向纵深方向发展的趋势。国外没有口袋罪一说,但类似理论和相关罪名研究成果颇丰。本书结合法哲学从刑法之上研究口袋罪,结合法规范、刑法史从刑法之中研究口袋罪,结合社会学、经济学、政治学从刑法之外研究口袋罪,综合运用文本研究法、实证研究法、功能研究法、学科交叉法开展深入探究。口袋罪相关问题研究存在诸多重点、难点,本书也做了一些创新的努力和尝试,但是重点、难点和拟创新点往往交织在一起,不能绝对化地做出非此即彼的划分,口袋罪的限制适用和消减进路问题研究亦不例外。本书最主要的创新包括对口袋罪的概念进行了重新厘定、对口袋罪的基本理论问题进行了系统论述(除了第二章口袋罪基本逻辑即概述外,还专门用两章提炼总结概括出口袋罪限制和消减的指导思想)、并提出和倡导"补充性辅助地位说"的命题范畴。

第二章口袋罪的基本逻辑。"口袋罪"既是立法概念,也是司法概念,兼具立法和司法的属性。口袋罪一般是指因为刑法中一些罪状高度概括、表述极度模糊,或者由于司法惯性、惰性、随意性,将指代不明的有关行为装进某一罪名进行规制的形象称谓。口袋罪具有罪状高度概括和模糊、内容庞杂，内涵外延及边界难以界定，罪和非罪、此罪和彼罪难以区分，甚至呈现罪征状态不稳定的特点。口袋罪当然具有正价值，与我国一定的立法进程和阶段有关，在建构堵截性犯罪成立要件以及打击犯罪等方面表现出了一定程度和极为有效的立法技术，尤其对避免漏罪和维护社会秩序起到了必要的补充作用。但也有弊端，如与罪刑法定原则存在冲突，容易扩大犯罪边界，以及侵犯人权等，另外在司法操作上也极具难度和障碍。德国和日本都存在实质意义上的口袋罪名，它们带给我国的启示主要包括口袋罪名应当尽可能限制在轻罪和微罪领域，以及立法和司法都应当严格抑制口袋罪名的产生。

第三章和第四章围绕口袋罪"口袋"属性的限制和消减，论述口袋罪的出路和指导思想。限制和消减口袋罪必须从立法司法两个方面作出努力，做到互相配合、齐头并进。口袋罪在立法上应当坚持谦抑原则，目前进行限制，将来予以消减乃至废除，相关修改完善必须和我国国情以及法治发展情况相适应。司法上，必须警惕口袋罪威权主义和秩序中心主义的思想理念，严格遵照罪刑法定原则和法律保留原则。以明确性刑法公众认同为纲，口袋罪的罪状应当努力做到清晰、明了，同时不排斥一定的弹性和伸缩性；以法益机能理论为经，口袋罪要实现保护法益具体化，譬如寻衅滋事罪侵害的法益是复合法益，除了同类法益，还有附随法益，非法经营罪保护的法益应当定位为市场准入秩序，以危险方法危害公共安全罪保护的法益应当限定于不特定多数人的生命、身体或者财产；以刑法解释为纬，例如现行两个寻衅滋事罪司法解释应当吸收进刑法条文或者立法解释，在立法层面上对网络空间寻衅滋事犯罪作出明确规定，将网络空间起哄闹事解释为公共场所起哄闹事是客观解释的表现，将入罪限定在现实公共场所秩序混乱是主观解释的必然要求；以其他学科理论为辅，指导口袋罪的限制和消减别有洞天，尤其是社会学分析更加接近社会现实具体情况，容易找到问题根本，便于对症下药。

第五章是非法经营罪的限制和消减。从历史溯源、庞杂内容、模糊用语和实务扩张等方面得到的证成可见，非法经营罪属于传统典型的口袋罪，具有显著的口袋罪属性。在立法和司法两个维度上，非法经营罪均呈现"大口袋化"和不断扩张趋势。实践中，应避免发生司法造法现象，裁判文书应列明违反国家规定的名称和内容，准确把握非法经营罪保护的法益，注意区分无证经营和无照经营及超期经营。立法上,笔者建议在行政法律法规中设置附属刑法,将罪名本身明确化,对“违反国家规定”进行限缩,将犯罪情节设定为罚金刑处罚标准,建立司法解释司法审查制度。

第六章是寻衅滋事罪的限制和消减。规范论方面,寻衅滋事罪认定过程中应当考察有无流氓或者寻衅动机以及是否侵害公共秩序,暴力或者胁迫应当仅限于轻微强制力。几种寻衅滋事行为各自都不构成犯罪叠加在一起如何处理有“综合评价说”和“单独评价说”,笔者主张“单独评价说”。对于情节加重犯条款,笔者认为,不仅多次寻衅滋事每次均应构罪,而且多次寻衅滋事行为必须属于同种类型。寻衅滋事罪在和普通罪名产生竞合时,笔者主张原则上优先适用普通罪名。对于寻衅滋事的三种责任形式之间的关系,笔者主张尽可能通过民事责任或者行政责任去消减刑事责任,并提倡试点引入和解制度。立法论方面,成文法主要国家和地区有一些和我国寻衅滋事罪名异实似的罪名,它们有很多经验值得我们借鉴。建议对寻衅滋事罪的犯罪动机进行限定,对“随意”、“任意”、“严重混乱”、“情节恶劣”以及“情节严重”等需要价值判断的内容进行厘清或者索性去除,将司法解释中四类行为方式明确性较高的内容纳入刑法条文,在基本款增加罚金刑的规定,设立“寻衅滋事共同犯罪,对首要分子和积极参加者进行刑事处罚”作为第 2 款,原本第 2 款调整成第 3 款,设置致人重伤或者死亡时的转化犯条款作为第 4 款,增加“本法另有规定的,根据其他规定”作为第 5 款。从长远看,对寻衅滋事罪采用渐变式处理方法进行分解合并,最终废止,这是必然趋势,也是治本之策。

第七章是关于玩忽职守罪。玩忽职守罪具有口袋罪的内在原因和外在表征,具体包括玩忽职守罪有口袋罪基因,玩忽职守罪的职责内容不够清晰、玩忽职守罪重大损失的标准不够明晰、玩忽职守罪的主体不断扩大、玩忽职守罪的主观罪过仍然存在争议、认定玩忽职守罪因果关系困难重重、玩忽职守罪此罪和彼罪的区分难度较大、办案思维固化加剧玩忽职守罪“口袋化”。立法上,笔者建议明确规定玩忽职守罪的职责范围、将间接损失排除出玩忽职守罪评价范围、将玩忽职守罪的主体限定为国家机关工作人员、把玩忽职守罪的主观方面明文规定为过失、增加设置罚金刑和资格刑。司法上,笔者提倡和主张运用玩忽职守罪客观归责理论认定因果关系、正确处理玩忽职守罪和其他罪名的关系、规范玩忽职守罪司法办案行为。

第八章是新型口袋罪的限制和消减。新型口袋罪和传统口袋罪既有区别,又存在联系,它们的“口袋性”都有立法上的因素,“口袋化”和司法实践密不可分,而且都呈现出蔓延和扩大的趋势,给公民带来了诸多困惑和烦扰。当然它们成为“口袋罪”的具体原因不尽相同,侵害的法益不一样,与具有竞合关系的其他罪名的处理原则也不同,立法上的完善措施差异较大。以危险方法危害公共安全罪在实践中要准确把握“其他危险方法”的骤然性、直接性、破坏性和杀伤力,破坏计算机信息系统罪不能盲目扩大对“后果严重”的认定,组织、领导、参加黑社会性质组织罪要避免“合并归责”和“转移归责”,巨额财产来源不明罪要健全工作机制防止办案人员不作为或者乱作为。

关键词:口袋罪　限制适用　消减　指导思想　立法论　规范论　关系论

Abstract

The first chapter is the introduction. Pocket crime is an important category in China's criminal law legislation and doctrine. It is enjoyed and favored very much by judicial practice, and there are many disputes at the same time. Academic and practical debates on the evaluation, location, status, position, attitude, conviction and sentence have become incandescent. The significance of the research on its restriction and reduction is great and far-reaching. In China, the theoretical and systematic research of pocket crime has a trend of developing in depth. There is no pocket crime abroad, but there are plenty of research results on similar theories and related crimes. This book combines legal philosophy to study pocket crime above criminal law, legal norms and criminal law history to study pocket crime within criminal law, sociology, economics and politics to study pocket crime outside criminal law, and comprehensively uses text research method, empirical research method, functional research method and interdisciplinary method to carry out in-depth exploration. There are many key points and difficulties in the research on the related problems of pocket crime, this book has also made some innovative efforts and attempts. But the key points, difficulties and quasi innovative points are often intertwined, and can not be absolutely divided into one or the other. There is no exception to the research on the restrictive application and reduction approach of pocket crime. The most important innovations include redefining the concept of pocket crime, systematically discussing the basic theoretical issues of pocket crime (in addition to the basic logic of pocket crime in the second chapter, i. e. overview, it also uses two chapters to refine and summarize the guiding ideas of pocket crime restriction and reduction), and putting forward and advocating the proposition and category of "supplementary and auxiliary status theory".

The second chapter is about the basic logic of pocket crime. Pocket crime is not only the concept of legislation, but also the concept of justice, and it's both legislative and judicial in nature. Pocket crime is a vivid term for one certain kind of crime that many related behaviors can be loaded into it, because the facts of some crimes are highly summarized and very fuzzy in the criminal law, or on account of judicial habituation, inertia and randomness. Pocket crime has positive values certainly, accords with the process of China's rule of law, shows very effective legislative techniques to a certain degree in the construction of the elements of crime of the interception and the fight against crimes, and especially is an important supplement for other cirmes and to maintain social order. However, Pocket crime also has disadvantages, such as conflict with the statutory crime and punishment, easiness of expanding the crime boundary, and violating human rights. In addition, it also owns difficulties and obstacles in judicial operation. Both Germany and Japan have pocket charges in a substantive sense. Their enlightenment to China mainly includes that pocket charges should be limited to misdemeanors and micro crimes as far as possible, and legislation and judicature should strictly curb the emergence of pocket charges.

The third and fourth chapters discuss the outlet and guiding ideology of pocket crime around the restriction and reduction of the "pocket" attribute of pocket crime. In order to limit and reduce the pocket crime, we must make efforts from the two aspects of legislation and judicature topether, so as to cooperate with each other and go hand in hand. The principle of modesty and restraint should be adhered to in the legislation of pocket crime. At present, the restrictions will be carried out. In the future, pocket crime would be reduced and abolished. The relevant amendments and improvements must be adapted to China's national conditions and the development of the rule of law. On justice, it must be wary of pocket crime authoritarianism and order centered ideas, and must be in strict accordance with the principle of legality and the principle of legal reservation. To take the definitive criminal public recognition as synopsis, the facts of pocket crime should try to be distinct and clear, and not to reject certain flexibility and scalability in the meanwhile. To take legal interest function theory as warp, pocket crime should realize the materialization of protective legal interest. For example, the legal interests infringed by the crime of provocation are the compound legal benefits. In addition to similar legal interests, they include accompanying legal interests. The legal interest protected by the crime of illegal business operation should be positioned as the market access order, and the legal interest protected by the crime of endangering public security by dangerous means should be limited to the life, body or property of an unspecified majority. To take the interpretation of criminal law as weft, e. g. , the current two judicial interpretations about the crime of provocation should be absorbed into the criminal law or legislative interpretation. The definite provisions of the crime of provocation in the network space should be made on the legislative level. It is an expression of objective interpretation to interprete creating disturbances in the network space as creating disturbances in a public place, and it's an inevitable requirement of subjective interpretation to restrict the fact into crime to order's confusion in the real public place. It's very useful to take the theory of other subjects as auxiliary for guiding the restraint and reduction of the pocket crime. In particular, the sociological analysis is closer to the social reality of the specific situation, and is easier to find the fundamental problems and treat the symptoms.

The fifth chapter is about the restriction and reduction of the crime of illegal business operation. It can be seen from the aspects of historical traceability, complex content, vague language and practical expansion that the crime of illegal business operation is also a traditional typical pocket crime, which has significant attribute of pocket crime. In the two dimensions of legislation and judicature, the crime of illegal business shows big pocket and expanding trend. In practice, the phenomenon of judicial law making should be avoided. The judicial documents should list the names and content of violations of state regulations, We must accurately grasp the legal interests protected by the crime of illegal business operation, and pay attention to distinguish between unlicensed business operation, unlicensed business operation and over-time business operation. In terms of legislation, it is suggested to set up subsidiary criminal law in administrative laws and regulations, clarify the crime itself, limit " the violation of national regulations", set the criminal circumstances as the punishment standard of fine punishment, and establish judicial review system of judicial interpretation.

The sixth chapter is about the limitation and reduction of the crime of provocation. In terms of normative theory, in the process of recognizing the crime of provocation, we should investigate whether there is hooligan or picking quarrel motive and whether the public order is infringed upon. Violence or intimidation shall be only limited to the slight force. If each behavior does not constitute the crime, but when they add together, there are two theories about how to deal with: "theory of comprehensive evaluation" and "theory of individual evaluation". This book advocates "theory of individual evaluation". For the aggravated offense clause, it is considered that it not only requires that repeated provocations constitute a crime each time, but also requires that the repeated provocations must belong to the same type. When the crime of provocation coincides with ordinary charges, this book advocates that ordinary charges should be applied preferentially in principle. For the relationship between the three forms of liability for provocation, this book advocates reducing criminal liability through civil liability or administrative liability as far as possible, and advocates the pilot introduction of reconciliation system. In terms of legislation, the main countries and regions of written law have some charges with different names and same content compared with China, and they have a lot of experience that we can learn from. It is suggested to limit the criminal motivation of the crime of provocation, clarify or simply remove the content that need value judgment, such as "random", "arbitrary", "serious confusion", "bad circumstances" and "serious circumstances", incorporate the content with high clarity of the four types of behaviors in the judicial interpretation into the provisions of the criminal law, add the provision of fine penalty in the basic paragraph, set "In case of provocative joint crime, the ringleaders and active participants should be punished" as the second paragraph, adjust the original second paragraph to the third paragraph, set the conversion crime in case of serious injury or death as the fourth paragraph, and add "If there are other provisions in this law, other provisions shall prevail" as the fifth paragraph. In the long run, it is an inevitable trend and a permanent solution to adopt the gradual treatment method of decomposing and merging the crime of provocation, and abolish it finally.

The seventh chapter is about the restriction and reduction of the crime of dereliction of duty. The crime of dereliction of duty has the internal causes and external characteristics of pocket crime. Specifically the crime of dereliction of duty includes the gene of pocket crime, the responsibility content of the crime of dereliction of duty is not clear, the standard of major loss of the crime of dereliction of duty is not distinct, the subject of the crime of dereliction of duty is expanding, the subjective aspect of the crime of dereliction of duty is still controversial, it is difficult to identify the causal relationship of the crime of dereliction of duty, it is difficult to distinguish between the crime of dereliction of duty and other crimes, and the solidification of case handling thinking aggravates the "pocket" of the crime of dereliction of duty. In terms of legislation, it is suggested to clearly stipulate the scope of responsibility of the crime of dereliction of duty, exclude indirect losses from the evaluation scope of the crime of dereliction of duty, limit the subject of the crime of dereliction of duty to the staff of state organs, expressly stipulate the subjective aspect of the crime of dereliction of duty as negligence, and increase the setting of fine penalty and qualification penalty. In judicature, it advocates the use of objective imputation theory of dereliction of duty to identify causality, correctly dealing with the relationship between dereliction of duty and other charges, and standardizing the judicial handling of dereliction of duty.

The eighth chapter is about the limitation and reduction of the new pocket crimes. There are both differences and connections between the new-type pocket crimes and the traditional pocket crimes. Their attribute of "pocket" all owns to legislative factor, and " pocket " and the judicial practice have the close connection. In addition, they all present the spreading and expanding trend, and also bring a lot of confusion and burden to citizens. Of course, the specific reasons why they become " pocket crimes " are different, the infringed legal interests are different, the principles of dealing with other crimes with competing and cooperative relations are also different, and the improvement measures in legislation are quite different. In practice, we should accurately grasp the sudden, direct, destructive and destructive power of other dangerous methods about the crime of endangering public security by dangerous methed. We should not blindly enlarge the " serious consequences " in the crime of destroying the computing system. We must avoid the "merging responsibility" and "transferring responsibility" in organizing, leading and participating in the criminal organization. For the crime of huge amount of property with unidentified sources, we should improve the working mechanism to prevent the case handling personnel from inaction or disorderly behavior.

Key words: pocket crime, restriction application, reduction, guiding ideology, theory of legislation, theory of norms, theory of relationship

目 录

第一章　绪　　言

对于口袋罪限制适用和消减进路研究的目的意义、国内外综述、思路方法、重点、难点以及创新点等方面进行阐述和厘清，有助于对论题有一个整体认识把握和全面宏观设计，做到“胸中有数、心里不慌”，进而有助于深入、系统和有的放矢地开展相关理论探索。

一、选题的动机和意义

口袋罪是我国刑法立法论和教义学中一个重要范畴，极受司法实践青睐和偏爱，同时争议颇多，各种诟病纷至沓来。尤其是在2017年中共中央和国务院联合印发《关于营造企业家健康成长环境弘扬优秀企业家精神更好发挥企业家作用的意见》后，最高人民法院和最高人民检察院频频发声，多次强调服务和促进民营经济健康发展，谨慎适用非法经营罪，避免刑事打击扩大化。最高人民法院发出有关通知，明确指出要严格把握非法经营罪、合同诈骗罪的构成要件，防范罪名的随意扩大适用。最高人民检察院发布规范办理涉民营企业案件执法司法标准，强调对于民营企业的经营行为，法律和司法解释未作出明确禁止性规定时，禁止以非法经营罪进行处罚。是故，以口袋罪的限制和消减为主题开展研讨，具有较高价值和宏大意义：

其一，有助于厘清口袋罪相关基础理论。口袋罪的理论化是辨析具体口袋罪的起点，口袋罪的内涵、外延、特征、功能和不足等问题的厘清有助于夯实口袋罪问题理论基石。

其二,有助于明确口袋罪的立法方向。学界有“保留说”、“扩张说”、“限制说”和“废止说”等观点,我们主张现阶段打造适度的小口袋罪。具体而言,涉及空白罪状、兜底条款、模糊罪状、侵害法益、具体刑罚、出罪入罪和罪名区分等多个方面的改进和打造。

其三,有助于口袋罪在司法实践中的准确运用。以科学理性的精神、张弛有度的态度,依法精准对具体口袋罪进行定罪量刑行刑,防止和避免类推定罪、有罪推定和出入人罪。

其四,有助于正确处理口袋罪名内外部的关系。对于口袋个罪本身以及与其他罪名的关系等问题的处理,有待我们运用法条竞合、想象竞合、结果加重、情节加重、转化犯、罪数等理论作进一步探索和廓清。比如,在新冠肺炎疫情期间,对于有关涉疫情的刑事案件,应当精准区分适用以危险方法危害公共安全罪、非法经营罪、寻衅滋事罪和玩忽职守罪等有关罪名。

其五,口袋罪的口袋性和口袋化问题研究契合学界和实务界的热点、重点、难点和争点。“内蒙古农民收购玉米非法经营案”“李天一寻衅滋事案”“肖永灵投寄虚假炭疽案”等引发热议,最高人民法院已公布对张文中案、顾雏军案、赵明利案等案件的再审,并陆续发布三批保护产权和企业家权益的典型案例。2019 年最高人民法院、最高人民检察院、公安部、司法部发布的《关于办理非法放贷刑事案件若干问题的意见》将非法放贷行为入刑,以非法经营罪规制,也体现了非法经营罪的不断扩张。

综上所述,学术界和司法界对于口袋罪的评价、定位、地位、立场、态度及定罪量刑的争论均达到白炽化,研究对其的限制与消减意义重大且深远。

本书旨在探讨口袋罪的概念、特征和认定标准及其对具体口袋罪的意义,为研究口袋个罪筑牢理论基础,同时借助口袋罪这样一个颇有意义和比较新颖的角度对各口袋罪名进行全面论述。口袋罪某种程度上是具体口袋罪的上位阶概念,其本身的属性决定了具体口袋罪内涵、外延、发展与归宿,反过来具体口袋罪又是口袋罪最直接、形象和具体的一种外在形式和表现。

本书旨在探索口袋罪疑难复杂问题的根本答案。疑难复杂问题本身成为口袋罪立法的争点、焦点和难点,然而问题的解决却要依靠刑法学的工具方法论,明确性原则、预测可能性原则等都将使结论具有科学性、系统性。

本书旨在探求如何优化司法对口袋罪的应用。口袋罪的司法化不同于司法化的口袋罪，口袋罪司法实践归根结底是要在想象竞合犯、结果加重犯、犯罪形态、转化犯、罪名转化等犯罪论以及刑罚论的诸多刑法理论学说中比较、权衡和选择。如此，口袋罪的认定才能不被纷繁复杂的因素所干扰和左右，才能清晰界定与其具有交叉和重合关系的罪名之间的异同。

本书旨在探寻口袋罪小口袋化和去口袋性的良策。口袋罪的模糊性、原则性和抽象性让口袋罪有了先天的自我膨胀性，如果说其本身对打击犯罪和稳定社会秩序有积极意义，那么在保护人权和罪刑法定的理念成为现代刑法第一价值追求的前提下，其赖以存在的根基被动摇。对如何限定犯罪圈、避免客观归罪化倾向、精准界定罪和非罪、此罪和彼罪、一罪和数罪，近期切断口袋化蔓延趋势，将来剔除口袋性特质等问题提出管见。

总之，本论题研究目的在于短期力促口袋罪谦抑性、明定性和准确性目标的实现，长期助推消减乃至最终废除各口袋罪名。

二、国内外研究现状述评

（一）国内研究情况综述

以口袋罪为视角进行深入探讨，契合国家需要的迫切性和学术研究的前瞻性。国内对口袋罪的研究大致可分为三个阶段，第一阶段是1997年以前，主要是围绕1979年《刑法》中的三个旧口袋罪展开讨论；第二阶段是1998年至2010年，研究重点为非法经营罪、寻衅滋事罪以及玩忽职守罪三个传统口袋罪；第三阶段大概是2011年以后，该阶段的特点是传统口袋罪依然为研究重点，新型口袋罪出现并成为新的研究热点和增长点，而且口袋罪的理论化和系统化研究有向纵深方向发展的趋势。笔者于2021年12月6日，以“口袋罪”作为关键词在知网搜索到432篇相关论文，其中核心期刊37篇。

国内关于口袋罪研究的聚焦点在于口袋罪产生和不断扩张的深层次原因，以及如何从司法上限制口袋罪、如何从立法上消减口袋罪。刘仁文（2008）等学者认为小口袋罪仍然存在，新的口袋罪产生，立法司法须齐头并进。陈兴良（2019）认为，从投机倒把罪到非法经营罪，口袋罪特征一脉相承，随着我国经济体制的改革与发展，投机倒把罪成为我国刑法70年历史的一个缩影。陈泽宪（2000）、高翼飞（2012）等主张准确把握非法经营罪本质,避免该罪任意膨胀,该罪相关著作主要有王安异(2017)的《非法经营罪适用问题研究》和刘树德(2011)的《口袋罪的司法命运——非法经营的罪与罚》。付立庆(2015)、张维(2011)和王良顺(2005)等对寻衅滋事罪与一般罪名的关系提出不同见解和观点,卢勤忠(2018)结合对网络空间属性的纷争认为不应将扩大解释视作该罪成为口袋罪的例证,该罪有关专著有两本,作者分别是赵秉志(2015)和孟庆华(2014)。贾健(2016)认为应当明确玩忽职守罪的职责范围,制止该罪变为口袋罪。对于以危险方法危害公共安全罪,孙万怀(2010)论述了该罪呈现口袋罪特征根源(过分关注结果,而淡化规范和主观),学者们还从不同角度探讨了限制该罪扩大适用的路径,如张明楷(2012)主张准确把握其罪质和要件,陈兴良(2013)倡导以同类解释严格限缩该罪。赵长青(2016)认为黑社会性质组织罪"四个特征"内容较为宽泛,容易演变为口袋罪,该罪认定标准有待修改。

国内研究的优点是对三个传统口袋罪的探讨较为充分和深入,提出了很多颇有见地的建议,为本书的研究奠定了很好的基础。然而,已有成果仍然存在进一步研究拓展的空间,举其要者,主要有以下三个方面:(1)对新型口袋罪虽然有所涉及,但总体而言篇数较少,鲜有文献完整考察全部口袋罪名;(2)个别观点有待斟酌,如认为口袋罪仅仅是立法现象未免片面,忽略了司法擅断或者疏忽的因素,再如主张立即废除口袋罪,未免"操之过急";(3)对口袋罪的整体和宏观研究不够,有待进一步挖掘和提炼,以成为口袋罪立法和司法的统领和总纲,而且目前也没有专门研究口袋罪的著作。

(二)国外研究情况综述

国外没有口袋罪一说,但类似理论和相关罪名研究成果颇丰,如国外学者对刑法的机能和价值、罪刑法定的明确性、出罪和入罪、主观主义及客观主义、行为无价值与结果无价值、参见罪状和堵截条款等均有研究(参见美国学者胡萨克的《过罪化及刑法的限制》和日本学者西原春夫的《刑法的根基与哲学》等著作和论文)。在相关研究中,与口袋罪关联度和契合度最高的非罪刑法定的明确性莫属。德国修特兰达曾发表了《罪刑法定主义原则的历史展开》,其认为罪刑法定主义的渊源是 1215 年的英国《大宪章》。尽管《大宪章》中可以找到罪刑法定主义的相关历史元素,然而其思想还不足以产生罪刑法定主义。直接造成罪刑法定主义产生的思想理论基础主要有三个方面,分别为启蒙时期的自由主义思想(代表人物为洛克和贝卡利亚)、孟德斯鸠倡导的“三权分立”论和费尔巴哈在其《刑法教科书》中主张的“心理强制理论”(其对罪刑法定主义的表述是“无法律则无刑罚”)。1810 年《法国刑法典》被认为是罪刑法定主义的直接法源,罪刑法定主义也渐渐成为世界各国刑法的第一原则。进入 20 世纪后,罪刑法定逐渐被赋予新的内容。内藤谦把罪刑法定原则分为形式的侧面与实质的侧面,并将明确性原则归入实质的侧面。野村稔认为,刑罚法规的明确性并不只意味着应当由法律明文规定犯罪和刑罚,还蕴含着有关规定必须达到国民可以预测国家刑罚权行使的明确性程度。杜里奥·帕多瓦尼认为明确性和确定性原则的主要目的为避免法官专横,明确性主要针对立法,确定性则是对司法提出的要求。雅各布斯认为在国家刑罚的成文法模型中,关键是经由规范确信实现一般预防。罗克辛认为刑法明确性面临的问题主要是保护目的不明确以及空白法规,并主张明确性要求不能局限于立法者,还应当扩展到司法者。

德国事实上的口袋罪有强制罪等、日本有暴行罪等相关研究成果可谓汗牛充栋(参见许迺曼的《刑法体系与刑事政策》和山口厚所著《刑法各论》)。国外只有俄罗斯单独规定了非法经营罪,而美国规定的不正当交易属于欺诈交易犯罪。国外没有寻衅滋事罪的罪名,但有类似立法例(如英国有滋事罪、俄罗斯等国有流氓罪、法国有聚众滋事罪、荷兰有刑事骚扰罪、泰国有轻罪、捷克有妨碍治安罪、芬兰有刑事滋扰罪,但是和我国寻衅滋事罪还是存在较大差异。另外,国外存在规制我国寻衅滋事罪四大类行为方式中某些行为的罪名,如日本规定了骚乱罪、暴行罪、胁迫罪、强要罪,意大利有殴打罪,国外其他对应罪名有抢劫罪、非法拘禁罪等,每个罪名研究成果都很丰硕)。国外对玩忽职守犯罪的争论集中在因果关系上,德国布利首创条件说,冯·克里斯倡导相当因果关系说,德国学者罗克辛主张客观归责说。国外普遍设置了破坏计算机信息系统相关罪名,对于非法入侵电脑以及如何规制亦有相关专著,如凯西的《数字证据与计算机犯罪》以及劳拉·昆兰蒂罗的《赛博犯罪》。关于黑社会性质组织犯罪,日本为惩治暴力团,意大利为打击黑手党,都有严密的法律,Felf 和 Zamora 分别对黑帮在俄罗斯崛起和南美黑帮向政治渗透予以了讨论。很多国家有巨额财产来源不明罪,如新加坡规定“不能说明来源”作为认定贪污罪的具体标准,国外关于腐败问题的文献比比皆是,研究巨额财产来源不明有关问题散见其间。

国外研究的优点是对口袋罪有关基础理论问题都有深入论述,对我国具体口袋罪名规制的相应行为均有涉及和讨论。不足之处是没有将口袋罪抽象出来作为一类刑法问题探讨,具体罪名方面提炼升华不足,较为孤立,缺乏联系和关照。本书将围绕以上内容开展持续和深入的研究,力争取得新的进步和突破。

三、研究思路与方法

黑格尔曾言,方法不是外在的形式,而是内容的灵魂。同样的道理,对于口袋罪的一系列问题,运用科学的方法进行研究,何其重要!我们拟结合法哲学从刑法之上研究口袋罪;结合法规范、刑法史从刑法之中研究口袋罪;结合社会学、经济学、政治学从刑法之外研究口袋罪。作为在司法实务部门工作的法学博士,笔者充分发挥理论和实务双重优势,以所处城市和周边城市办理案件情况作为样本,充分利用资源,积极与司法机关联系、沟通,获得一手资料和素材,为本书研究提供坚实的实证根基,并结合其他研究方法对口袋罪"小口袋化"和"去口袋性"进行深入透彻的研究。

(一)基本研究思路

研究方式:先一般后个别,先本体后规范,先总论后各罪,重新检视口袋罪之实然与应然,定性研究与定量研究相结合,资料收集与社会调查相配合,保障课题研究的创新性、开拓性、深入性、系统性、实用性以及有效性。

研究视角:分为政治家、立法者、司法者以及公民四类视角,政治家主要考虑如何控制犯罪和保证社会稳定;立法者需要保证有关口袋罪法律明确科学,并符合民意;司法者应当正确定罪量刑,防止加剧二次膨胀;而公民的角度,则是如何避免触犯该类罪名,沦为犯罪嫌疑人时如何保障自身人权和得到妥帖处罚。

研究路径:课题将遵循传统的价值分析、实证分析及比较分析的路径,并将三种途径得出的结论整合,从而形成口袋罪的整体研究框架。

研究思路的科学性:以刑法规定、司法解释以及刑事政策为切入点对口袋罪展开研究,与中国国情吻合,将立足中国现实状况的调研与分析问题的科学态度相契合,以改善立法和提升办案水平的目标与解决问题的科学范式相符合,多学科的理论支撑及比较法上的制度经验和倡导的包容精神不谋而合。

(二)具体研究方法

文本分析法。结合马克思主义基本原理、国家治理体系以及国内外相关论著,厘定口袋罪的基本预设,确立优化法治路径的核心命题和理论框架。

实证调查法。进行田野调查、问卷摸查、抽样检查,将其作为了解当下口袋罪现实状况的钥匙,并以此为基础对有关立法和实践的诸多问题予以说明。对收集的数千个案例分析梳理,体现横向和纵向的对比。

功能分析法。综合运用哲理、法理、学理,通过法益分析证成口袋罪正负价值的二律背反,揭示最终能够确保口袋罪在功能的实现中让民众感知法律正义、崇尚法律权威所需要的司法技艺。

学科交叉法。运用哲学中的事物普遍联系以及矛盾关系观点和原理、政治学中的国家类型理论和权力制约理论、传播学中的人际传播理论、伦理学中的道德理论、经济学中的成本收益理论对口袋罪进行综合分析,从而得出一个立体、生动、可靠的结论。

四、研究重点、难点和主要创新点

口袋罪相关问题研究存在诸多重点、难点,本书也做了一些具有创新性的努力和尝试,但是重点、难点和拟创新点往往交织在一起,不能绝对化地做出非此即彼的划分,口袋罪的限制适用和消减进路问题研究概莫能外,以下作一个大致的概括和归纳。

(一)研究重点

第一,口袋罪的概念和界定无疑具有基础性、统领性,口袋罪的特征和标准对于准确判断一个罪名是否属于口袋罪至关重要,这些自然都属于研究重点的范畴。

第二,对于如何看待口袋罪在刑法体系中的地位,本书拟对有关学说的利与弊、是与非进行客观评判,这对判定口袋罪何去何从亦即如何改良打造相关罪名具有把关定向的作用。

第三,传统口袋罪和新型口袋罪之间的异同属于中观层面问题,介于口袋罪总论和各罪之间,全面、透彻研究和论证该问题对口袋罪限制和消减总思路的确定将大有裨益，对具体口袋罪的限缩也将具有极大的启发意义。

第四，本书将分别从刑法规范之上、之内和之外，多层次、多维度、多视角考察和审视口袋罪。

（二）研究难点

第一，综合运用其他学科理论和知识，是我们研究的亮点，也是难点，课题组将迎难而上，攻坚克难。

第二，具体口袋罪名的罪与非罪、此罪与彼罪都是实务难题，除了立法的完善，如何提高司法技艺和水平值得探讨。综合运用法益机能、注意条款、拟制条款、情节犯、转化犯、想象竞合、结果加重等各种理论成果将该内容研究透彻，不仅迫在眉睫，而且也是一大考验。

第三，“情节严重”“危险方法”等字眼凸显和充斥着行为无价值色彩，本书将从立法和司法两个维度提出有针对性措施，力争做到兼顾科学性、可行性和可操作性，并做到规范内追问与规范外反思充分融合，这既是本书研究的重点，更是需要破解的难题。

（三）主要创新点

在指导思想上，紧密结合党的十八大、十九大提出的社会治理体系以及中央有关精神，尤其是党代会确定的国家治理体系和治理能力现代化任务和目标。口袋罪名的设定和产生关联于社会管理思维，而社会治理强调多方参与和互动。不能单纯地将对社会的治理从行政部门转移到刑法上，应当通过对法律工具主义的批判，克服刑法万能思想。中共中央、最高人民法院、最高人民检察院新近出台的服务、保障、促进民营经济发展等一系列文件精神和举措，要旨之一是防止扩大适用非法经营罪等罪名，也是本书研究的重要指导思想。

在基本概念上，对口袋罪相关范畴进行重新界定和厘清。目前学界对口袋罪的界定存在泛化、虚化、异化，本书在梳理各种观点的基础上，对其内涵和外延进行全面、科学的分析和界定，包括其标准、分类、意义、相关范畴等问题的讨论，为完善具体口袋罪研究奠定基础，弥补具体口袋罪名理论基础不牢固不扎实的重大缺陷和先天不足。

在问题的选择上，紧紧围绕口袋罪的产生根源和有效对策。针对各种行为方式“量体裁衣”，有的放矢，标本兼治，从理念、司法、政策、制度、立法等方面多措并举,破解“瓶颈”,并实化为系统研究。在清理一些基本概念与范畴的基础上,结合模糊学,深入进行口袋罪基本原理的探讨,尤其注重解释效能和实际功效的研究,在较大程度上增强具体口袋罪的规范性与科学性。

在学术观点上,注重比较、提炼、实化和创新。笔者认为,口袋罪不仅是立法现象,亦为司法现象。口袋罪一般是指因为刑法中一些罪状高度概括、表述极度模糊,或者由于司法惯性、惰性、随意性,将指代不明的有关行为装进某一罪名进行规制的形象称谓。口袋罪古今中外具有存在必然性和特殊的功能,社会生活千变万化、纷繁复杂,口袋罪具有正价值,不能一味盯着其负价值。故而,应扬长避短,既肯定口袋罪的包容性和开放性,又坚守罪刑法定的底线和谦抑性的标准及限度。口袋罪是主观主义立场的产物,在秉持客观主义立场的今天,犯罪类型化,规范明确化,具体口袋罪的小口袋化打造应当顺势而为,在惩罚犯罪与保障人权间寻求结合点,在维护社会秩序与保护公民自由间找到平衡点。

在研究方法和分析工具上,有一定特色,凸显亮点。我们注重实际调查,建立数学模型,变静态为动态,综合运用多种学科知识,全面考察口袋罪的利弊得失。从工具性法治和体制性法治的角度,提出一系列能够切实改进和改造口袋罪的有效对策,打造口袋罪一体化系统工程,以实现小口袋化乃至去口袋性所追求的有效、长效和足效目标。

在文献资料的收集上,也有较大突破。我们深谙脱离丰富的系统资料和知识储备,理论研究将无异于缘木求鱼。我们一不固守现成的图书馆资料,向社会和调研寻求资料,二不固守国内资料和专业内资料,最大化向国外和境外以及专业外寻求资料,尽量使对口袋罪的研究水平达至本行业或者专业领域的最前沿,尽最大努力获取四份清单,即法律清单、原著清单、译著清单和典型案件清单。

第二章　口袋罪的基本逻辑

对口袋罪的属性、概念、特征、标准、价值等系列问题的考察，可以夯实研究具体口袋罪的理论基础。对口袋罪的演进沿革和域外情况进行探究，对于拓展我们对口袋罪研究的深度和广度大有裨益，同时，使我们对口袋罪的未来走向有一个合理的预期、积极的借鉴以及科学有效的引导和作为。

第一节　口袋罪的性质和标准

口袋罪兼具立法性和司法性，厘清口袋罪的概念、特征和标准，有助于准确判断一个罪名究竟是否属于口袋罪，进而寻求限制和消减该口袋罪的良策妙计。

一、对口袋罪属性争议的评介

口袋罪是一个立法概念还是一个司法概念？学界莫衷一是，众说纷纭。多数学者认为口袋罪是立法概念，坚持这种观点是基于这样的认识：口袋罪的产生和立法的含糊、概括以及过于抽象密不可分，易言之，如果一个罪名的罪状如果足够清晰和明确，那么就不会沦为口袋罪的下场和境地。比如，有学者这么论述：总体看，口袋罪产生或与立法技术有关，或与立法宗旨有关，其存在不是无源之水和无本之木，要么是立法者有意而为，要么是“无心插柳柳成荫”，要么是源于语言结构固有属性。① 可见，该论述仅仅认为口袋罪根源于立法，只具有立法属性，单纯是一个立法概念。

少数学者认为口袋罪是司法概念，但是，持有这种观点的学者与日俱增，认为口袋罪是司法概念主要基于这样一种理解：即使一个罪名的罪状含混不清，但是运用一定的刑法解释方法和司法技巧，问题就可以迎刃而解，能够得出相对统一甚至唯一的结论，即使一个罪名的罪状清晰明了，但是如果随意司法，这个罪名也可能会异化为口袋罪，故而，一个罪名是不是口袋罪，直接原因和根本原因都落在司法实践上。比如有学者认为，罪名和罪状的模糊并不必然引发口袋罪的产生，是否成为口袋罪主要因素在于司法者对刑法条文的理解和适用，在于怎样遵守罪刑法定的“帝王条款”，在于根据罪状的内在含义和逻辑关系进行解释。② 可见，该观点主要着眼于口袋罪的司法性，亦即将口袋罪的产生归结于司法原因，立法原因可以忽略或者“退居其次”。

本书认为，上述两种观点都有所偏颇，犯了以偏概全和片面主义倾向性错误。当然，也有论者认为，一个罪名成为口袋罪的原因，无外乎两个方面，第一个方面是条文的模糊，第二个方面是实践的曲解，③该观点相对比较全面，本书总体赞同。实际上，非法经营罪、玩忽职守罪和寻衅滋事罪等传统口袋罪主要是由立法的高度概括和模糊造成，同时也有司法实践助推的成分包含其间；以危险方法危害公共安全罪、破坏计算机信息系统罪、巨额财产来源不明罪和组织、领导、参加黑社会性质组织罪等新型口袋罪主要是源于司法机关和司法工作者自由裁量的擅断，当然也有立法不够清晰和明确的因素，故而，口袋罪既是立法现象，也是司法现象，兼具立法性和司法性，是立法概念和司法概念的有机统一体。

---

① 赵运锋、赵亚梅：《口袋罪的背景分析、价值探讨及应对机制》，载《河南警察学院学报》2015年第3期。

② 王霖：《寻衅滋事罪司法适用的限定——以最高法相关司法解释为视角》，载《云南警官学院学报》2014年第2期，文中认为“寻衅滋事罪口袋化并非立法之过”，实际上就是认为寻衅滋事罪等口袋罪仅仅具有司法性而不具有立法性。

③ 孙万怀：《以危险方法危害公共安全罪何以成为口袋罪》，载《现代法学》2010年第5期；刘祥：《口袋罪视角下的寻衅滋事罪探析》，华东政法大学2014年硕士学位论文，第5~6页。

二、口袋罪概念聚讼和界定

口袋罪的概念最早出现在20世纪90年代中期。[①] 对于其界定可谓"仁者见仁,智者见智",观点不够统一。有观点认为,口袋罪是对刑法中一些因为内容概括、外延模糊从而容易混淆罪与非罪、此罪与彼罪界限之罪名的形象称谓。[②] 有将口袋罪界定为指刑法学界对于规定笼统、界限不清、内容庞杂,容易导致执法随意性的罪名的称谓。[③] 有学者认为,所谓口袋罪,是指一个罪名包含的内容太多或者不特定,相关行为均可装入的一种情况。[④] 还有学者认为,口袋罪是指对某一行为是否触犯某一法条并不明确,但和某一法条有一定相似度,从而径直适用该法条定罪的情形,该情形多次反复出现,被冠以口袋罪。[⑤]

这四种观点大致勾勒了口袋罪概括、模糊、抽象、规制范围广等特点以及产生原因(指出系立法缺陷造成)等内容,"相关行为都可以装进去"的表述值得肯定,比较形象和凝练。但是,本书认为它们至少有如下几个不足:一是内容概括、外延模糊的罪名不都是口袋罪,口袋罪应当是高度概括和高度模糊的,准确运用的盖然性程度非常低。刑法所规定的所有犯罪类型,都是对犯罪进行概括和抽象的结果。[⑥] 即使故意杀人罪、故意伤害罪等罪名的法条描述也比较概括和简短,司法实践中依赖法官解释和自由裁量,但是我们并不认为它们是口袋罪,在某种意义上,每个罪名都是一个"口袋",都需要司法工作者根据刑法规定的犯罪构成裁剪事实和格式化行为,从而达到与"口袋"大小和形状相吻合,但是这并不意味着所有罪名都是口袋罪。[⑦] 二是没有指明立法上口袋罪产生的实质,即由于"罪状"的高度概括和高度模糊,罪名本身

---

① 参见高铭暄、赵秉志编著:《新中国刑法学研究60周年》,中国人民大学出版社2009年版,第175页。其中记载了1996年学术研究的热点之一,即口袋罪的修改完善问题。口袋罪第一次出现在我国官方文件是1997年时任全国人大常委会副委员长王汉斌《关于〈中华人民共和国刑法(修正草案)〉的说明》。

② 高翼飞:《从扩张走向变异:非法经营罪如何摆脱"口袋罪"的宿命》,载《政治与法律》2012年第3期。

③ 张训:《口袋罪视域下的寻衅滋事罪研究》,载《政治与法律》2013年第3期。

④ 赵长青:《略论刑法分则条文的立法改革》,载《中外法学》1997年第1期。

⑤ 赵运锋、赵亚梅:《口袋罪的背景分析、价值探讨及应对机制》,载《河南警察学院学报》2015年第3期。

⑥ 张明楷:《刑法学》(第4版),法律出版社2011年版,第87页。

⑦ 余丰泳:《口袋罪的坏名声及冷思考》,载《检察日报》2015年5月6日,第3版。

是明确的，口袋罪的法定刑与普通犯罪一样，往往都有一定的幅度，罪名和法定刑这两个要素不足以作为区分口袋罪和非口袋罪的标准。三是没有指出司法实践也可能成为口袋罪形成的诱因。司法活动的随意等情况也造成了一些罪状并不高度概括和高度模糊的普通罪名沦为口袋罪，导致口袋罪的产生、发展乃至异化，这亦是口袋罪形成的一个至关重要原因。四是混淆罪和非罪、此罪和彼罪界限以及司法随意性并不总是口袋罪导致的结果，有时也可能是口袋罪产生的因素。

综上所述，笔者认为，口袋罪一般是指因为刑法中一些罪状高度概括、表述极度模糊，或者由于司法惯性、惰性、随意性，将指代不明的有关行为装进某一罪名进行规制的形象称谓。

三、口袋罪的特征和标准

根据以上概念界定，结合有关资料文献，本书总结出以下口袋罪的相关特征，同时也可以作为辨别和认定口袋罪的标准。

其一，口袋罪的容量非常大，内容极其复杂甚至庞杂。口袋罪开放的构成要件或曰弹性条款，造成口袋罪极具包容性，一个罪中可以包含多种行为方式。比如非法经营罪，根据我国《刑法》第225条的规定，先明示了专营专卖限制买卖物品、经营许可证、证券期货保险资金结算业务3种相对容易认定的行为方式，而后又规定了"其他严重扰乱市场秩序的非法经营行为"这一堵截内容，根据相关立法及司法解释，目前该罪名可以包容的行为超过二十种。其他的口袋罪也不例外，内容非常丰富庞杂。

其二，每个口袋罪名的内涵和外延界定比较困难。因为内容宽泛，所以对每一个口袋罪名的定义难以准确界定，内涵和外延难以准确把握。如以危险方法危害公共安全罪，该罪名中的"危险方法"与"公共安全"就具有模糊性和抽象性，对这两个子概念进行正确理解和界定后，才有可能相对准确地厘清以危险方法危害公共安全罪的内涵。对于寻衅滋事罪也存在这个问题，尽管刑法明确了四种行为方式，张明楷教授第五版《刑法学》几乎对全部罪名都予以了界定，但是却没有给出寻衅滋事罪的定义，①我

---

① 参见张明楷：《刑法学》（第5版），法律出版社2016年版，第1063页，书中罗列了包括四种行为方式的刑法条文，本书认为这不是概念，概念应当是体现特征和共性的概括和说明。

想这可能是张老师有意而为。

其三,口袋罪名和普通罪名之间常常出现区分难度大的问题。首先需要说明的是,有些普通罪名也可能存在区分难的问题,比如盗窃罪、诈骗罪和侵占罪之间的区分,比如普通诈骗和特殊诈骗之间的区分,再如抢劫罪和绑架罪之间的区分。但是口袋罪区分难的特征更加明显和突出,区分难体现在两个层面,一是区分罪与非罪,比如组织、领导、参加黑社会性质组织罪与一般众人违法常常混为一谈,再如寻衅滋事罪与治安处罚领域的一般寻衅滋事行为之间界限也比较模糊;二是区分此罪和彼罪,该层面相关情形尤为常见,比如以危险方法危害公共安全罪与生产销售有毒有害食品罪、生产销售不符合安全标准的食品罪之间,寻衅滋事罪与侮辱罪、故意伤害罪、故意毁坏财物罪、敲诈勒索罪、聚众扰乱公共场所秩序罪、聚众哄抢罪、抢劫罪之间,等等,都较难区分。

其四,口袋罪内部呈现不稳定的状态,随着时间的推移变动更快、更大。随着政治、经济、文化发展和人们思想观念的变化,口袋罪属性的有无和半径的大小亦处于变动不居的状态之中。[①] 以危险方法危害公共安全罪、破坏计算机信息系统罪以及组织、领导、参加黑社会性质组织罪等口袋罪属性的赋予与立法关系小一些,而与实务部门以及普通民众的理解,主要与认识上出现偏差关系更大一些,同时和"从严打击"的刑事政策以及民众期待密不可分,导致这几个罪名的"口袋"越张越大。非法经营罪从1997年诞生以来半径一直在扩大,不久的将来可以预见会演变成"一个无限大的口袋罪"。[②] 非法经营罪的不稳定状况主要源于条文中的"国家规定",过去的"国家规定"、现在的"国家规定"以及将来的"国家规定"三者之间已经或者必将大不相同,2010年之前仅仅涉及外汇、出版、电信、动物药品、盐业、灾害期间市场价格、色情网站、彩票、证券、信用卡等10项内容,2010年开始到现在又增加了涉及烟草、基金、食品、制毒物品、信息网络、伪基站、赌博机、非法经营药品、麻醉药品、非法放贷、防疫用品11个方面的内容。寻衅滋事罪"口袋"半径的扩大,可以从《刑法修正案(八)》[寻衅滋事罪在纷纷扰扰的争执声

---

① 李永升:《谈我国刑法中四"口袋罪"的修改》,载《法律科学(西北政法学院学报)》1991年第6期。

② 赵兴洪:《非法经营罪:一个亟待废除的口袋罪》,载《金融法苑》2005年第1期。

中度过了14个年头，迎来了《刑法修正案(八)》对其的修改，增加了“恐吓”的内容，在保护公民安宁权的同时，也增加了寻衅滋事罪的容量，在将多次纠集他人实施寻衅滋事犯罪的行为提高法定刑区别化处理的同时，也使法定刑的明确性下降和变得模糊]、2013年最高人民法院、最高人民检察院《关于办理利用信息网络施诽谤等刑事案件适用法律若干问题的解释》以及相关司法实践中觅得踪迹。

第二节　口袋罪历史叙事描述

对法律源流进行追溯并对演进予以研究，目的不在于证成从开始到今天之发展历史的统一性，而只是仅仅研究无计划结构变化之可能性的条件和对多样性或复杂性不断上升的解释。① 历史就是一面镜子，可以照出古今，照出得失，因此，对口袋罪的谱系进行自我描述确有必要。

一、我国古代口袋罪神秘莫测并沦为专权擅断的工具②

《秦律》中规定的“比”和“廷行事”(“廷行事”是指判案成例，是秦朝重要法律形式，也是断案的重要制度，即断案时需要参考已有的判例这样一项重要规则)等规则可以说是口袋罪的最早渊源。汉朝时，比附援引规则从零碎、分散走向制度化，唐宋时期有诸如“举重以明轻，举轻以明重”，明朝时比附援引规则已经系统化和法律化。此类制度存在的原因在于当时立法技术水平较低，刑事法律虽总体比较粗糙笼统，但是需要对民众进行控制，维护封建统治秩序。上述是我国古代口袋罪有关的规则和制度，至于具体罪名，不胜枚举，如“十恶”中的“大不敬”、“不孝”、“不睦”和“不义”等大部分罪名。另一个典型的罪名是《唐律疏议》中规定了“不应得为罪”，其意思是做了不应当做的事情，什么事情应当做？什么事情不应当做？都是极其模糊的，不应当做的事情是否不分情节轻重，不分青红皂白都一律科以刑罚？表

① [德]卢曼:《社会的法律》，郑伊倩译，人民出版社2009年版，第239页。

② 尽管在古代以及1979年时，我国尚没有“口袋罪”的表述，但是这两处是借用来表达一种用现在的眼光和视角来评价“口袋化”或者具有“口袋性”的罪名和立法模式。

面上看设立这个罪名的目的是弥补律文的不足，使唐律的逻辑体系更完备，但其空间和弹性都极大。故而其是恶法，是恶罪名，是封建糟粕，极易造成专权擅断，不仅可能成为一个大的“口袋”和“布袋”，而且很有可能“成为一个箩筐，什么都向里面装”。①

二、1979年《刑法》口袋罪极其模糊并成为威权主义的武器

新中国成立后的30年里中国是没有《刑法》的，1979年制定《刑法》时，一部有限之法难拘无限之国情，“宜粗不宜细”成为当时立法的指导思想。②立法粗糙在所难免，在此背景下诞生了1979年《刑法》以及三个口袋罪名，具体包括投机倒把罪、流氓罪、玩忽职守罪。投机倒把罪是从苏联照抄照搬过来的，而且完全是计划经济的产物，如果历史倒退30年，今日的首富们都会被扔到监狱里面去，而在当时的历史条件下，也确实有不少人因为“倒把”（“倒把”指低价买进、高价卖出的营利性行为）被追究刑事责任，今天看来是多么无辜和冤屈，荒诞不经。1979年《刑法》使用列举加“其他流氓行为”的形式规定了流氓罪。有一个典型案例，1983年“严打”前后，一女被告，由于她和20多个男人聚众淫乱，以流氓罪被判处死刑，在临终前她说，尽管她的行为不道德，构成犯罪，但在多年后这种行为会被大家接受和认同，她认为自己是社会的先行者、社会进步的牺牲品。现今诸如通奸不再被作为犯罪处理，然而，她被当时的法律剥夺了生命。③ 流氓罪变成了一个大“口袋”，弹性极大，什么都可以往里面装，涵摄了许多相关行为，变得非常抽象和扑朔迷离，也容易导致刑罚目的难以实现。玩忽职守罪在1979年《刑法》中涵盖面非常大，成为整个渎职罪的兜底罪名，同时，在主观上，包含故意和过失两个方面的内容，比较混乱。④

三、1997年《刑法》新口袋罪逐渐扩大甚至异化弊端日益凸显

学界普遍认为，1997年《刑法》中新的口袋罪名包括非法经营罪、寻衅滋

① 陈兴良：《刑法的格致》，法律出版社2008年版，第141页。

② 杨兴培：《反思与批评——中国刑法的理论和实践》，北京大学出版社2008年版，第29页。

③ 梁根林：《非犯罪化研究》，载陈兴良主编：《法治的言说》，法律出版社2004年版，第84页。

④ 根据刑法原理，一个罪名不可能同时包含故意和过失两种犯罪形态，确定一种过失行为可以入罪需要在刑法中进行专门的规定，使用专门的过失犯罪罪名予以规制，1979年刑法中玩忽职守罪的情况在当时是绝无仅有的，可喜的是这种情况在1997年《刑法》中已经销声匿迹。

事罪、玩忽职守罪、以危险方法危害公共安全罪、破坏计算机信息系统罪和组织、领导、参加黑社会性质组织罪等，其中前三个罪名最为典型，对于侮辱罪、巨额财产来源不明罪等罪名是否属于口袋罪存在争议，[1]篇幅所限，本书重点围绕非法经营罪、寻衅滋事罪和玩忽职守罪的溯源和流变析言如下。非法经营罪是从投机倒把罪演变和分化而来，投机倒把罪被分解成生产销售伪劣产品罪、生产销售有毒、有害食品罪和非法经营罪等罪名，相比较而言，罪名明确化和具体化，无疑是历史的进步，但是非法经营罪正在不断膨胀，除《刑法》第 225 条规定的三种行为外，根据近年来公布的立法和司法解释，外汇、出版、电信、传销、药品、盐业、色情网站、赌博、烟草等领域有关行为陆续被纳入其中。[2] 非法经营罪“口袋效应”日益凸显，其本身成为名副其实的“变动之王”。寻衅滋事罪源于流氓罪，从其诞生之日起，就与生俱来地具有其“母罪”流氓罪口袋罪的特征和趋势，1979 年《刑法》中的流氓罪还分解出了强制猥亵侮辱妇女罪、[3]猥亵儿童罪、聚众淫乱罪和聚众斗殴罪等内容。寻衅滋事罪条文列举的行为方式具有多样性特点，《刑法修正案（八）》在 1997 年《刑法》基础上又增加了“恐吓”和纠集他人多次实施寻衅滋事的规定。寻衅滋事罪成为妨害社会管理秩序以及扰乱公共秩序的兜底罪名固然和立法密不可分，但近年来司法实务中的“肖传国伤人案”“温岭虐童案”“假和尚把妹案”等诸多案件也助推寻衅滋事罪口袋罪二次扩张。对于玩忽职守罪，1997 年《刑法》将滥用职权行为剥离出来，规定为单独罪名滥用职权罪，将犯罪主体限定于国家机关工作人员，并分离出工程重大安全事故罪、消防责任事故罪、教育设施重大安全事故罪等危害公共安全类罪名以及失职致使在押人员脱逃罪、商检失职罪、环境监管失职罪等具体渎职类罪名，另外还对法定刑作出调整，因其原最高法定刑偏轻，故适当予以提高。经过修订的玩忽职守罪有所明确化和具体化，但是遗憾的是仍然没有能够摆脱口袋罪的命运，成为所有过失类渎职罪的堵截性和兜底性罪名。

---

① 笔者赞同巨额财产来源不明罪口袋罪属性的观点，司法机关客观上可能确实查不清，或者主观上出于各种原因不想查、不愿查，的确把很多本来应当属于其他性质的行为装入了这个罪名，这是比较常见的情况。侮辱罪对照口袋罪特征和标准，本书不能得出其属于口袋罪的结论。

② 张明楷：《刑法学》（第 5 版），法律出版社 2016 年版，第 840 页。

③ 2015 年《刑法修正案（九）》将《刑法》第 237 条强制猥亵、侮辱妇女罪修正为强制猥亵、侮辱罪，扩大了处罚范围。

第三节　口袋罪的优缺利弊

口袋罪常常受到学界诟病以至于“臭名昭著”。学界长期以来只专注于其消极方面,呈现一边倒的态度,一致认为口袋罪严重破坏了罪刑法定的刑法基本原则。[①] 大部分学者主张对口袋罪予以废止和取消,从而导致口袋罪总体上带有了贬义的色彩。[②] 本书对此持保留态度,反对一味批判和驳斥,认为不能像以往那样眼睛只盯着口袋罪的消极影响和负面价值,口袋罪并非一无是处,应当坚持一分为二的观点看待它。

一、口袋罪的优点和正价值

不可否认,口袋罪至少在我国现阶段确实具有一些不可忽视的正面价值和积极意义,主要理由如下:

第一,口袋罪与法治发展进程密切相关,是“法有限、情无限”的现实所需和必然产物。我国法治发展时间很短,由于各种原因进展也很缓慢,离法治国家的目标相距甚远,充其量中国才半条腿迈进了法治国家的门槛。口袋罪的发展脉络也必须和法治发展进程相适应,允许一定范围内的高度概括和抽象,现行刑法 452 条 469 个罪名,[③]与 1979 年《刑法》192 条 129 个罪名比较,刑事案件有增无减,所以刑法条文并非越多越好,也并非绝对清晰和明确就一定好,关键是要和法治发展阶段相适应,找准与现实的切入点和结合点。

我国是成文法国家,立法不可能事无巨细、面面俱到,《刑法》条文区区六万多字,在千变万化、日新月异的百态生活前面,显得力不从心,无法囊括所有严重危害社会行为,对将来出现的新犯罪类型尤其是经济犯罪常常“黔驴技穷”。为了保持刑法的稳定性,口袋罪无疑为弥补以上不足留出了一定

---

① 陈烨:《食品安全犯罪的罪名认定问题研究》,载《北方法学》2016 年第 2 期。

② 本书不赞同口袋罪是一个贬义词,主张其为中性词,是故,也不否认其存在的诸多问题和缺陷。

③ 目前,我国刑法规定了 468 个罪名,全国人民代表大会常务委员会 1998 年通过的《关于惩治骗购外汇、逃汇和非法买卖外汇犯罪的决定》规定了骗购外汇罪,该决定属于单行刑法。

的空间和余地。申言之,我国社会政治、经济、文化等各方面突飞猛进,随之带来社会生活翻天覆地的变化,中国国情复杂性和法律规范有限性之间的悖论催生了口袋罪并促使其不断膨胀。

刑法规范本应当具有高度明确性,但是在刑法理论中,人们不得不承认"明确性"其实是最不明确的概念和范畴。某种程度上刑法规范的明确性就是乌托邦,充其量只是一个努力的方向,不可能完全实现。[①] 而口袋罪应当说是"明确性"的一个反面典型,有其产生和发展的可能性、必然性。加之我国法治发展现状和水平,决定了口袋罪存在的合理性以及价值、意义。制约刑法规范明确性主要有两方面,第一方面是刑法条文的高度概括性,体现为刑法法定的弹性,第二方面是刑法用语的相对明确性,体现为理解的弹性[②]。第一方面的适例是纯正情节犯和兜底犯,纯正情节犯一般是指以情节严重或者情节恶劣为要件的犯罪情形,比如寻衅滋事罪等,而兜底犯最为典型的是非法经营罪和以危险方法危害公共安全罪。第二方面的适例有组织、领导、参加黑社会性质组织罪、寻衅滋事罪等。[③] 应当说,口袋罪是弹性刑法的必然产物,是与我国法治发展是相适应的,甚至某种程度上还承担着重要的使命和角色。

第二,口袋罪体现了较为成熟的立法技术,符合模糊学中"模糊美"和"朦胧美"的特质。通观寻衅滋事罪、玩忽职守罪和非法经营罪等立法上产生的口袋罪名,其将许多普通罪名不能囊括,而客观上又有严重的社会危害性行为,使用简明扼要语言予以概括和归纳,属于一种高超的立法方法和艺术。其优点是某种意义上能避免挂一漏万的情况和现象,而必要的抽象性,并不意味着其涵摄和规制社会不良行为一味扩大,乃至无边无际,这其中程度的把握恰恰是一定的立法技术在刑法上的表现方式。

模糊学认为现实社会存在大量不能精确描述的事物,模糊事物的不确定

---

① Lenckner, Wertausfullungsbedurftige Begriff im Strafrecht und der Statz nulum crimen sine lege, in JuS, 1968, Heft6, S. 256 – 257.

② 于同志:《刑法案例指导:理论 · 制度 · 实践》,中国人民公安大学出版社 2011 年版,第 136 ~ 143页。

③ 非纯正情节犯是指以一定情节如造成严重后果作为条件的犯罪,如交通肇事罪、重大责任事故罪、重大劳动安全事故罪、工程重大安全事故罪。兜底犯是指明确列举犯罪行为之外其他行为、方式、手段、方法构成犯罪的情况。寻衅滋事罪第 1 款的前三项是纯正情节犯,第 4 项使用了"造成公共场所秩序严重混乱"的措辞,该项是非纯正情节犯。

性和清晰事物的确定性相比较，更加具有普遍性和一般性。刑法的载体是文字，无论具体文字所包含的字词句等诸要素有多么明确，然而它们在终极意义上存在局限性，一方面，文字间的界限无法百分之一百廓清，任何具体文字充其量只具有相对确定性和区分度；另一方面，伴随时光流转，文字本身内涵会发生变化。模糊性不等于含混性，所以允许刑法条文中口袋罪的存在符合模糊学和语言学的基本原理。不使用一定程度的模糊概念并不现实，[①]对刑法的明确性要求不能过分，否则华而不实的明确比质朴平实的抽象对法治更加有害。而口袋罪具有更高程度的抽象和模糊程度，完全可以在司法实践中通过限制自由裁量和更加严格的解释适用来消减甚至化解。

第三，口袋罪是维护社会秩序稳定的深刻反映。概括、模糊、抽象的刑法用语有其所需要服务的要旨和目的，可以严密刑事法网，将具有刑事处罚性的侵害法益行为网罗进来，为刑法保护功能添加砝码，而明确性规范往往并不具有这种功效。[②] 我国刑法才四十几年历史，刑法立法包括后来的修订完善是在很多领域缺乏丰富的司法实践甚至没有司法实践的背景下完成的。立法者对某些较为典型的犯罪类型作出了明确规定，而对某些非典型犯罪类型和迄今前还未出现过但预计将来可能会发生的对社会安全和秩序具有较为严重威胁的危害行为，进行了技术处理以及“口袋性”规定。

目前我国同时处在黄金发展期与矛盾凸显期，出于维护社会稳定以及规避极端事件的目的和考虑，站在结果无价值以及秩序中心主义立场，制定了“抓小、抓早”以及重刑主义等刑事政策，刑法工具主义以及国权主义成了刑事政策的症候，为口袋罪提供了遵循并对其起着拓展作用。口袋罪的立法以及司法实践加大了惩防犯罪的力度，对维护社会稳定起到了一定的实化和固化效果。

第四，口袋罪一定程度上可以化解某些社会风险。中国社会的现代化既包括从传统社会转向现代社会，也包括转向风险社会。中国社会正在面临着一场尽管没有硝烟但却波澜壮阔、前所未有的社会变革和转型，各种复杂性、混乱性、不可控性的问题和矛盾交织在一起，可谓社会风险“井喷”，中国

---

① ［日］川岛武宜：《现代化与法》，申政武等译，中国政法大学出版社 2004 年版，第 286 页。
② 张建军：《刑法中不明确概念类型化研究》，法律出版社 2016 年版，第 104～105 页。

社会充满着动荡、冲突和不和谐。[①] 德国社会学家、慕尼黑大学教授乌尔里希·贝克认为,风险社会是一个大灾变的社会。[②] 贝克教授描述的"风险社会景观"和储槐植教授界定的"法定犯的时代"正在全面来到,各种风险及其控制必然越来越深刻影响和改变现行刑法的机能、价值、构架和面向。比如,客观处罚条件、刑事处罚早期化等新类型刑法规范成为新的刑法现象必然将不足为奇。对于一些具有整体性、全球性、毁灭性、颠覆性的风险领域,我国刑法应当主动出击,有所作为。危险驾驶罪、环境污染罪等危险犯的设置固然很重要,但是仍然是不够的,口袋罪具有一定的施展拳脚的空间,口袋罪在扩大和严密法网,对普通罪名无法规制的具有严重社会危害性的行为时能够"隆重登场",对防范风险、抵制风险、克服风险都有着不可小觑的作用。比如,寻衅滋事罪、以危险方法危害公共安全罪和组织、领导、参加黑社会性质组织罪均可以抵御社会风险,防止滋扰是非和事态不断扩大,非法经营罪可以抵制经济风险,有效引导、规范和控制经济运行,助力预防经济危机。玩忽职守罪和巨额财产来源不明罪,对于防范政治风险、营造风清气正政务环境以及惩治贪污大有裨益。

第五,口袋罪是其他罪名的必要补充,其具有一定的弹性和张力,有时能够弥补一般罪名或立法模式之不足,起到拾遗补漏的效果。口袋罪是在刑事立法精密化和刑事司法精细化过程中堵住保护法益漏洞的一种重要措施和手段,这种兜底式保护是废除类推解释、贯彻罪刑法定的必然要求和重要方法。[③] 刑事立法永远不可能做到尽善尽美,要让普通罪名承载社会上形形色色的犯罪行为,甚至承载将来可能发生的各种未曾预见过的具体犯罪行为,只能是天方夜谭。口袋罪一定程度上和普通罪名相辅相成、相得益彰,弥补普通罪名的不足和罅隙,能够在一定时间内适应社会迅速发展所带来的巨大变化,这是普通罪名所不可能做到的。尤其是对那些不能被行政处罚法规所涵盖,但是又具有一定社会危害性以及人身危险性的行为,口袋罪起着规制和调整的重要作用,可以切实保护法益和维护社会秩序。以寻衅滋事罪为

---

① 林丹:《乌尔里希·贝克风险社会理论及其对中国的影响》,人民出版社2013年版,第200、215、229页。

② Ulrich Beck. Risk Society:Towards a New Modernity. London:SagePublication,1992.

③ 程阳强:《新司法解释下寻衅滋事罪"口袋"的扩张和坚守》,载《福建警察学院学报》2014年第5期。

例,虽然流氓罪被废除,但是"流氓文化"并没有得到"根除"或者"治愈",几千年沉淀下来的不良习性不可能瞬间消失,而单纯的说服教育或者治安处罚往往效果甚微,只有上升到刑事立法的相关罪名才足以威慑,如此,寻衅滋事罪就具有了极大现实意义以及实践价值。

二、口袋罪的弊端和负价值

口袋罪具有自身独特的魅力和价值,同样不能用来嘲笑和讥讽。戴雪1883年在牛津就职演说中讲到,学者活动的适当领域就是将法律作为一个圆融的整体予以阐明,分析并界定法律概念,弥合直接或者间接地来自某一单向度的实践训练体系的缺陷。[①] 质言之,戴雪持法律形式主义的主张,具有一定的合理性和启发性。但是,本书认为其观点不够全面和辩证,更谈不上实证。刑法理论者应当重视口袋罪相关前沿问题的研究,对口袋罪进行大胆的反思、批判和建言,而不应当畏惧所谓的"权贵",或者予以附和人云亦云,或者私下窃笑、不敢言说,这样刑法理论者与好龙叶公又有什么区别?肯定口袋罪的正价值,能够解释现阶段口袋罪在我国存在某种意义上的必要性和合理性。对于口袋罪的负价值,全面准确的认识有助于趋利避害,帮助我们对其弊端和不足进行及时、适当的改造和克服,本书简述如下:

首先,口袋罪和罪刑法定存在一定的矛盾。在现今世界刑法制度制定以及刑法理论演绎方面,罪刑法定原则可谓是刑法"宫殿"之顶天立地之柱,支持着刑法头顶上的整个天空。想当初,罪刑法定原则于我国刑法中得到确定之时,刑法理论界实乃一片欢呼鼓舞,理论从此得到更新,刑法从此走向成功。但是,时过境迁,今天我国的刑法实践却没有沿着当时刑法学者设计的"路线图"不断前行,更谈不上达致理想状态。[②] 罪刑法定原则又称为法定主义,是刑法的基本原则,是必须奉行的圭臬,我国《刑法》第4条规定"法律明文规定为犯罪行为的,依照法律定罪处刑;法律没有明文规定为犯罪行为的,不得定罪处刑",该条可以概括为"法律有明文规定的,才能定罪处罚;法律没有明确规定的,不得定罪处罚",我国罪刑法定是积极罪刑法定和消极

---

① [英]洛克林:《公法与政治理论》,郑戈译,商务印书馆2013年版,第258页。

② 杨兴培:《反思与批评——中国刑法的理论和实践》,北京大学出版社2013年版,第28、44页。

罪刑法定的有机统一，而国外罪刑法定一般表述为“法无明文规定不为罪，法无明文规定不处罚”（难以否认中国罪刑法定具有一定有罪推定的嫌疑，外国罪刑遵循无罪推定，积极罪刑法定和消极罪刑法定的结合可谓有中国特色的罪刑法定）。罪刑法定原则要求不能因为其他原因和因素去放任或者放纵犯罪行为，也不能够无中生有以莫须有的罪名去栽赃、陷害或者约束根本没有犯罪的人。无论是国外罪刑法定甚或我国罪刑法定，字里行间都明示着明确性的要求和旨趣。然而，口袋罪内容极不明确，非法经营罪中的“国家规定”“其他”，寻衅滋事罪中的“随意”“任意”“严重”“恶劣”，玩忽职守罪的主体和过错形式等，都极其模糊含混，甚至以危险方法危害公共安全罪、破坏计算机信息系统罪、组织、领导、参加黑社会性质组织罪和巨额财产来源不明罪等新型口袋罪中也包含很多不甚明确的内容。口袋罪的不明确往往导致民众无法准确理解，司法机关无法精准适用。刑法规范是第一次规则即行为规范和第二次规则即裁判规范的结合，行为规范以社会行为论为基础，裁判规范以客观归属论为基础。① 而口袋罪自身的特点决定了其具体规范从行为规范方面角度看，无法为公民提供明确的行为方向，从裁判规范角度看，也不可能为司法人员提供清晰的判断标准。

其次，口袋罪稳定性弱，常常处于变动不居的状态，有损刑法的权威和司法公信力。② 空白罪状涉及的“国家规定”不仅种类繁多，而且一直处于变动之中，增、减、删、改较为频繁，寻衅滋事罪条文也屡经调整和扩充，“恐吓”、法定刑升格等内容补充进来以后，网络起哄闹事等行为也被司法解释确定为寻衅滋事罪调整的对象。新型口袋罪在司法实践中也不断异化，受到人为任意改变尤其是它们本身包含的内容不断扩充。频繁的变动犹如朝令夕改，会同时造成普通民众和司法人员的无所适从和手足无措，对于刑法的权威无疑会造成极大的损害，进而阻碍刑法较好地得到遵守和实施。网络寻衅滋事被囊括进刑法规制范围之后，引发广泛的争论，类推解释广受抨击，刑法的威严被极大撼动。诸多口袋罪有关的案件一度占领舆论制高点，某种程度上是对刑法权威的挑战，司法威信和公信力遭受践踏，口袋罪在公平公正方面备

---

① ［日］高桥则夫：《规范论和刑法解释论》，戴波、李世阳译，中国人民大学出版社 2011 年版，第 13～15 页。

② 刘祥：《口袋罪视野下的寻衅滋事罪探析》，华东政法大学 2014 年硕士学位论文，第 7 页。

受责问。

最后,口袋罪存在侵犯人权的危险,与法治也存在一定的背离。口袋罪浸淫着对社会秩序保护的重视和强调,[1]如果法官可以轻易改变自己的方向,那么人们就不可能周密地计划自己的活动。[2] 口袋罪常常借助类推解释将非罪上升为犯罪,将此轻罪上升为彼重罪。1979 年《刑法》中的流氓罪、投机倒把罪以及玩忽职守罪体现得非常淋漓尽致,1997 年《刑法》有所改观,但是经过改头换面的寻衅滋事罪、非法经营罪和玩忽职守罪并没有得到彻底和根本的改变,而且"口袋化"倾向不断蔓延,实质上就是对社会秩序的威胁和对人权保障的背离,而且以危险方法危害公共安全罪、破坏计算机信息系统罪、巨额财产来源不明罪和组织、领导、参加黑社会性质组织罪等新型口袋罪的"口袋"属性也是在刑法工具主义和秩序中心主义立场下生成并不断增强。刑法的目的应当是社会秩序保护和人权保障并重,否则就和刑法的目的和任务渐行渐远。无论是传统口袋罪,还是新型口袋罪,都存在过分强调社会秩序,而漠视乃至忽略人权保障的缺点。当前,刑法好像懵懵懂懂在朝这么一个方向发展:刑法本是被限定于保护个人法益免受侵害的任务上,人们也将该种刑法称为服务于法治国家的刑法,然而,现今趋势却越发偏离此种"法治国家导向"。[3] 刑法体系向预防目的方向作出调整,安全刑法或者风险刑法日渐崛起,其本质在于用自由换取安全,也就是以社会成员的部分权利和自由为代价来换取安全的生活状态。[4] 亚里士多德曾经说过,法治有两层含义,一是良好的法律,二是普遍的遵守。在法治国家,任何公民都有权知

---

① 参见赵运锋、赵亚梅:《口袋罪的背景分析、价值探讨及应对机制》,载《河南警察学院学报》2015 年第 3 期。文中指出,在社会平稳阶段,代表公权力的刑法介入司法活动的兴致并不高,但是在社会转型期,对社会秩序的关注度会不断超越对公民自由的重视程度。在司法实践中,首先承担犯罪圈扩大化使命的就是口袋罪条文。该文还指出,近年来,为了保护社会主义市场经济秩序,非法经营罪将其规制范围一扩再扩;为了推动公共安全的健康发展,以危险方法危害公共安全罪惩治的对象也不断蔓延;为了维护社会秩序,寻衅滋事罪的入罪标准也在不断下调。本书较为赞同,并深以为然。

② [美]理查德 · A. 波斯纳:《法律、实用主义与民主》,凌斌、李国庆译,中国政法大学出版社 2005 年版,第 76 页。

③ [德]沃斯 · 金德豪伊泽尔:《适应与自由之间的德国刑法教义学——用教义学来控制刑事政策的边界?》,蔡桂生译,载《国家检察官学院学报》2010 年第 5 期。

④ 劳东燕:《风险社会中的刑法:社会转型与刑法理论的变迁》,北京大学出版社 2015 年版,第 66 页。

道自己行为的属性，都有权知道自己行为的后果。口袋罪存在诸多缺陷和不足，可预见性严重缺失，公民权利变得不可捉摸和扑朔迷离，故而，口袋罪和法治存在一定程度的对抗、乖离，不符合法治社会民众的法感情、法信仰、法认同。

第四节　德日口袋罪经验的借鉴

"他山之石，可以攻玉"，由于大陆法系具有成文法传统，中国学界掀起学习和研究德日刑法热潮，篇幅不够余裕，本书的域外研究拟限于对德日刑法典进行系统梳理，找出其中较为典型的口袋罪名，并进行介绍和分析，得出相关启示。

一、德国刑法典中的主要口袋罪名①

公开煽动他人实施犯罪罪。《德国刑法》第 111 条在规定公开在集会中或者使用文书煽动他人从事犯罪行为的以教唆犯论处的基础上，又规定实施了煽动行为但是没有产生后果的处 5 年以下自由刑或者罚金刑。也就是说，煽动他人实施犯罪在产生后果的情况下与所教唆犯罪成立共同犯罪，罪名也从属于所教唆犯罪名，未产生后果的情况下构成犯罪，应当处罚，成立公开煽动他人实施犯罪罪。这样，法律就将所有公开教唆犯罪行为但未产生后果的所有情况囊括其中，内容极其广泛，而且"公开""煽动"两个词语都比较概括和模糊，公开煽动他人实施犯罪罪也就成为了一个口袋罪名，广受抨击。

强制罪。《德国刑法》第 240 条规定非法使用暴力或者以明显恶行实施威胁强制他人从事一定行为、容忍或者不从事一定行为时处 3 年以下的自由刑或罚金刑，情节特别严重时处 6 个月以上 5 年以下自由刑。强制罪具有极大的包容性和开放性，侵害的法益是人身自由权，属于损害他人人身自由犯

---

① 本部分主要参考资料有：《德国刑法典》，徐久生、庄敬华译，中国方正出版社 2004 年版；[德]安塞尔姆·里特尔·冯·费尔巴哈：《德国刑法教科书》，徐久生、庄敬华译，中国方正出版社 2010 年版；梁根林、埃里克·希尔根多夫主编：《中德刑法学者的对话：罪刑法定和刑法解释》，北京大学出版社 2013 年版。

罪(如掳人罪、绑架罪、诱拐未成年人罪、强奸罪)的兜底条款。

二、日本刑法典中的主要口袋罪名[①]

暴行罪。[②] 根据《日本刑法》第208条,在施加了暴行的人的行为未达到伤害时处2年以下的惩役或30万日元以下的罚金或拘留或科料。此处的暴行是对人的身体施加不法的作用力,范围极广,包括殴打、踹踢他人,当然如果挥舞刀具或者投石,即使没有命中,只要有命中的现实危险就构成暴行。暴行罪实际上是造成实际伤害构成伤害罪以及其他针对生命和身体有明文规定罪名(如强奸罪和强制猥亵罪)的兜底性犯罪。

胁迫、强要罪。《日本刑法》第222条规定了胁迫犯,具体内容是以加害身体、自由、生命、名誉或者财产等相通告胁迫他人时处30万日元以下的罚金或者2年以下的惩役,第223条规定了强要犯,核心内容是以加害身体、自由、生命、名誉或者财产相通告实施胁迫或者使用暴行使他人实施并无义务实施的事项或者妨害他人行使权利的处3年以下的惩役。前罪是危险犯,后罪是侵害犯,尽管两罪都采用了限定列举的方式,但是由于基本涵盖了所有个人法益种类,所以属于口袋罪。

妨害业务罪。《日本刑法》第233条规定通过散布虚假传闻或者使用诡计妨害他人业务时处3年以下惩役或者50万日元以下的罚金,《日本刑法》第244条规定以威力妨害他人业务的依照第233条的规定处断。由于妨害业务手段的多样性和实际业务范围的广博性以及不断扩大的趋势,妨害业务罪内容包罗万象,无疑属于口袋罪范畴,囊括了财产犯罪外围针对经济活动领域的多种犯罪形式。

---

① 本部分主要参考资料为:[日]山口厚:《刑法各论》,王昭武译,中国人民大学出版社2011年版;[日]大冢仁:《刑法概说(各论)》,冯军译,中国人民大学出版社2003年版;[日]西田典之:《日本刑法各论》,刘明祥、王昭武译,武汉大学出版社2005年版;陈子平编译:《日本刑法典》,陈子平、谢煜伟、黄士轩译,台北,元照出版有限公司2016年版。

② 我国台湾地区"刑法"也有强制罪的有关规定,第304条规定"以强暴、胁迫使他人行无义务之事或妨害他人行使权利者,构成强制罪,处3年以下有期徒刑、拘役或300元以下罚金",可见客观不法构成要件包括:(一)强暴、(二)胁迫、(三)行无义务之事或妨害他人行使权利。参见林山田:《刑法各罪论》,北京大学出版社2012年版,第131~132页。

三、德日刑法中口袋罪给我们的启示

口袋罪名应当尽可能限制在轻罪和微罪领域。判断一个行为是轻罪甚或是微罪,无外乎两条标准,第一条是行为方式的强烈程度或者后果严重程度较低,第二条是所判刑罚法定刑控制在较轻幅度内。根据这两条,上述口袋罪名都是吻合的,公开煽动他人实施犯罪罪和暴行罪限于没有产生严重后果的情形,妨害业务罪使用的手段和方式并不强烈,强制罪、强要罪即便使用暴力,但是它们暴力程度和产生后果都不会太严重,它们中最高的刑罚也就是公开煽动他人实施犯罪罪和强制罪 5 年自由刑的规定,事实上也很少有真正顶格判处 5 年有期徒刑的。之所以把重罪排除出口袋罪范畴是出于保障人权和保证刑法谦抑的考虑和需要,将国民预测可能性比较低的行为规定为重罪并不妥帖,同时,虽然预测可能性比较低,但是不代表没有预测可能性,所以限定在轻罪和微罪上较为匹配和恰当,也能为罪刑法定原则所允许和容忍。而我国对以危险方法危害公共安全罪这一重罪名,竟然以“其他危险方法”进行抽象概括,明显伤害国民情感,增强了国民的不确定感、不稳定感,不但不能实现立法的初衷,反而容易矫枉过正,走向极端。

立法和司法都应当严格抑制口袋罪名的产生。诚如前文所述,口袋罪具有一定的打击半径,涵射的内容和范围比较广泛,但是德日的口袋罪名半径跨度较我国而言显得相对较小,数量也相对较少,这就成了德日的先天优势。司法领域,德日能够严格执行立法上的口袋罪名相关规定,坚持打击犯罪和保重人权并重,绝对杜绝类推适用,限制扩张解释,鼓励限缩解释,严格执行疑罪从无,而不像我国长期以来片面追求打击犯罪力度,“在德日司法部门找不到口袋罪产生的现实土壤”是完全切合实际的断言和结论。我国司法机关的态度立场和具体实践对于口袋罪无疑是雪上加霜,不仅最大限度甚至突破界限地利用已有的口袋罪使其不断扩张和异化,而且对本非口袋罪的罪名进行滥用,使得一些普通罪名沦为口袋罪,极大地破坏了国民预测可能性,侵害了公民的人身自由。以危险方法危害公共安全罪、破坏计算机信息系统罪、巨额财产来源不明罪和组织、领导、参加黑社会性质组织罪就是适例。故而,德日口袋罪相关的立法和司法值得我国反思和借鉴。

第三章　口袋罪限制和消减的指导思想

对口袋罪限制和消减的总体思路进行深入研究和探讨，有助于确定和形成各具体口袋罪司法上克制、立法上完善的统领和总纲，故而，意义重大且深远。口袋罪的扩张和异化具有严重的危害，侵蚀人权、违背罪刑法定、和明确性原则抵牾、不符合法治精神、践踏司法权威、影响司法公信力等，不一而足。口袋罪限制和消减基本原则的确立，无疑应当围绕上述弊病对症下药、把脉开方。限制和消减口袋罪，应当同时从立法和司法两个方面着手，形成强大的合力。同时，还应当以刑法的明确性、刑法的解释、口袋罪保护的法益以及其他学科为指导和抓手，唯有如此，才能确保口袋罪“口袋”属性能够得到切实有效的限制和消减。本书在本章拟依次论述限缩口袋罪的原则和总体要求，以及刑法的明确性、刑法解释和法益机能对口袋罪的影响和要求，而使用其他学科指导口袋罪的限制和消减将在第四章中专门论述。限于篇幅，同时本书对其他口袋罪的理解还不够深刻和透彻，也基于寻衅滋事罪的复杂性和代表性，所以下文涉及举例的将以寻衅滋事罪为主，以其他口袋罪名为辅。

第一节 限制和消减口袋罪的基本原则和总体要求

如何扬长避短,发挥口袋罪的优点,规避口袋罪的不足,重中之重是紧密围绕保障人权和推进法治的目标,循序渐进,扬长避短,抓住控制好口袋罪半径和尺度的关键,亦即本书主张的打造适当的“小口袋罪”。本书试着以刑法哲学作为分析工具对口袋罪这个特定的刑法问题进行剖析,进而寻找和发现口袋罪蕴含的哲理要求,用来引导制定和实施口袋罪相关法律。

一、限制和消减口袋罪的基本原则

其一,口袋罪立法时应当尽可能考虑民意。面对人民提出的要求,我们有义务采取相应的举措,应当怀着对待父母一般的爱心,而不应当怀着一颗奴隶般的怯畏心。先说这里的修饰语“尽可能”,我们“讨好”民众考虑他们利益,乐意去接受他们性情上的要求存在一个最大限制,就是不能违背正义和功利两项基础性原则。① 美国宾夕法尼亚大学著名刑法教授保罗·H. 罗宾逊提出起草刑事行为法五项主要规则即删除有关责任和划分等级的语言、合并重叠之罪、简化正当性抗辩事由、使用简明易懂的语言以及可能时顺应公众的观点。② 这几条规则中,后两条尤其是最后一条,对口袋罪具有较强的针对性,过度的概括、抽象、模糊并且变动不居,违反简明易懂规则,不能顺应民众需要,民众会产生疑惑、愤恨乃至于抵制。可能会有人说立法之不足可以通过司法来弥补,立法不能顺应公众观点,可以通过司法来“迎合”民众。但是,如果立法已经剑走偏锋,那么司法更加南辕北辙。顺应民意完善和改造现行刑法是治本之策,司法必须严格依法,司法实践中遭遇的“民意”往往是脆弱的、不稳定的,甚至是偏激、极端和错误的。

其二,口袋罪刑法规制应当遵循谦抑性原则。刑法的谦抑性又被称为刑

---

① [英]埃德蒙·柏克:《自由与传统》,蒋庆、王瑞昌、王天成译,译林出版社2012年版,第108页。

② [美]保罗·H. 罗宾逊:《刑法的结构与功能》,何秉松、王桂萍译,中国民主法制出版社2005年版,第201~221页。

法的经济性或节俭性，是指利用最小支出——少用乃至不用刑罚，获取最大社会效益——有效预防和对抗犯罪。口袋罪需要纳入刑事立法和司法之中，但由于刑法属于最后性、最为严厉性、非常规性的救济手段，是故，不论是口袋罪立法，还是其司法实践，都要遵守谦抑性原则，避免工具化和威权化。能不规定为口袋犯罪范畴的就不规定，能不作为口袋犯罪进行惩处的就不以口袋犯罪惩处，杜绝不利于犯罪嫌疑人的类推，允许有利于犯罪嫌疑人的类推，这是保障人权的需要。同时司法活动应当按照穷尽原则，优先选择非犯罪化方式进行处理，非得动用刑罚措施的，在其他条文有明文规定时尽量适用其他条文，不轻易适用口袋罪条款，只有在其他条文没有明文规定时，才认真考察和论证适用口袋罪的必要性和合理性。

其三，不能与非犯罪化的国际潮流相抵牾。非犯罪化是世界范围内大的趋势，包括事实的非犯罪化与法律的非犯罪化，美国和荷兰走在世界的最前列，是世界各国的楷模。中国 1997 年刑法反映了犯罪化与非犯罪化同步推进、并驾齐驱，这符合中国犯罪以及政治、经济、文化现实情况，无可厚非，但是非犯罪化是大势所趋，非犯罪化会逐渐提到议事日程上来。刑法典原本设定的限缩式的犯罪圈出现不断任意扩张的趋势，[①]口袋罪对于犯罪圈的扩大无疑起着推波助澜的作用，口袋罪在非犯罪化大背景下显得格格不入，口袋罪有关立法为犯罪化留下了极大空间，司法解释本应该多做一些有利于被害人的解释甚至类推，但是现实却是更多地在犯罪化的道路上渐行渐远，司法机关本应当成为非犯罪化、非刑罚化的有力助推手，可是事实却恰恰相反。[②] 是故，实务部门当务之急是慎重使用“口袋”罪名，以保障人权为己任，健全出罪疏通机制。当然必须指出，口袋罪相关行为的非犯罪化与合法化并不是画等号的，因为罪行和合法行为之间还存在中间状态，即一般违法行为。

---

① 王志祥、韩雪：《我国刑法典的轻罪化改造》，载《苏州大学学报（哲学社会科学版）》2015 年第 1 期。

② 梁根林教授认为，事实非犯罪化不会破坏罪刑法定的原则，因为罪刑法定禁止不利于被告人的类推，禁止不利于被告人的溯及既往，禁止不利于被告人的解释适用，但是不排除有利于犯罪人和犯罪嫌疑人的具体做法和原则，而事实非犯罪化处理可以通过期待可能性的缺乏得到合理和正当解释。我们完全赞同，并且认为这样的见解是深刻的，很有启发意义。参见梁根林：《非犯罪化研究》，载陈兴良主编：《法治的言说》，法律出版社 2004 年版，第 60 ~ 103 页。

其四，立法和司法都应当严格抑制口袋罪名的产生、扩张乃至异化。刑法的内容一直处于膨胀之中，主要原因是在立法中宣告那些不受欢迎行为属于犯罪被认为系处理日渐复杂社会问题所受阻力最小的重要方式，故而，我们延续继承了一系列千奇百怪犯罪规定的大杂烩。[①] 口袋罪相关立法就是很好的实例。在口袋罪立法改革建议上总的指导思想一是反对冗长细故，主张疏密有致、粗疏得当；二是反对"成熟一条制定一条"的经验型立法，主张适当的超前立法。[②] 笔者建议拿出釜底抽薪的决心和勇气重点对口袋罪名进行修改完善。德日刑法的口袋罪仅限于轻罪和微罪，在中国目前阶段，由于中国特殊国情、法治发展阶段、打击犯罪现况、刑法规范特点等原因，本书认为限于轻罪和微罪的口袋罪只能作为研究对象和将来目标，中国 1997 年以来刑法修正频繁，平均两年修正一次，不难预见，再过 20 年时间，中国刑法将会发生翻天覆地全面彻底的变化，那时口袋罪局限于轻罪和微罪是可以期盼和憧憬的，同时也一定能够像德日那样口袋罪名数量少且口径小。质言之，立法上对待口袋罪，不仅要有壮士断腕的勇气和决心，还要有循序渐进的科学态度和精神。司法上，德日能够兼顾打击犯罪和保重人权并重，能够审慎运用口袋罪名，能够杜绝实务中引发口袋罪的产生，我国也应当学习和借鉴，一方面，应当最大化制止已有的口袋罪在司法实务中进一步扩张和异化；另一方面，必须避免对本非口袋罪的罪名进行滥用，坚决抵制一些普通罪名沦为口袋罪的情形。

其五，严格遵守罪刑法定原则。罪刑法定原则是铁律，可谓是刑法宫殿的顶天立地之柱，支持着刑法头顶整片天空。[③] 但是罪刑法定容易遭到口袋罪的亵渎和侵犯，口袋罪立法上的模糊助长了司法上的随意，默认了类推规则死灰复燃。在特定司法实践中被频繁适用的类推规则尤其违反刑法最高原则的从属原则"无法无刑，无法无罪"，[④]也违背了贝卡利亚著名的刑法主张，即只有法律方能规定惩罚犯罪的刑罚，超越法律限度的刑罚不再属于正

---

① [美]哈伯特·L. 帕克：《刑事制裁的界限》，梁根林等译，法律出版社 2008 年版，第 241 页。

② 陈兴良：《刑法哲学》，中国政法大学出版社 2009 年版，第 672～674 页。

③ 杨兴培：《反思与批评——中国刑法的理论和实践》，北京大学出版社 2008 年版，第 28 页。

④ [德]安塞尔姆·里特尔·冯·费尔巴哈：《德国刑法教科书》，徐久生译，中国方正出版社 2010 年版，第 31 页。

义的刑罚。① 陈兴良教授也认为，对于刑法未明文规定的行为，即便具有较大的社会危害性，也不能够随意套用其他罪名进行定罪处刑，否则罪刑法定原则就存在被虚置的危险。② 罪刑法定是司法解释不能逾越的樊篱，但是口袋罪方面诸多司法解释不断突破罪刑法定的限度，不经意间逾越扩张解释界限，从而沾染了类推的痕迹，此时的司法解释实际上是在造法，用新造的法律去规制司法解释出台前的行为是违背刑法解释论原理的，也是有失公允的。司法解释超越权限，不断向着立法化前进，日渐成为一个完整副法体系，但是依据罪刑法定原则，全部的司法解释只应该是“有中找有”，而不应该是“无中生有”的过程。③ 比如非法经营罪中“其他严重扰乱市场秩序的非法经营行为”，对其解释应当按照先归纳后演绎的形式推理程序，先归纳出非法经营罪的一般特征，解释必须在一般特征范围和框架内进行，如果解释超出一般特征就属于越权解释，与罪刑法定相背离。譬如“美籍华人博士丁某非法买卖人头骨”一案，最终以非法经营罪被判处 8 年有期徒刑，显属不当，实有僭越罪刑法定原则之虞，因为非法经营罪规制的是违反专营专卖等特许制度的行为，而人头骨不可能用来买卖和经营。

二、限制和消减口袋罪的总体思路

本书对限制和消减口袋罪属性的基本思路是：立法着力于消减，司法着力于限制，目前限缩，长期消减，将来终结。立法和司法必须互相配合，双管齐下，齐头并进，才能逐渐实现我们限缩乃至消除口袋罪的伟大目标。概言之，立法司法应合力约束口袋罪。

（一）控制口袋罪的立法总体要求

刑法的立法主体是全国人大及常务委员会，对象包括刑法典、单行刑法以及附属刑法。科学的刑法立法指导思想是疏密有致，粗细得当，同时坚持现实性和超前性的有机统一。我国刑法总体而言是追求粗疏，摒弃细密的，美以名曰是为了应对纷繁复杂的社会现实情况，但是却为司法机关提供了擅

---

① ［意］切萨雷·贝卡利亚：《论犯罪与刑罚》，黄风译，北京大学出版社 2008 年版，第 10 页。

② 陈兴良：《刑法哲学》，中国政法大学出版社 2009 年版，第 651 页。

③ 杨兴培：《反思与批评——中国刑法的理论和实践》，北京大学出版社 2008 年版，第 37 ~ 39 页。

断的客观基础，不利于保障公民权利和自由。① 由于立法者认识水平有限，加之语言概括本身难以周全和精确，立法过程中出现疏漏等缺陷在所难免。② 联系到口袋罪的立法，同样存在过于粗疏和模糊的问题，其中的问题举不胜举。当然我们反对口袋罪立法的宁疏毋密，并非主张口袋罪条文冗长细故，也并不是要搞口袋罪立法上的烦琐哲学。另外，各口袋罪的立法和修正也应当体现一定的超前性，既反映未来的发展趋势，也保证非法经营罪、寻衅滋事罪等口袋罪立法的相对稳定性。本书主张，下一次刑法修正应该在增强条文清晰度和明确性的同时，果敢地将部分非法经营犯罪、寻衅滋事犯罪等行为调整到其他罪名中规制或者索性非罪化由《治安处罚法》或其他法律、行政法规进行调整，以反映将来口袋罪必将废除的历史宿命。

刑法立法必须秉持谦抑主义理念，谦抑主义理念是指必须遵循发动刑法不以所有的行为为对象，适用刑罚只能在不得已情况下进行。③ 刑法对犯罪行为进行否定评价需要投入一定的人力、物力、财力，需要考虑社会效益，将经济成本分析引入刑法是近代的事情，功利主义学派贡献最大，其代表边沁极力反对滥用之刑、过分之刑、昂贵之刑和无效之刑。④ 刑法谦抑主义主张刑法对社会生活的介入必要而且合理，应当将犯罪圈限定到最小的程度。⑤ 口袋罪在这方面即存在问题，其违反了刑法谦抑主义，将很多本来可以作非罪化处理的一般违法行为也犯罪化了，而且很多非法经营、寻衅滋事等行为模棱两可，辨别困难，于是"造就"了非法经营罪、寻衅滋事罪这样一些"包罗万象"、含混不清的口袋罪，也造成社会资源包括司法资源的极大浪费，这种现象在以后的刑法修改中是需要克服和引以为戒的。

对于非法经营罪和寻衅滋事罪等口袋罪的立法修改，学界主要有这么三种观点，一是"完全保留说"，⑥该种观点完全肯定口袋罪的价值和作用，除了

---

① 陈兴良：《刑法哲学》，中国政法大学出版社 2004 年版，第 669 ~ 675 页。

② 李洁：《论罪刑法定的实现》，清华大学出版社 2006 年版，第 171 页。

③ [日]川端博：《刑法总论讲义》(第 2 版)，日本成文堂 2006 年版，第 54 页。转引自陈家林：《外国刑法通论》，中国人民公安大学出版社 2009 年版，第 91 页。

④ [英]杰里米·边沁：《立法理论——刑法典原理》，李桂芳等译，中国人民大学出版社 1998 年版，第 167 页。

⑤ 李占州：《罪与非罪界定论》，中国人民公安大学出版社 2011 年版，第 50 ~ 51 页。

⑥ 关振海：《规范与政策：寻衅滋事与故意伤害的二重区分——以 20 个公检法争议案件为切入》，载《国家检察官学院学报》2012 年第 1 期。

主张对原有条文完全保留的基础上，更有甚者默许或者支持口袋化倾向继续扩张，这种观点是百害而无一益的，口袋罪的模糊性和继续扩张性，使口袋罪名进一步泛化，这不符合刑法谦抑性和保障人权等现代法治理念。二是“保留完善说”，①该观点是通说和主流观点，主张口袋罪立法的修改和完善需要保持对其“口袋性”的克制和克服态度，最大限度削弱非法经营罪、寻衅滋事罪等口袋罪的“口袋性”，从应然的角度来看，这种观点值得称道，是我国法治阶段和社会现实对口袋罪立法提出的切实可行的要求，“保留完善说”的重点不是“保留”而是“完善”，立法可以理性地增加进而增强司法操作性是今后口袋罪相关立法工作的重中之重。② 三是“废除说”，③该观点倡议对非法经营罪、寻衅滋事罪等非议重重的口袋罪彻底废止，让其从刑法典中永远消失，同时将其中的一些非法经营行为、寻衅滋事行为或者纳入其他罪名中进行规制，或者纳入《治安管理处罚法》等法律法规中进行调整。从民意和尊重人权的角度来讲，这个观点得分最高，但是废除一个罪名毕竟是一件十分严肃的事情，所以该观点目前显得过于偏激、冒进和超前。

根据以上介绍和分析，本书的态度和观点不言自明，即主张现阶段对口袋罪进行完善，将来予以消减，目前进行限制，将来予以废除，对口袋罪进行立法上的修改和完善，必须和我国国情和法治发展情况相适应。口袋罪的刑法立法以及修正是根本，而立法解释和司法解释都是权宜之计。遗憾的是，现实并不尽如人意，以寻衅滋事罪为例，2011 年《刑法修正案（八）》在原有规定的基础上在原来第 1 款第 2 项中增加了“恐吓”，与此同时又增加了纠集他人多次实施第 1 款中寻衅滋事行为严重破坏社会秩序时处 5 年以上 10 年以下有期徒刑且可以并处罚金作为第 2 款，使寻衅滋事罪的“口袋性”不减反增，这值得警惕和深刻反思。寻衅滋事罪的立法包括 2011 年《刑法修正案（八）》，都体现着行为无价值的立场，都体现着对行为的追究而非对结果的强调。犯罪的本质是人身危险性与社会危害性，人身危险性包括初犯可能与再犯可能，社会危害性包括主观恶性与客观危害，寻衅滋事罪对客观危

① 杜启新、安文录：《论寻衅滋事罪的合理定位》，载《政治与法律》2004 年第 2 期。

② 赵秉志主编：《寻衅滋事的罪与罚》，北京大学出版社 2015 年版，第 69 页。

③ 王良顺：《寻衅滋事废止论》，载《法商研究》2005 年第 4 期。

害并不重视，相反强调人身危险性与主观恶性。[1] 比如携凶随意殴打他人并没有造成轻微伤以上后果，追逐、拦截、辱骂或者恐吓未成年人，尽管没有造成严重后果，但是立法上提供了入罪处理的空间（司法解释予以了确认和细化），强拿硬要、任意损毁或者占用也存在这样的问题。如果是纠集他人多次实施上述行为，同样没有产生严重后果的情况下，不仅要定罪而且要法定刑升格。寻衅滋事罪要想“去口袋性”，坚持结果无价值论和转向重视客观危害才是英明和正确的选择。另外，“纠集”一词也比较模糊，可以说是寻衅滋事罪在刑法中的发明和首创，能否等同于聚众斗殴罪中的“聚众”不得而知，并且聚众斗殴罪只处罚首要分子和积极参加者，法定基本刑为 3 年以下有期徒刑、管制或者拘役，而寻衅滋事罪之中多次纠集他人实施寻衅滋事犯罪行为的法定刑达到 5 年以上 10 年以下有期徒刑，这与罪刑均衡的理念和原则格格不入。

（二）抑制口袋罪的司法总体要求

诚如有论者曰：与其指望修法一劳永逸，还不如皓首穷经，精读法律精义，贡献出更加强大的司法能力，法教义学的价值恰恰体现在此，“教义”一词来源于宗教，强调既要对立法有宗教般的信仰，但也不能盲从。[2] 司法中对非法经营、寻衅滋事等行为“乱归罪”的现象屡见不鲜，典型的表现就是行为同却结果异，在罪与非罪、罪重与罪轻等问题上常常出现天壤之别的结果。有论者提出限制诸如非法经营罪、寻衅滋事罪之类口袋罪颇有创意的建议：使用该类罪名必须经上级司法机关批准；定期进行专项检查，及时纠错；发布口袋罪指导案例。口袋罪在当下恐怕一时半刻难以挣脱口袋罪的“牢笼”，运用非法经营罪、寻衅滋事罪等口袋罪处理案件和争议时常常要背负法治的“包袱”，正确有效的方式就是在司法实务中严格限制口袋罪的适用条件以及范围，寻求抑制口袋罪“口袋”扩大路径的实务方式。本书认为，对于口袋罪，在司法实务中至少应从如下几个方面着手并不懈努力。

首先，必须警惕口袋罪威权主义和秩序中心主义的思想理念，克服口袋

---

① 这和行为人法还是有所区别的，行为人法强调和考察的是犯罪人的人格，而且仅仅是量刑酌定情节，属于刑罚论范畴，根据心理学，人格大致可以分为八种类型，存在人本主义、存在主义、认知论、生物学等学说。

② 余丰泳：《口袋罪的坏名声和冷思考》，载《检察日报》2015 年 5 月 6 日，第 3 版。

罪在司法实践中的扩张行为。以寻衅滋事罪为例,劳动教养制度的废除一定程度上也滋生了寻衅滋事罪的滥用,原先劳动教养处于犯罪与治安违法的夹缝中,专门用来处置“准犯罪行为”①,被定性为行政处罚措施,劳动教养废除后,一部分“准犯罪行为”被治安处罚处理,还有一部分“准犯罪行为”被转而寻求适用寻衅滋事罪,这是寻衅滋事罪“口袋化”的一种表征,在今后的司法实践中应当预防和禁止。司法实践中长期存在的“有罪必罚”和“无恶亦罚”等思想观念必须得到根除,许多破坏社会秩序的行为并不符合寻衅滋事罪犯罪构成,但是由于“有罪必罚”根深蒂固的思想作祟,宽泛、扩大甚至类推理解寻衅滋事罪模糊条文用语,进而将这些行为装进寻衅滋事罪这个口袋罪里面,殊不知,刑法的目的在于保护法益,而不在于维护伦理秩序,也正是由于“无恶亦罚”的重刑主义刑事司法思维,从而对一些社会影响较大、不作为犯罪处理难平民愤的治安案件按照寻衅滋事罪处理。② 所以,司法实践中必须杜绝片面化强调实质正义,杜绝忽视或者轻视形式正义,杜绝随意利用口袋罪外延较广、空间较大的特点,避免口袋罪“口袋化”扩张和异化。

其次,应当恪守罪刑法定原则。罪刑法定原则是刑法中的一条“铁律”,是刑法基本原则里的第一条也是最重要的一条,这已经成为世界范围内的共识。罪刑法定不单单针对立法,同时也针对司法,在司法实践中,如果不能做到罪刑法定,那么立法上的罪刑法定就成了“空头支票”和“一纸空文”,同时罪刑相适应和平等适用刑法也就成了无源之水和无本之木。罪刑法定的原则在司法办案中要求以事实作为依据,以法律作为准绳,刑罚裁量时应当根据法定情节和法定刑进行裁判,既不冤枉好人,也不放过坏人,于法有据,不枉不纵。以寻衅滋事罪为例,在寻衅滋事罪的司法实务中,必须摒弃简单、草率、随意和“任性”,正确解读刑事政策,排除舆论不当干扰,不人云亦云。在罪与非罪的问题上,正确把握寻衅滋事罪的动机,准确理解“随意”“任意”,科学界定“情节严重”和“情节恶劣”,如果不符合犯罪构成,达不到犯罪标准,那就不应当生拉硬拽套用寻衅滋事罪去规制和定罪量刑,而应当留待《治安管理处罚法》处罚,可见厘清寻衅滋事罪和《治安管理处罚法》的

---

① 谢川豫:《危害社会行为的制裁体系研究》,法律出版社 2009 年版,第 158 页。

② 王霖:《寻衅滋事罪司法适用的限定——以最高法相关司法解释为视角》,载《云南警官学院学报》2014 年第 2 期。

寻衅滋事违法行为的区别就显得特别重要。在此罪和彼罪的问题上,必须正确区分寻衅滋事罪和故意伤害罪、抢劫罪、故意毁坏财物罪、侮辱罪、抢夺罪、敲诈勒索罪等罪名之间的界限,其中最为重要的是在发生寻衅滋事罪和上述罪名竞合时,优先适用其他一般罪名,在司法上尽最大努力克制适用寻衅滋事罪这个口袋罪。

再次,司法解释要遵循法律保留规则。这其实是一个非常重要的问题,有学者作出了较为深刻论述。① 本书在此也略作展开,因为司法解释有关问题以及与口袋罪的关系在后文还有专门的讨论。法律保留本属行政法问题,意指某些事项只可以由法律作出规定,行政权没有经过法律授权任何单位和个人不得行使。② 法律保留在行政法上的适例就是如果征收属于法律保留的项目,政府就无权实施。法律保留的法治意蕴和依法治国原则一脉相连,血脉相通。③ 本书认为,可以对法律保留作广义理解或者进行借用,要求司法解释不得践踏法律保留,就是指本来属于立法事项,司法机关不得擅自作出规定,否则本身就违法和无效。④ 因为立法机关的不作为,司法解释一定程度上填补了这个空白和缺陷,而且还起到了统一条文理解、指导定罪量刑和规范司法适用等积极作用。然而,司法解释必须坚守自己的职责和底线,不能任意扩大和缩小解释,更不能类推解释,否则就代替了立法,与立法无甚差异,也就违反了法律保留规则。然而,我国法律解释违反法律保留规则的现象比比皆是。2013 年最高人民法院、最高人民检察院先后针对寻衅滋事罪以及网络诽谤等刑事案件的法律适用制定司法解释,不仅说明了司法解释对法律保留的触犯和违抗,而且非常突出地佐证了这一点,两个司法解释本意也许是针对寻衅滋事罪在现阶段出现的种种问题的一种“修缮”,弥补

---

① 江国华、梅扬:《论口袋罪的治理——以寻衅滋事罪为例》,载《桂海论坛》2014 年第 3 期。

② [德]哈特穆特·毛雷尔:《行政法学总论》,高家伟译,法律出版社 2000 年版,第 104 页。

③ 孙展望:《法律保留、法治与复杂社会——中国语境下的法律保留之法治逻辑探究》,载《政治与法律》2011 年第 7 期。

④ 2015 年新修改的《立法法》第 8 条规定:“下列事项只能制定法律:(一)国家主权的事项;(二)各级人民代表大会、人民政府、人民法院和人民检察院的产生、组织和职权;(三)民族区域自治制度、特别行政区制度、基层群众自治制度;(四)犯罪和刑罚;(五)对公民政治权利的剥夺、限制人身自由的强制措施和处罚;(六)对非国有财产的征收;(七)民事基本制度;(八)基本经济制度以及财政、税收、海关、金融和外贸的基本制度;(九)诉讼和仲裁制度;(十)必须由全国人民代表大会及其常务委员会制定法律的其他事项。”其中第 4 项、第 5 项一目了然,犯罪、刑罚、限制人身自由的强制措施和处罚等内容只能由法律制定,司法解释不得参与和介入其中,不得越权和取而代之。

之前法律出现的种种不足，[1]然而事与愿违，某种意义上可以说弊大于利，严重扩大了寻衅滋事罪的外延，尤其是后者甚至将网络空间纳入寻衅滋事罪的规制范围内，着实让人产生深深的忧思，相关法律及司法解释亟待釜底抽薪式的改进和变革。

最后，还有加强相关业务培训、注重口袋罪的定罪量刑专题研究、提高司法人员法律素养和水平、提升司法人员职业道德、加大对口袋罪办案水平的考核力度、开展口袋罪案件卷宗专项检查、科学设计有关程序防止口袋罪错案发生或者及时纠正错案等多个方面的内容，都将对口袋罪案件办理质量以及减缓、限制口袋罪的适用大有裨益，在此不再一一展开。

第二节　以刑法明确性公众认同为纲制约口袋罪

刑法的明确性原则是罪刑法定原则派生出来的子原则，又称为“不明确而无效的理论”。明确性就是要让公民知道自己行为的刑法后果和违反刑法的法律后果，能强制公民对社会政治和经济秩序以及他人人身财产权利产生敬畏，同时也是法官在刑事诉讼过程中判断罪与非罪、此罪与彼罪的依据。立法者和司法者都很难明辨口袋罪和其他一些罪名的行为界限和法律界限，对于普通民众而言更加是困难的，亟待多措并举，严格收紧口袋罪的“口袋”绳索。口袋罪成为兜底罪名，萌发了与罪刑法定原则尤其是刑法的明确性原则之间的紧张关系。刑法的公众认同实现路径有理论层面的刑法理论、制度层面的刑法规范、实践层面的刑法适用，制度层面的刑法规范是其中一个重要方面。刑法规范必须得到公众认同，刑法规范的有效性才能够维持，刑法规范的存在才具有意义，所以，刑法规范和公众认同之间具有高度的统一性。[2] 规范模糊论者以坚持刑法实质正义为诉求，容易得到人们的同情，但是不能够获得公众的认同，刑法规范模糊论不应得到提倡。[3] 要实现刑法规范的公众认同，在制度层面要求刑法规范的明确性，包括罪刑法定

① 胡凡：《寻衅滋事罪适用的扩大化及其限制研究》，安徽大学2016年硕士学位论文，第1页。

② 周光权：《论刑法的公众认同》，载《中国法学》2003年第1期。

③ 彭文华：《刑法规范：模糊与明确之间的抉择》，载《法学评论》2008年第2期。

的明确性和罪状的明确性、法定刑的明确性等。口袋罪亦不例外，要想获得明确性公众认同，首先要对其在制度层面进行罪刑法定明确性、罪状明确性和法定刑明确性的改造。

一、口袋罪之罪刑法定明确性公众认同

明确性之所以是罪刑法定原则实质的侧面之一，源于明确性是限制国家公权力和保障公民自由的基本要求。不明确的刑法不具有预测可能性的功能，会限制公民的自由，造成公民行动的萎缩。有法谚曰："法律暧昧或不确实，如令遵守，实属苛酷。"罪刑法定原则派生的明确性原则中的公众认同，最终还得回到公众的切实利益上得到说明，就像贝卡利亚所说的那样：如果法律制定时使用诸多国民所不理解的语言，那么国民就会对少数法律者形成依赖，无从掌握和安排自己的命运和自由，这种语言最后造成本属于严肃的公共典籍成为家用私书。① 又像博登海默所说，越来越多模糊、不准确和极富弹性的规定引入法律制度，意味着对法律的放弃，必然会使人们感到危险和极其不适。② 这里，"命运"也好，"危险感"也罢，都说明着刑法的明确性关乎公众的切实利益和人身自由。

口袋罪的模棱两可或者模糊不清同样容易引发公众的不安全感，阻碍公众追求的法律公平正义目标的实现。口袋罪的改革和适用需要得到心理学预测可能性原理的说明和关照，达到足够明确和可以预测的程度，切实尊重和保障民众权利和自由。当然，有一点需要强调和说明：罪刑法定不是绝对的，而是相对的，不能只关注形式的，同时也要关注实质的罪刑法定，罪刑法定的明确性与其弹性不相矛盾，罪刑法定保持一定的弹性可以避免罪刑法定明确性蜕变为僵硬性和机械性，而罪刑法定的弹性同样可在权利保障和秩序维护上使刑法赢得公众认同，因为罪刑法定保持适度弹性至少是实现"个案正义"所需。丹宁勋爵曾经说过，法律就是一块编织物，这块编织物不可能是完全平整的，也会出现皱褶，司法工作者绝不可以改变法律编织物的原材料，但是他可以也应该把皱褶烫平。这句话形象说明了在弹性法律的背景下

---

① ［意］切萨雷·贝卡利亚：《论犯罪与刑罚》，黄风译，北京大学出版社 2008 年版，第 15 页。

② ［美］E. 博登海默：《法理学：法律哲学与法律方法》，邓正来译，中国政法大学出版社 2004 年版，第 223 页。

一定司法能动性和自由裁量权的必要性、客观性和重要性。① 申言之,我们并不是反对口袋罪的弹性,只是我们认为现实立法客观上超过了一定的"度",走向了罪刑法定明确性公众认同的反面。

二、口袋罪之罪状明确性公众认同

口袋罪的罪状中饱含着和社会公共道德关联的用语,人们必须对变动不居的道德行为准则进行判断后再确定自己的行为界限,不符合罪状明确性公众认同的内在要求。口袋罪的完善以及正确适用,关键点和落脚点在罪状上面,而重中之重又是必须达到明确性公众认同的标准。口袋罪的罪状明确性公众认同可以得到认知心理学和人格发展心理学的深切说明。

根据认知心理学,人的知觉活动就是外部世界内化了的有关知识单元被激活,指导感觉器官有意识地搜索和接受外部世界的特殊信息。② 罪状的明确表述实质上就是让人们储存一种知识单元以应对外在的现实刺激,因此,罪状对人们的自我行为评价而言具有知识功能,成为人们评判自身行为性质的一种标准。但是,只有在罪状本身表述或规定上清楚、准确,人们对罪状的认识才能清楚、准确,明确的罪状规定才会与人们已经储存的知识结构和内容吻合,进而让罪状的认知和评价功能更好地发挥。因此,要有效发挥罪状的认知评价功能,最有效的方法就是要提高罪状的明确性。认知心理学呼唤着对非法经营罪、寻衅滋事罪、玩忽职守罪等传统口袋罪以及诸如以危险方法危害公共安全罪和组织、领导、参加黑社会性质组织罪之类的新型口袋罪进行罪状明确性方面的改良,既有助于其"口袋"的限缩,也有助于其获得公众认同。

弗洛伊德按照人格层次把人区分为"本我"、"自我"和"超我",其中"超我"的作用就是调控和指挥行为,使行为符合社会规范和道德理想。因此,一个人的"超我"越是发达,其行为就越是契合社会准则,相应地,也就越不会犯罪。罪状对人们的这种影响,实际上是以"超我"为中介,通过"超我"对"本我"本能欲望的压制而实现的。刑法规范越明确,人们内心的"超我"的

---

① [英]丹宁勋爵:《法律的训诫》,杨百揆、刘庸安、丁健译,法律出版社1999年版,第12、13页。

② 车文博主编:《西方心理学史》,浙江教育出版社1998年版,第593页。

检查作用越严格，人们也就越不容易实施犯罪。[①] 易言之，在自我控制犯罪上，罪状的明确性程度与“超我”的发展水平和能力是成正比例的。人格发展心理学呼唤着对口袋罪进行罪状明确性方面的改进，进一步抑制和缩小其“口袋”，最终达到获取公众认同的目的。

三、口袋罪之法定刑明确性公众认同

“无刑罚即无犯罪”，犯罪和刑罚是刑法的两翼，讨论口袋罪的刑法规范明确性公众认同不能对刑罚明确性视而不见，否则就会顾此失彼，功亏一篑。法定刑是刑罚的具体标准，用于信息传递的法定刑乃是一种符号，并且作为一种符号，它必须表达出明确的内涵。[②] 对于口袋罪法定刑明确性公众认同的探讨，也非常重要。法定刑的社会认识评价功能主要表现为两个方面：一是行为人依据法定刑对自己的行为进行认识评判；二是法官依据法定刑对行为人的行为进行认识评判。[③] 显然，口袋罪法定刑明确性公众认同在社会心理学面前不证自明，即口袋罪法定刑明确性公众认同在口袋罪刑法规范明确性公众认同中的作用发挥上符合心理学的社会认识规律。近代刑法学之父费尔巴哈提出了心理强制学说，也给法定刑明确性公众认同提供了认识工具。另外，宾丁提出了“权衡论”。[④] 任何犯罪都和国家目的相违背，国家要做的准备首先是心理的强制。法律明确规定了各种犯罪的具体法定刑，同时也就宣布了违反法律将受到应有的和可预知的惩罚。[⑤] 法定刑系统内部的自我描述同样是和争论性交往有关，存在多种连接可能性，充斥着矛盾和冲突。[⑥] 对法定刑的无知和法定刑的捉摸不定无疑会帮助欲望“强词夺理”，[⑦]随之而来的就是减少了心理强制和增加了犯罪概率。口袋罪

---

① 袁彬：《刑法的心理学分析》，中国人民公安大学出版社 2009 年版，第 52 ~ 53 页。

② ［英］威廉姆·威尔逊：《刑法理论的核心问题》，谢望原等译，中国人民大学出版社 2015 年版，第 65 页。

③ 袁彬：《刑法的心理学分析》，中国人民公安大学出版社 2009 年版，第 243 页。

④ 李晓明等：《中国刑法基本原理》（第 4 版），法律出版社 2013 年版，第 101 ~ 102 页。“权衡论”认为，人们有权衡利益、进行选择的本能，在权衡利弊得失后，为了避免因小失大，犯罪的念想可能就会消除，这是心理强制的结果。

⑤ ［德］安塞尔姆·里特尔·冯·费尔巴哈：《德国刑法教科书》（第 14 版），徐久生译，中国方正出版社 2010 年版，第 26 ~ 28 页。

⑥ ［德］卢曼：《社会的法律》，郑伊倩译，人民出版社 2009 年版，第 261 ~ 266 页。

⑦ ［意］切萨雷·贝卡利亚：《论犯罪与刑罚》，黄风译，中国法制出版社 2005 年版，第 15 页。

相对不明确的法定刑得不到民众的认可和肯定,心理强制力必定效果微弱。韦伯对政治权力有着深刻的论述,他认为人们服从权力源于权力的正当性。① “法定刑必须由议会制定的法律加以明确规定,这是国民主权的要求”。② 刑罚权属于公权力的范畴,刑罚权和其他公权力一样具有天然的扩张性、侵略性、易受诱惑及相对性等特点。③ 赋予刑法裁判官模糊的刑罚裁量权,要么为其提供了权力寻租的空间,要么囿于中国法官整体素质不高量刑变得摇摆不定,要么为法官提供了根据自己喜恶或者亲疏远近恣意量刑的机会。④ 口袋罪必须在立法上提供清晰可辨的法定刑标准和度量,这样才能制约法官的自由裁量权,减少“同案不同罚”的恣意性、差异性和不公正性。

放眼全球,德国于1969年明确表述了必须是任何人都能够认识和预测到对何种行为规定了何种法定刑的原则,日本于1975年明确指出某种法定刑规定是否因为含混、不明确而违宪导致无效,应当根据普通人的一般理解。⑤ 这些对我国口袋罪法定刑明确性公众认同实践的展开不无启发,值得借鉴。法定刑立法模式纵观古今中外不外乎绝对不确定的法定刑、相对确定的法定刑和绝对确定的法定刑三种。绝对不确定的法定刑就是在刑法中仅仅笼统规定对某种犯罪判刑,但没有规定刑种或刑度。该种法定刑完全是出于防卫社会的功利目的而生。事实往往是事与愿违,根本无法实现其初衷,不符合“法定刑”的内涵,与刑法规范的完备性背道而驰,还会导致罪刑不均衡的不公正情况发生。绝对不确定的法定刑在我国刑法中有迹可循,大量的无限额罚金制就是适例。⑥ 本书建议在非法经营罪、寻衅滋事罪等口袋罪条文中作出明确罚金刑的规定,这在后文还将论及。相对确定的法定刑立法模

① Weber, *Economy and Society*, University of California Press, 1978, p. 212. 韦伯将权力划分为三种类型的支配:传统型支配、感召型支配和理性及法律的支配,其中理性及法律的支配是占据主导型的权力支配。

② [日]松宫孝明:《刑法总论讲义》(第4版补正版),钱叶六译,中国人民大学出版社2013年版,第14页。

③ 卓泽渊:《法治国家》,法律出版社2008年版,第120页。

④ 张明楷:《刑法学》(第4版),法律出版社2011年版,第59页。

⑤ 张明楷:《刑法学》(第5版),法律出版社2016年版,第52页。

⑥ 对于罚金刑的现实举措就是设置特定数额罚金标准和最高罚金限额,尝试建立比例罚金制、日罚金制、倍比罚金制等,都将使得法定刑变得确定和明朗,能够帮助民众提高预知能力并增强法定刑明确性公众认同。

式在我国备受青睐,[①]其既有明确限度又赋予法官一定的自由裁量权,但是这并不代表着其无懈可击和理所当然地获得公众认同。保持刑法与公民规范意识以及公民内心感觉之间的一致性,使刑法具有亲近感和亲和力,在我国是一个比较突出的问题,其中也包括相对确定法定刑明确性公众认同问题。[②] 我国刑法规定了众多相对确定的法定刑,但是因其幅度过大颇受诟病,尤其是民众对个案判刑结果极其不满认为不公者大有人在,相对确定的法定刑难辞其咎。[③] 比如寻衅滋事罪法定刑的设定,存在幅度偏大的问题,而且其与故意伤害罪等罪名的法定刑相比,容易产生运用想象竞合犯原理导致寻衅滋事罪适用的情形,不利于实现"补充性辅助地位说"的主张和立场,所以本书建议,寻衅滋事罪法定刑应设定基本法定刑 3 年以下,加重法定刑 3 ~ 7 年。法定刑也并非越明晰确定越好,法定刑的绝对化可谓过犹不及。如 1791 年《法国刑法典》曾经对所有犯罪都规定了绝对确定的法定刑,但是没有一个案件完全相同,所以很快被 1810 年《法国刑法典》所取代。[④] 我国刑法也有一些绝对确定的法定刑,如对劫持航空器罪、拐卖妇女、儿童罪、暴动越狱罪、聚众持械劫狱罪,规定情节特别严重的处死刑。不分青红皂白和具体情况一律处死,是毫无意义的甚至会起反作用的。[⑤] 可喜的是,对于绑架罪、贪污罪和受贿罪,2015 年《刑法修正案(九)》已经率先垂范使其有了根本改观。我国口袋罪条文中不存在绝对确定的法定刑也算是件幸运的事情。

---

① 我国有四种模式:只规定最高限度法定刑,只规定最低限度的法定刑,同时规定最高限度和最低限度的法定刑,同时规定两种以上法定刑种。

② 周光权:《论刑法的公众认同》,载《中国法学》2003 年第 1 期。

③ 切实可行的做法是:完善犯罪构成要件,使基本要件、加重要件和减轻要件明朗化、具体化,增加刑档;缩小刑档内部的跨度,每一刑档内可选择的刑种不超过 2 个;避免刑度空间过大,如有期徒刑上下限差距一般适宜定在 2 ~ 4 年。参见曲伶俐:《我国刑罚结构之实然与应然》,载《东岳论丛》2006 年第 3 期。

④ 然而,世界各国实际有效的刑法中仍然有为数不少的绝对确定法定刑,比如英美刑法中关于非法持有火器罪、伪造货币罪、乱伦罪和赌博罪等就有这类规定。

⑤ [美]乔治 · P. 弗莱彻:《刑法的基本概念》,王世洲等译,中国政法大学出版社 2004 年版,第 47 页。

第三节　以法益机能为经克制口袋罪盲目扩张

以寻衅滋事罪为例，关于其所保护法益的观点，有“社会风尚说”、“社会秩序说”、“公共秩序说”和“具体法益说”。其中仅有“具体法益说”符合克制寻衅滋事罪盲目扩充的旨趣，而法益机能的准确运用完全可以比寻衅滋事罪“具体法益说”走得更远。一言以蔽之，寻衅滋事罪保护法益越抽象，刑罚处罚范围就越宽泛，就越是容易将不值得刑罚处罚的行为科以刑罚，寻衅滋事罪保护的法益越具体，刑法处罚范围就越明确，科处刑罚就越容易做到罪刑法定，而罪刑法定不仅是刑法原则，而且是法治原则。因此，厘清其他口袋罪保护的法益同样至关重要，对它们“口袋”的紧缩和限制助益颇多，譬如非法经营罪保护的法益应当定位为市场准入秩序，以危险方法危害公共安全罪保护的法益应当限定于不特定多数人的生命、身体或者财产，这些内容都会在后面章节中详细论述。

一、应当运用法益机能理论指导限制口袋罪

“法益侵害说”肇始于19世纪，是在批判“权利侵害说”的基础上提出的。张明楷教授曾经指出，我国现今尚无人主张犯罪的本质为侵害权利或违反义务，却一致地主张犯罪的本质为社会危害性，而社会危害性即为法益侵害性，故应提倡“法益侵害说”。[①] 刑法规范用刑罚的特殊方法完成保护法益的机能和任务，在这里存在刑法的一个重要机能，即法益保护机能。[②] 其实这仅仅是一个表面或者侧面，刑法不只规定了刑罚，并且通过限定刑罚发生的条件和形态来协调抑制犯罪和保障人权。[③] 故而，法益侵害说实际上包括两个方面内容：对侵害一般人法益的犯罪人进行惩罚，保护法益不受侵害，并限制国家刑罚权被恣意发动，保护行为人依法应享有的自由，该部分自由

① 张明楷：《法益初论》，中国政法大学出版社2003年版，第273～277页。

② ［日］木村龟二：《刑法总论》（增补版），日本有斐阁1978年版，第87～88页。

③ ［日］町野朔：《刑法总论讲义案Ⅰ》，日本信山社1995年版，第22页。

亦为不容忽视的重要法益。[①] 归根结底，可以回归至刑法机能问题上，刑法机能包含法益保护机能与自由保障机能两个方面，[②]以上分析也可以看出法益保护机能与自由保障功能有机统一，并且相互关照，法益保护机能并非孤立的、片面的，其内部外部均和自由、人权密切关联。故而，应当严格按照法益限定范围解释和适用寻衅滋事罪等口袋罪名，相关刑法理论和司法实践必须以犯罪的保护法益作为指导，正确解释寻衅滋事罪等口袋罪犯罪构成，合理归纳具体案件事实，判断事实和规范之间的符合性。

二、避免口袋罪保护法益的抽象化

刑法保护法益越是抽象，越是容易导致滥用刑罚，从而将不需要刑罚制裁的行为纳入刑法调控范围，也必将违反罪刑法定原则，这就启示我们应当将诸如寻衅滋事罪所涉及的公共秩序法益尽量明确化和具体化。[③] 刑法的目的是保护法益，其机能包括保护法益机能和人权保障机能，犯罪的本质是侵害法益，刑事立法的出发点应当是保护为犯罪所侵害的法益，而不应当是维护某种伦理观念。[④] 在犯罪客体问题上，传统理论坚持"社会关系说"，社会关系包括权利和义务，"社会关系说"主张犯罪客体是刑法所保护权利，但是有很多犯罪客体用社会关系和权利来概括并不准确，譬如贪污罪客体为职务行为的廉洁性，受贿罪客体为职务行为的纯洁性及不可收买性，所以用法益来概括比较合适，法益是指根据宪法的基本原则，为刑法所保护，可能受到威胁或侵害的权利、利益和秩序。[⑤] 刑法分则体系中罪名的排序通常是按照法益的重要程度来进行，同时法益亦是区别此罪和彼罪的重要依据。但是，现行刑法 469 个罪名，很少有明文规定保护或者被侵害的具体法益的

---

① 参见李占州：《罪与非罪界定论》，中国人民公安大学出版社 2011 年版，第 75 页。当然，法益本身还具有违法评价机能和解释论机能，参见江奥立：《寻衅滋事罪规制散布"虚假信息"行为的可行性分析》，载《苏州大学学报(法学版)》2016 年第 2 期。

② [日]西田典之：《日本刑法总论》(第 2 版)，王昭武、刘明祥译，法律出版社 2013 年版，第 24～34页。

③ 张腾龙：《寻衅滋事罪的法益及其展开》，载《牡丹江大学学报》2014 年第 4 期。

④ 刑法的机能可以理解为包括法益维护和自由保障两个方面，两者之间相互矛盾、相互克制在所难免，本来是不允许偏向任何一方的，但是关键问题是如何使两者相互调和乃至和谐共处，这正是刑法理论和实践的核心问题。参见[日]大塚仁：《刑法概说(总论)》(第 3 版)，冯军译，中国人民大学出版社 2003 年版，第 26 页。

⑤ 张明楷：《刑法分则的解释原理》(第 2 版)，中国人民大学出版社 2011 年版，第 345 页。

(当然也有例外,譬如我国《刑法》第251条规定的非法剥夺公民宗教信仰自由罪和侵犯少数民族风俗习惯罪,其具体内容是"国家机关工作人员非法剥夺公民的宗教信仰自由和侵犯少数民族风俗习惯,情节严重的,处二年以下有期徒刑或者拘役",在该条文中清晰无误地明确了非法剥夺公民宗教信仰自由罪保护的法益是公民宗教信仰自由,而侵犯少数民族风俗习惯罪法益为少数民族风俗习惯。又如《刑法》第252条规定的侵犯通信自由罪,"隐匿、毁弃或者非法开拆他人信件,侵犯公民通信自由权利,情节严重的,处一年以下有期徒刑或者拘役",该条文明确了其法益是公民通信自由权利),需要结合所属类罪、罪状表述甚至立法原意等因素综合判断。保护法益应当避免抽象化,法益内容的抽象化将造成构成要件缺乏限制,最终导致构成要件丧失应有机能。1979年《刑法》中的流氓罪过于笼统,尤其是在1984年相关司法解释出台之前其具体包括哪些行为人们完全不得而知,这显然损害了法益保护功能和人权保障功能。

尽管1997年《刑法》从流氓罪最终分解出了寻衅滋事罪,并且设置了四类行为方式,但是其保护法益抽象化问题并没有得到实质性解决,尤其体现在学界和实务界存在的如下几种观点里。有学者主张寻衅滋事罪保护的法益为社会风尚,这缺乏法律依据,因为在刑法条文里面找不到这样的表述或者内容,"社会风尚"不仅过于抽象,而且极富主观主义色彩和道德评价成分。和"社会风尚"基本同义的是"社会安宁"以及"公共治安",也为一些学者所主张,这同样是不准确的。有观点认为寻衅滋事罪侵害的法益为社会秩序,社会秩序应该是我国《刑法》第六章妨害社会管理秩序罪以及第二章危害公共安全罪甚至整个刑法分则所共同保护的法益,所以第六章一定程度上就是其他九章的兜底性罪名群,在这个罪名群里面,寻衅滋事罪最为典型。① 即使将社会秩序进一步解释为社会生活运转过程中存在着某种意义的连续性、稳定性、确定性和一致性,②也是徒劳的,这种解释仍然过于宽泛和抽象。还有学者主张寻衅滋事罪侵害或者保护的法益是公共秩序,是人们遵守公共

① 当然,《刑法》分则第六章中的"社会秩序适"宜作狭义的理解,专门是指国家机关对社会生活进行管理形成的有序状态。

② [美]E. 博登海默:《法理学——法哲学及其方法》,邓正来、姬敬武译,华夏出版社1989年版,第207页。

生活规则所形成的秩序，包含生活秩序、生产秩序、交通秩序和公共场所秩序等，并不限于公共场所秩序。[①] 这也是大部分刑法学教材采用的观点，其常常会造成直接客体和同类客体的重合、混同问题，仍然存在抽象程度高、包含内容宽泛的问题，仍然存在使构成要件丧失应有功能、许多不具有处罚必要性行为入罪的危险。

三、实现口袋罪保护法益的具体化

"具体法益说"也称为"复杂法益说""多重法益说"，根据这种观点，寻衅滋事罪四种行为方式侵害的法益应当具体考察，它们分别侵犯了公民的人身权或公私财产权等附随法益，除此之外，它们都侵犯了社会秩序和公共秩序的共同法益，共同法益是主要法益，社会秩序是同类法益，公共秩序是直接法益。[②] 该观点实际上是对寻衅滋事罪保护法益的具体化和明确化，是社会保护功能和人权保障功能之间的博弈、较量、抉择和平衡，对司法实践具有积极的指导作用。因为寻衅滋事罪设立的初衷就是强调对公共秩序的保护，强调寻衅滋事罪的社会防卫机能，一种行为只有伴随着侵犯公共秩序，才可能被评价为寻衅滋事罪。比如"方舟子遇袭案"并没有侵害公共秩序，所以最终被以寻衅滋事罪定罪量刑，广受质疑。然而，在一个以人为本的社会和国度里应当体现对人权和人性的充分尊重，是故，"具体法益说"也是不得已而为之的一种选择，因为其具体化、明确化、特定化并不彻底，所以只是一种权宜之计。

"随意殴打"型寻衅滋事犯罪侵害的法益是在社会交往中与公共秩序有关的人身安全，随意殴打家庭成员或者教师、学生的行为，没有构成该种类型寻衅滋事罪的可能和余地。"追逐、拦截"型寻衅滋事犯罪所侵害法益为社会交往中和公共秩序有关的人身自由，"辱骂"型寻衅滋事犯罪所侵害法益为社会交往中与公共秩序有关的他人名誉，"恐吓"型寻衅滋事犯罪所侵害法益为社会交往中与公共秩序有关的他人精神健康，在没有多数人的场

---

① 谢治东、薛章原：《论寻衅滋事罪的边界》，载《山东警察学院学报》2015 年第 3 期。

② 公共秩序属于直接法益只是针对社会秩序而言的，本质上仍然属于同类客体、同类法益。另外还有"次要客体说""次要法益说"，本书认为"附随"不一定等于"次要"，"皮之不存，毛将焉附"，"附随"法益并非"次要"法益，用附随法益的表述比较妥当。比如抢劫罪的主要客体是公私财产权，附随客体是公民生命权和自由权。

合,无法成立“追逐、拦截、辱骂、恐吓型”寻衅滋事犯罪。“强拿硬要型”、“任意损毁型”以及“占用型”寻衅滋事犯罪侵害的法益为社会交往中和公共秩序有关的公私财产安全,在没有多数人在场的情况下,也不可能成立“强拿硬要型”、“任意损毁型”或者“占用型”寻衅滋事罪。“在公共场所起哄闹事型”寻衅滋事犯罪所侵害法益为不特定人或多数人在公共场所的安全及自由。

根据上述具体化的寻衅滋事罪保护的法益,可以看出寻衅滋事罪保护法益存在保护范围过宽的问题。保护范围过窄固然不行,极易导致刑法保护的法益受到侵犯,刑法保护法益机能得不到充分发挥,保护范围过宽也不行,容易导致本不应当由刑法保护的社会秩序纳入刑法调整,造成对公民自由的侵犯。[①] 同时,我们也应当看到,上述四种法益的落脚点分别是个人身体安全、公民行动自由和名誉、财产权、多数人的安全和自由,[②]其实这些内容和其他罪名比如侮辱罪、故意伤害罪、敲诈勒索罪、故意毁坏财物罪、抢劫罪和聚众扰乱公共场所秩序罪等罪名保护的法益相同,这给我们的启发是,从法益的角度讲,这些行为合并到其他罪名中是有可行性的,这应该也是实现寻衅滋事罪保护法益具体化和明确化的根本方法。

第四节 以刑法解释为纬遏制口袋罪蔓延

刑法需要解释,否则就是死文。期待不用解释的刑法出现只是一种幻想。[③] 无论解释主体是谁,都应当综合运用目的解释、同类解释和体系解释,控制扩张解释和实质解释,避免类推解释。[④] 根据主体的不同,可以将刑法

---

① 尹航:《论寻衅滋事罪的存废》,吉林大学2015年硕士学位论文,第8页。

② 寻衅滋事罪四种行为类型,分别从社会交往中人的身体健康、活动自由、财产安全以及社会评价入手,作为判断破坏公共秩序的载体,仅限于人数较多的场合。江奥立:《寻衅滋事罪规制散布“虚假信息”行为的可行性分析》,载《苏州大学学报(法学版)》2016年第2期。

③ [美]哈伯特·L.帕克:《刑事制裁的界限》,梁根林译,法律出版社2008年版,第37页。

④ 对于类推解释和扩大解释的区别,扩大解释在刑法文义的射程范围内,本身属于刑法处罚范围,没有超过国民预期,类推解释超出刑法文义射程范围,本身不属于刑法处罚范围,超出国民预期。参见范玉才、梁超:《寻衅滋事罪犯罪客体的新定位》,载《山西省政法管理干部学院学报》2015年第3期。

解释分为立法解释、司法解释、学理解释和任意解释。在这里,本书仍然准备以寻衅滋事罪为例,着重围绕立法解释、司法解释和学理解释,研究和探索如何抑制寻衅滋事罪的扩张。

一、口袋罪刑法立法解释的缺失和弱势

刑法立法解释是指全国人民代表大会常务委员会对刑法规定的阐明和说明。刑法立法解释主要是针对刑法文本整体或者部分内容以及适用条件等进行的解释和规定,当然有时也会针对重大刑法具体应用问题进行解释说明,具有抽象性和高度概括性。刑法立法解释同刑法立法本身存在区别,但是不可否认其具有立法的性质,某种程度上是一种辅助性立法方式。[①] 刑法立法解释近年来受到越来越多的批判,甚至有学者认为,刑法立法解释危机重重,其合法性和合理性遭受双重挑战,主张废除刑法立法解释。这一观点主要基于三点原因:一是刑法立法解释侵蚀了立法权,刑法立法解释由立法者作出,程序和立法程序基本无异,立法解释实质上就是立法;二是刑法立法解释侵犯了司法权,刑法立法一旦完成,即进入司法程序,立法机关无权再行干涉,违背法治国家理念,破坏司法中立和司法公正;[②]三是放眼世界,无论大陆法系还是普通法系,没有一个国家有刑法立法解释这个“怪胎”,这样的操作无法和世界接轨。故而,废除刑法立法解释的呼声此起彼伏,越来越高。对于以上观点,本书不敢苟同。笔者同样基于三点原因:一是刑法立法解释没有侵犯立法权,因为根据宪法,全国人民代表大会常务委员会不仅有制定法律的权力,也有解释法律的权力,这是《宪法》第 67 条明确规定的,全国人民代表大会常务委员会制定法律和解释法律不能画等号,同时解释法律的程序和立法程序相比简单得多,说两者制定程序相同过于武断;二是刑法立法解释没有侵犯司法权,我国法官素质和水平总体不高等实际国情决定了我国法官不能被赋予过大的自由裁量权,不能像英美法系国家法官那样进行“法官释法”甚至“法官造法”,否则,“同罪不同判”或者“同罪不同罚”的现象将会像洪水猛兽般肆意横流,也将会对刑法的安定性、稳定性和公正性造成侵犯甚至吞噬;三是我国有法院和检察院两个司法机关,而且在司法解

---

① 陈兴良:《刑法哲学》,中国政法大学出版社 2004 年版,第 689 页。

② 刘晓莉、贾国发:《论刑法立法解释之废止》,载《理论界》2004 年第 4 期。

释中经常出现冲突，必要时需要立法机关出面使用立法解释来统一、调节或者平息两家司法解释的不同主张和争论。事实上，刑法立法解释作为一种完善补充法律的重要手段、一种有效促进法律适用的重要技术，在司法实践中起到了无可替代的重要作用。无论是从法律传统的历史因素还是从权力结构的现实因素来看，刑法立法解释均具有存在的合理性、合法性，完全适应我国国情，能够弥补刑法漏洞和发展完善刑法，同时也是罪刑法定、罪刑相适应和平等适用刑法的题中之义、当然之需。

具体到寻衅滋事罪，本书认为应当充分发挥立法解释的作用，对其“口袋性”予以抑制和紧缩。其一，对于寻衅滋事罪的目的动机，尽管流氓罪需要流氓动机，但是寻衅滋事罪是否必须出于流氓动机，不能想当然地认为也必然是出于流氓动机，在刑法没有作出限定的情况下，应认为既可以出于流氓动机，也可以是出于非流氓动机，2013 年最高人民法院、最高人民检察院《关于办理寻衅滋事刑事案件适用法律若干问题的解释》对寻衅滋事罪目的动机作出这样规定“为寻求刺激、发泄情绪、逞强耍横等，无事生非”，对于其中的“无事生非”，实际上就是对目的动机作出限定，进而能够对寻衅滋事罪的“口袋性”起到一定的限缩作用，但是该司法解释的该条规定正当性是有疑问的，尽管属于缩小解释，但是却人为地设置了目的和动机方面的要求，如果非要作出这样的限定，放在立法解释里面更为妥当。再如我国《刑法》第 133 条规定：“违反交通运输管理法规，因而发生重大事故，致人重伤、死亡或者使公私财产遭受重大损失的，处三年以下有期徒刑或者拘役”，但是，最高人民法院《关于审理交通肇事刑事案件具体应用法律若干问题的解释》中却明显缩小了交通肇事罪的适用范围，该解释第 2 条第 1 款第 1 项规定死亡一人或者重伤三人以上处 3 年以下有期徒刑或者拘役，本书同样认为该司法解释侵犯了立法权，“重伤三人”的限制至少应当通过立法解释予以规定。

其二，《刑法》第 291 条规定了聚众扰乱公共场所秩序罪，具体内容是“聚众扰乱车站、码头、民用航空站、商场、公园、影剧院、展览会、运动场或者其他公共场所秩序，聚众堵塞交通或者破坏交通秩序，抗拒、阻碍国家治安管理工作人员依法执行职务，情节严重的，对首要分子，处五年以下有期徒刑、拘役或者管制”。可见，该条中的“公共场所秩序”仅仅是指三维的实体空间，不包括网络信息空间。根据体系解释的原理，寻衅滋事罪条文中“在公共场所起哄闹事,造成公共场所秩序严重混乱的”,其中“公共场所”也应当是指实体空间,不包括虚拟空间。[①] 但是2013年最高人民法院、最高人民检察院《关于办理利用信息网络实施诽谤等刑事案件适用法律若干问题的解释》规定:“编造虚假信息,或者明知是编造的虚假信息,在信息网络上散布,或者组织、指使人员在信息网络上散布,起哄闹事,造成公共秩序严重混乱的,依照刑法第二百九十三条第一款第(四)项的规定,以寻衅滋事罪定罪处罚。”该司法解释规定在网络空间起哄闹事属于在公共场所起哄闹事,本书认为有类推解释的嫌疑,[②]“造成公共秩序严重混乱”到底单单指现实空间抑或包括网络空间不得而知,学界莫衷一是。[③] 为了解决该解释合法性和争论性问题,同时限缩寻衅滋事罪的“口袋性”,本书建议通过立法解释对网络空间起哄闹事予以规定,同时在立法解释中对“造成公共秩序严重混乱”进行调整,修改为“造成现实公共场所秩序严重混乱”,从危害结果的规定上勒紧寻衅滋事罪的“口袋”。2020年最高人民法院、最高人民检察院、公安部、司法部联合制定的《关于依法惩治妨害新型冠状病毒感染肺炎疫情防控违法犯罪的意见》,也规定了完全相同的内容,也存在同样的问题,此处不再赘言。

其三,2013年最高人民法院、最高人民检察院《关于办理寻衅滋事刑事案件适用法律若干问题的解释》第7条规定:“实施寻衅滋事行为,同时符合寻衅滋事罪和故意杀人罪、故意伤害罪、故意毁坏财物罪、敲诈勒索罪、抢夺

① 当然,本书也不否认在网络空间胡言乱语或者胡作非为有可能导致的巨大社会危害,尤其是在近些年网络迅速发展的情况下。如甘肃省张家川中学一学生微博被大量转载,引发客观秩序混乱,造成数百群众聚集,如日本福岛核泄漏以后,经过网络造谣发酵造成全国哄抢食盐,再如“7·23”动车事故天价赔偿外国人导致群众严重不满,造成恶劣社会影响。

② 这里之所以用嫌疑,原因在于该解释到底是否属于类推学界存在争议,参见程阳强:《新司法解释下寻衅滋事罪“口袋”的扩张和坚守》,载《福建警察学院学报》2014年第5期。之所以认为属于类推解释,是因为根据体系解释和一般理解,公共场所不应当包括网络空间,毕竟网络空间属于虚拟空间,认为不属于类推解释是因为情势变更和斗转星移,网络空间被公共场所囊括和覆盖存在逐渐被人们接受的迹象和情况。类推解释和扩大解释的界限较为模糊,客观上也的确并非完全非此即彼、泾渭分明,在具体问题上疑雾重重,一直是中外刑法学界的“哥德巴赫猜想”。

③ 有观点认为不局限于现实公共秩序的混乱,造成网络秩序严重混乱的也应该包括在内,不应当等到网络秩序殃及现实社会造成实体空间秩序严重混乱时再作出评价,同时应当考察给实体空间造成严重混乱的可能性、程度,以及该关联在刑法上的因果关系,本书不敢苟同,后文将会具体论述。参见范玉才、梁超:《寻衅滋事罪犯罪客体的新定位》,载《山西省政法管理干部学院学报》2015年第3期。

罪、抢劫罪等罪的构成要件的，依照处罚较重的犯罪定罪处罚。”对于寻衅滋事罪与其他罪名竞合的问题，既然在《刑法》中没有相关条文内容，那就不具备司法解释的基础条件，这一解释自然有些画蛇添足的色彩和意味，某种意义上是在强化寻衅滋事罪的适用。基于本书对寻衅滋事罪“补充性辅助地位说”的认识和定位，建议在立法解释中作出相关规定，大致内容为：同时符合寻衅滋事罪和其他普通罪名的，原则上优先适用普通罪名，只有在其他普通罪名无法规制或者确实属于罪刑不相适应时，依照寻衅滋事罪追究刑事责任。①

另外，最高人民法院、最高人民检察院 2003 年发布的《关于办理妨害预防、控制突发传染病疫情等灾害的刑事案件具体应用法律若干问题的解释》第 2 条规定“在预防、控制突发传染病疫情等灾害期间，强拿硬要或者任意损毁、占用公私财物情节严重，或者在公共场所起哄闹事，造成公共场所秩序严重混乱的，以寻衅滋事罪定罪，依法从重处罚”，在司法解释中规定从重处罚有“造法”和违反罪刑法定原则的重大问题。只有将本条具体内容改为立法解释的规定，才具有正当性和合法性，才能情有可原。

二、口袋罪刑法司法解释的越权和含混

刑法司法解释主要是对法院审判工作或检察院检察工作中的刑法具体应用问题进行解释和说明，具有解释性和应用性的特点。司法解释只能解决司法问题，不能解决立法问题，否则就属于司法干预立法的不正常现象。司法解释只能是有中找有，而不能是无中生有，这是罪刑法定原则的内在要求。② 在我国，由于立法解释者过于谦卑从而导致大权旁落，罪名的法定有时也转变为司法解释的确定。刑事立法解释最有权威，然而我国刑事立法解释惜墨如金，少之又少。而刑事司法解释问题多多，不知司法解释者是否已经处于自我反省、自我克制和自我克服的状态。目前我国的司法解释在观念上，在从被动性向主动性发展，内容上，从具体性向抽象性发展，而且这种准立法活动快速发展，数量上，和立法解释比例明显不对称，1979 年到 1997

① 至于“补充性辅助地位说”的主张，后文将专门论述，而且本书也希望努力证成并推介该学术创新观点，引起学界的重视、共鸣和讨论，使之被学界乃至实务界同仁广泛接受，并使之成为自己的学术标签。

② 张建军：《刑法中不明确概念类型化研究》，法律出版社 2016 年版，第 199、200 页。

年，立法解释数量为零，司法解释220余件，1997年到现在，立法解释只有13件，而司法解释高达300余件，君弱臣强可见一斑。[①] 立法解释的"缺位"常常会导致司法解释的"越权"，司法解释甚嚣尘上，抽象的规范解释成为解释的基本形态，解释的形式和内容部分具有刑事立法性质，司法解释日益成为一个完整的副法体系。[②] 尽管制定司法解释比较方便快捷，能够迅速解决法律理解和适用中争议，也尽管最高人民法院和最高人民检察院认真谨慎甚至精益求精，但是"两高"对于司法解释的合法性以及对法律保留原则的遵守情况鲜有正面回应。[③] 而且，过分依赖司法解释，容易引发司法工作人员的惰性、随意性和不负责任。

对于罪刑法定自由保障和社会保护的双重机能，前者要求刑法具有明确性，后者要求刑法具有一定的弹性，刑法不可能对数额和情节作出翔实完备的规定，很多时候只能以"立法机关解决定性、司法解释解决定量"的方式进行明确。对于寻衅滋事罪刑法条文中诸多模糊用语导致学界对该罪名的"存废之争"日益白炽化，在该背景下，2013年两个寻衅滋事罪相关的司法解释陆续出台，但是严重越权，侵蚀和僭越了立法权，所以只能说是治标不治本，属于权宜之计。这两个司法解释除了前文论述的犯罪动机、网络寻衅滋事罪入罪、罪名竞合处理、从重处罚规定等方面存在越权，[④]还存在

---

① 杨兴培：《反思与批评——中国刑法的理论和实践》，北京大学出版社2013年版，第29～50页。13件立法解释中包含了2014年出台的4个立法解释，分别是：(1)对《刑法》第30条单位犯罪的解释；(2)对《刑法》第158条虚报注册资本罪、第159条虚假出资、抽逃出资罪的解释；(3)对《刑法》第266条诈骗罪的解释；(4)对《刑法》第341条非法猎捕、杀害珍贵、濒危野生动物罪和非法收购、运输、出售珍贵濒危野生动物、珍贵、濒危野生动物制品罪以及第312条掩饰、隐瞒犯罪所得、犯罪所得收益罪的解释。

② 比如组织、领导、参加黑社会性质组织罪，有关司法解释规定国家工作人员犯此罪的，从重处罚，不论出发点如何，肯定是对罪刑法定的践踏，同时，各种原因助推着该罪名成为新时代的口袋罪。

③ 张榕：《我国最高法院能动司法的路径选择》，载《厦门大学学报(哲学社会科学版)》2011年第1期。

④ 有论者认为，劳动教养制度废止后，部分劳动教养事由犯罪化处置不可避免，寻衅滋事罪、盗窃罪、敲诈勒索罪等罪名最新司法解释将原本属于劳动教养处置的寻衅滋事、盗窃、敲诈勒索等行为纳入刑法规制范围，进一步扩大了犯罪圈，暗合了劳动教养制度改革的相关思路，在《治安管理处罚法》保持相对稳定的状况下，可以消弭劳动教养制度的弊病和民众对劳动教养制度的质疑。参见商浩文、刘胜超：《劳动教养制度废止后刑法犯罪圈之调整》，载赵秉志主编：《刑法评论》(第1卷)，法律出版社2015年版，第23、26页。该论者的观点只看到司法解释在劳动教养制度废除后遗留的空缺得到暂时解决的一面，但是没有看到和指出司法解释的越权以及正当性缺失问题。

以下诸多问题：①“严重后果”“恶劣社会影响”“秩序严重混乱”等概念和术语依然具有不明确性，依然无法解开司法工作人员的困惑和“心结”；几条司法解释之间存在严重的重复现象，如“引起他人精神失常、自杀”出现了三次；“多次随意殴打”中的“多次”并不明确，司法解释仅对《刑法》中寻衅滋事罪第二款“纠集他人多次实施前款行为”中的“多次”进行了解释，而且虽然多次殴打他人，但是没有造成任何伤害即予以入罪似乎过于宽泛；②司法解释为“强拿硬要”和“任意损毁、占用”分别规定了“数额量化标准”，客观上增强了司法上的可操作性，但是，强拿硬要1000元入罪，而任意损毁、占用需要2000元入罪，似乎不太合理，因为任意损毁、占用某种意义上说应当比强拿硬要的性质恶劣，③尽管有论者指出就像抢劫罪起刑点三年以上比侵占罪和故意毁坏财物罪的起刑点要高，进而认为该规定具有合理性，④但是本书不敢苟同，毕竟抢劫罪的暴力程度要求非常高，必须达到不能反抗、不知反抗、不敢反抗，所以没有可比性；多次规定了“其他情节严重的情形”，又成为每一行为类型“情节严重”“情节恶劣”“严重混乱”情形的兜底条款，难以预测和把握，司法实务中适用难度非常大；对于“任意”和“随意”没有作出解释，学界和实务界没有统一的尺度和标准，理解和应用上千差万别。

申言之，2013年7月施行的《关于办理寻衅滋事刑事案件适用法律若干问题的解释》和2013年9月施行的《关于办理利用信息网络实施诽谤等刑事案件适用法律若干问题的解释》这两个寻衅滋事罪有关的解释又是何种关系呢？⑤ 取代关系？补充关系？甚或并列关系？本书认为是补充关系，前者以寻衅滋事罪为着眼点，仅涉及一个罪名，后者以网络空间犯罪为立足

① 寻衅滋事罪司法解释对很多内容作了越权解释，除了具有违法性以外，解释内容合理性、明确性方面问题也颇多，对于这些问题，在立法解释或者刑法修订时，应当在吸收中予以改进和完善。

② 孟庆华、夏娜：《寻衅滋事罪司法解释若干条款的理解适用探析》，载《江西科技师范大学学报》2014年第1期。

③ 建议均改为3000元，一则平等对待，二则尽可能非罪化、除罪化。

④ 李蔚然：《强拿硬要型寻衅滋事罪的法教义学分析》，华东政法大学2016年硕士学位论文，第18页。

⑤ 《关于办理利用信息网络实施诽谤等刑事案件适用法律若干问题的解释》第5条规定：“利用信息网络辱骂、恐吓他人，情节恶劣，破坏社会秩序的，依照刑法第二百九十三条第一款第(二)项的规定，以寻衅滋事罪定罪处罚。编造虚假信息，或者明知是编造的虚假信息，在信息网络上散布，或者组织、指使人员在信息网络上散布，起哄闹事，造成公共秩序严重混乱的，依照刑法第二百九十三条第一款第(四)项的规定，以寻衅滋事罪定罪处罚。”

点,涉及非法经营罪、诽谤罪、损害商业信誉、商品声誉罪、敲诈勒索罪、寻衅滋事罪等多个罪名,可见后者补充了网络空间寻衅滋事犯罪的有关内容。但是仍然有两点疑问不甚清晰:调研两年多怎么会出台两个有关联的司法解释,为什么不"毕其功于一役"?为什么对公共场所的理解不统一,前一个解释出于为什么原因没有将网络空间囊括进公共场所?至于后一个解释在"公共场所"问题上有没有类推的嫌疑和痕迹,以及出现譬如在网络空间散布传播谣言造成现实秩序混乱等新情况时最高人民法院、最高人民检察院是否有权自行扩大寻衅滋事罪的适用范围,前文已经作了探讨,不再赘述。

三、兼论口袋罪司法解释和立法解释之界限

我国《宪法》和《立法法》规定法律解释权属于全国人大常委会,但由全国人大常委会作出的法律解释是狭义的法律解释,广义法律解释还应当包括司法解释,在《立法法》中也有相关规定,"最高人民法院、最高人民检察院作出的属于审判、检察工作中具体应用法律的解释,应当主要针对具体的法律条文,并符合立法的目的、原则和原意"。全国人大常委会制定的《人民法院组织法》第 32 条规定"最高人民法院对于在审判过程中如何具体应用法律、法令的问题,进行解释",《人民检察院组织法》第 23 条规定"最高人民检察院可以对属于检察工作中具体应用法律的问题进行解释"。1981 年全国人大常委会颁布的《关于加强法律解释工作的决议》第 2 条规定"凡属于法院审判工作中具体应用法律、法令的问题,由最高人民法院进行解释。凡属于检察院检察工作中具体应用法律、法令的问题,由最高人民检察院进行解释。最高人民法院和最高人民检察院的解释如果有原则性的分歧,报请全国人民代表大会常务委员会解释或决定"。[①] 2007 年最高人民法院发布的《关于司法解释工作的规定》第 5 条和 2006 年最高人民检察院发布的《最高人民检察院司法解释工作规定》第 5 条都规定,司法解释具有法律效力,但这是有问题的,上述两文件属于内部文件,合法性存疑,不应该是自己赋予自

---

① 《关于刑法第三百八十四条第一款的解释》、《关于刑法第二百九十四条第一款的解释》、《关于刑法第九章渎职罪主体的解释》、《关于刑法有关文物的规定适用于具有科学价值的古脊椎动物化石、古人类化石的解释》以及《关于刑法有关出口退税、抵扣税款的其他发票规定的解释》等立法解释就属于两院有分歧报请全国人大常委会作出立法解释的情形。李翔:《刑法修订、立法解释与司法解释界限之厘定》,载《上海大学学报(社会科学版)》2014 年第 3 期。

己解释的效力，只能由相关法律予以明确。

刑法司法解释分担了立法机关的立法职能，并且得到了立法机关的默许。[①] 刑法司法解释在数量上，远远超过立法；在体例上，和立法一样采取了"条、款、项"的方式（2013 年寻衅滋事罪有关司法解释也不例外）；在内容上，体现了造法的特点，是对刑法规范的超越（寻衅滋事罪司法解释将公共场所扩展到网络空间，除了客观行为的超越，也表现为对主体的超越，还表现为对定罪量刑情节的超越），[②]而且包含很多规范性、抽象性的内容（如寻衅滋事罪"情节严重""情节恶劣"的解释以及其中的"其他严重情节情形""其他情节恶劣情形"），存在"解释需要再解释"的问题，而且常常与刑法条文不相一致；在效力上，能够普遍适用，甚至效力优先于刑法，能够被裁判文书直接援引，如许霆案审理过程中广州中院就引用了《关于审理盗窃案件若干具体应用法律若干问题的解释》。可见，我国刑法司法解释存在严重的立法化倾向，尽管补充了刑法，使刑法明确化并保持稳定，提高了刑法的适用性，但是这些分散的规定给普通民众和司法机关带来了不便和麻烦，影响了刑法的统一性和权威性，架空和虚置了刑法，限制了法官自由裁量权和主观能动性，也违反了罪刑法定的法定性、明确性和不溯及既往。法官成为审理案件的"自动售货机"，无须脑力劳动，只需依靠"体力劳动"去寻找和适用司法解释。刑法司法解释造成一种病态和扭曲的现象，即对司法解释过于依赖，加剧粗放和散漫的立法心态，掣肘着我国法治的进步。刑法司法解释存在的至关重要原因，在于我国长期奉行"宜粗不宜细、先制定后

---

① 张振华：《司法解释的规范与完善——基于司法解释立法性质的考量》，载《湖南师范大学学报（社会科学版）》2014 年第 5 期。

② 再如《刑法》第 217 条侵犯著作权罪相关条文规定"以营利为目的，有下列侵犯著作权情形之一，违法所得数额较大或者有其他严重情节的，处三年以下有期徒刑或者拘役，并处或者单处罚金；违法所得数额巨大或者有其他特别严重情节的，处三年以上七年以下有期徒刑，并处罚金：（一）未经著作权人许可，复制发行其文字作品、音乐、电影、电视、录像作品、计算机软件及其他作品的；（二）出版他人享有专有出版权的图书的；（三）未经录音录像制作者许可，复制发行其制作的录音录像的；（四）制作、出售假冒他人署名的美术作品的"。其中的"复制发行"本应是复合行为，但 2007 年最高人民法院《关于办理侵犯知识产权刑事案件具体应用法律若干问题的解释（二）》中规定"刑法第二百一十七条侵犯著作权罪中的'复制发行'，包括复制、发行或者既复制又发行的行为"，该内容显然超越了《刑法》第 217 条的规定。

修改”的立法理念。[①] 刑法司法解释泛立法化在我国长期客观存在,但是和英美法系以及大陆法系相比,我国刑法司法解释立法化具有独特性,英美法系是判例法国家,自然承认“法官造法”,而大陆法系则表现为“学者造法”影响法官作出司法解释的间接方式,实际效力远远不及中国。

刑法司法解释的对象是刑法具体应用中的问题,刑法立法解释的对象是刑法条文本身的含义。[②] 具体应用法律的问题应该有三类,第一类是针对个案,第二类是针对类案,第三类是针对法律在司法实践中的具体适用,其中第三类属于抽象司法解释,广受抨击。北京大学陈兴良教授指出司法解释如果超越了“国民预测范围”和“刑法规范现在的、客观的含义”,即不再是“解释”,而是“创造”,是“准立法”。[③] 刑法司法解释不能越俎代庖,超越刑法规定,不能修改和补充刑法,如果最高司法机关任意解释,那么该解释就不具有合法性、合理性和正当性,违反罪刑法定原则,毕竟司法解释不是立法而是司法活动,必须严格遵循《立法法》中的法律保留原则,犯罪和刑罚方面的规定只能制定法律。尽管刑法立法解释客观上呈现滞后性和薄弱性,但是刑法司法解释立法化问题的解决并不能单纯依靠增加立法解释,否则会导致立法解释立法化问题,造成立法机关立法权和解释权的错位。尽快解决“立法解释单薄,司法解释繁荣,自由裁量受限”的问题已经成为燃眉之急,可行的做法是立法的归立法、司法的归司法,对与刑法有矛盾的刑法司法解释进行清理,司法解释的启动应当建立在下级法院请求批复的基础上,体现和遵循司法的被动性,坚持个案、类案解释原则,对法律空白问题不予解释,司法解释应当接受人大监督,人大不应该像以前一样只起到“橡皮图章”的作用。[④] 一言以蔽之,刑法司法解释的对象应当限于个案或者类案,刑法立法解释也只能做出平义解释,不然就不再是解释,与包含立、改、废的

① 陈雨清、闫恒志:《司法解释泛立法化现象研究》,载《长沙航空职业技术学院学报》2015 年第 3 期。

② “条文本身”和“具体应有”之间是有交叉和重合的,因为“条文本身”的解释需要往往产生于法律“具体应用”中,而“具体应用”的解释往往需要对“条文本身”予以释义和说明。

③ 陈兴良等:《刑法司法解释的限度——兼论司法法之存在及其合理性》,载《法学》1997 年第 3 期。

④ 沙季超:《我国司法解释立法化现象之研究》,载《湘潮》2014 年第 3 期。

立法无异。[①] 联系到寻衅滋事罪,相关条文的解读和细化即便不纳入刑法修订,也应置于立法解释之中,扩大公共场所的范围应以立法形式确定为宜。

四、口袋罪刑法学理解释的分野

法教义学具有其独特的魅力和功能,应当重视法教义学的作用和价值,而学理解释恰恰属于法教义学的范畴。主观解释和客观解释是两种相互对立的刑法解释立场,主观解释强调立法原意,主观说风靡于19世纪资本主义形成和发展时期,客观解释强调与时俱进,客观说在19世纪末在世界范围内取得优势地位并保持至今。本书主张现阶段采取"以主观解释为主、客观解释为辅的折中说",未来采取"以客观解释为主、主观解释为辅的折中说"。因为,在现阶段,我国处于法治建设关键时期,需要营造严格依法的氛围,强调罪刑法定的坚守,关注人权保障的落实,所以,刑法的主观解释应成为主导和重点。对于立法原意的探寻有时确实存在难度,但绝对不是子虚乌有,完全可以通过努力获取和知晓。在刑法的创制和发展过程中,产生了大量丰富的立法文献和资料,该类原始资料和文献常人确实不容易获得,但是相关出版物还是比较多的,只要我们做有心人就可以搜集到,同时我们借助文义解释方法以一般人的一般理解得出的结论通常与立法原意不谋而合。而客观解释作为辅助和补充,适用的前提必须是非常紧迫的需要,比如男性卖淫日益猖獗,给社会带来很大的震荡和危害,"卖淫"一词不能再局限于组织女性卖淫的传统认识,组织男性进行卖淫的行为也应当成立组织卖淫罪。

当法治发展到比较健全和完善的阶段,适宜采用"客观解释为主、主观解释为辅的折中说",因为那时人们往往具有较高的素质和辩证的法治思维,会强调正义、开放、多元,便不需要再拘泥于主观解释,可以与时俱进地对立法原意进行大胆突破。但之所以还要主观解释作为补充,也是为了弥补客观解释的不足,因为客观解释并不总是能够得出合理的结论。举例而言,如果那时重婚罪和信用卡诈骗罪仍然像现在规定的一样,就不适合坚持客观解释,而应当适用主观解释,具体而言,我国《刑法》第258条规定了重婚罪,根据"客观说",结婚应该仅指登记结婚,如果行为人只是与他人以夫妻名义

---

① 无论是"实质解释"还是"权宜之计",都不能够成为刑法立法解释代替刑法立法的借口。参见李翔:《刑法修订、立法解释与司法解释界限之厘定》,载《上海大学学报(社会科学版)》2014年第3期。

非法同居,则不能构成重婚罪,这显然不利于保护我国一夫一妻的婚姻制度,而且实际上,在健全、规范的婚姻登记系统前提下,重复登记结婚是不可能完成的。所以,对重婚罪的理解适应采用主观解释,与他人以夫妻名义非法同居就可能涉嫌重婚罪。再如,我国《刑法》第196条规定的信用卡犯罪,根据"客观说",信用卡的理解应当是银行发行的借记卡以外具有透支功能的支付工具,这显然并不合适,大大缩小了刑法规制的范围,借记卡将会受到"不公平对待",也违背了我们可以寻觅到的立法原意,此时我们适宜转向采纳"主观说"。

我们可以如此理解,法意解释仅仅是解释方法的一种,并非任何场合均能适用,尤其是不能认为超出立法本意的解释即错误,因为立法具有滞后性,目的解释具有存在的空间和价值,比如根据法意解释起哄闹事不可能发生在网络空间,但是张显在网上造谣药家鑫是富二代,煽动网民仇富心理,导致网民一致要求判处药家鑫死刑,诸如此类的网上起哄闹事并不少见。体系解释可以用来检验目的解释的合理化程度,所以对于寻衅滋事罪中的公共场所的解释应当兼顾主观解释和客观解释之间的关系,以及法意解释和目的解释的关系。将网络空间起哄闹事解释为公共场所起哄闹事是客观解释和目的解释的表征,将入罪限定在现实公共场所秩序混乱是主观解释和法意解释包括系统解释的体现,不然,寻衅滋事罪的"口袋"真的会变得无限大,这些标准的厘清有待于上升为刑事立法,至少应该是立法解释。

第四章　以其他学科为辅指导口袋罪的限制和消减

从刑法之外看口袋罪，就是要运用其他学科知识来审视口袋罪，从刑法中跳出来、迈出去，以其他学科指导口袋罪的限缩也一定会有抽丝剥茧甚至拨云见日之惊喜及收获。此处有这么两点需说明，一是本章内容属于第三章口袋罪限制和消减总体思路的范畴，是其有机组成部分；二是本章仍然以寻衅滋事罪为主要示例，并兼顾其他口袋罪的举例。

第一节　口袋罪的社会学分析视角

口袋罪的探讨学界主要是以规范分析方法为研究视角，规范分析方法解释学方法论方面的文章多如牛毛，但是对其哲学性思考和社会学分析却相对较少，社会学的研究极为缺乏，虽然口袋罪的研究包括中国刑法学理论研究进入繁荣境地，但是范式也渐入“瓶颈”，导致研究的实际指导意义不强，而社会学研究不失为一种另辟蹊径的研究范式选择。口袋罪的社会学研究包括显性研究和隐性研究，显性研究主要是指实证研究，其作用和功效自不待言，有关口袋罪方面的案例介绍、以案说法、案件统计分析研判，足以说明口袋罪的“口袋化”问题亟待遏制。可以这么说，每个案件都是与社会的对话，都是法治精神的传递。而隐形研究则是关注寻衅滋事罪有关的社会背景和社会现实问题。[①] 隐性研究和社会综合治理不谋而合，同样不容忽视，而且意义重大。如若想了解有关刑罚的制度，仅仅了解刑法典关于犯罪种类的规定是远远不够的，对于结构研究起决定性作用的是法律中规定的刑罚方法在事实上的运用，犯罪统计已经向我们表明法院适用法律的基本情况。[②] 上述论断充分说明了实证研究和统计分析的重要性。

一、口袋罪的统计调查和分析示范（如表 4－1 至 4－6 所示）

表 4－1　2014 年有关寻衅滋事犯罪情况的统计（一）

地区	刑案		寻案		寻案分别占比		不起诉或者撤案人数/人	改变公安定性人数/人	判处无罪的案件/人	判处三年以下人数/人	判处三年以上实刑人数/人	寻案女性人数/人	寻案离异家庭人数/人	寻案困难家庭人数/人
	件	人	件	人	件/%	人/%								
甲省	45,529	61,563	2334	4623	5.1	7.6	646	313	2	3981	552	92	2001	2231
乙市	12,801	16,960	272	535	2.1	3.2	3	68	0	404	4	7	269	256
丙市	5223	7067	98	194	1.9	2.7	2	8	0	182	8	1	68	91
丁市	3900	5626	163	293	4.2	5.2	68	35	0	206	3	2	65	120
戊县	553	664	3	9	0.54	1.36	0	0	0	6	0	0	4	3
己县	612	718	45	69	7.4	9.6	4	13	1	53	6	2	34	29

注：1. 刑案件数、人数统计的节点以公安机关移送为准；2. 寻衅滋事犯罪案件数、人数统计的节点也以公安机关移送为准；3. 改变公安定性人数包括公安以寻衅滋事罪移送，最终法院判其他罪名，以及公安以其他罪名移送，法院最后判寻衅滋事罪的情形；4. 判处三年以下人数包括上述统计的案件被判处三年以下（含三年本身）实刑、缓刑、免予刑处的数量等情形（不局限于本年度生效判决，也有可能下一年生效判决）；5. 判处三年以上实刑人数不含三年有期徒刑实刑本身；6. 寻案离异家庭人数包括本身离异或者父母离异的情况；7. 寻案困难家庭人数是指寻衅滋事犯罪案件犯罪人犯罪前一年家庭人均收入不足 2 万元的情况；8. 出于案件信息保密性考虑，地区名分别用甲、乙、丙、丁、戊、己代替。

---

① 孙超然：《刑法的社会学研究范式梳理》，载《法治研究》2013 年第 8 期。

② ［德］冯·李斯特：《论犯罪、刑罚与刑事政策》，徐久生译，北京大学出版社 2016 年版，第 253 页。

表 4-2 2014 年有关寻衅滋事犯罪情况的统计(二)

单位:人

地区	酒后滋事人数	初中及以下文化	高中文化	大学及以上文化	16~30 岁	31~40 岁	41~50 岁	51 岁以上
甲省	3566	3578	664	381	3036	968	453	166
乙市	351	469	52	14	383	101	23	3
丙市	101	171	17	2	142	29	8	0
丁市	150	201	65	27	205	45	33	10
戊县	4	7	1	1	3	6	0	0
己县	31	41	20	8	43	19	6	3

表 4-3 2015 年有关寻衅滋事犯罪情况的统计(一)

地区	刑案		寻案		寻案分别占比		不起诉或者撤案人数/人	改变公安定性人数/人	判处无罪的案件/人	判处三年以下人数/人	判处三年以上实刑人数/人	寻案女性人数/人	寻案离异家庭人数/人	寻案困难家庭人数/人
	件	人	件	人	件/%	人/%								
甲省	46,512	62,184	2007	4008	4.3	6.4%	341	274	2	3512	189	132	1867	2355
乙市	12,455	16,134	242	470	1.9	2.9	11	33	0	429	9	9	179	285
丙市	5529	7101	77	138	1.4	1.9	7	12	0	120	3	1	68	71
丁市	4258	6189	163	307	3.8	5.0	38	29	1	235	5	7	205	213
戊县	545	682	7	10	1.3	1.5	2	0	0	7	0	0	8	3
己县	667	713	48	76	7.2	10.6	3	12	0	61	4	3	41	32

表 4-4 2015 年有关寻衅滋事犯罪情况的统计(二)

单位:人

地区	酒后滋事人数	初中及以下文化	高中文化	大学及以上文化	16~30 岁	31~40 岁	41~50 岁	51 岁以上
甲省	3011	3310	663	35	2784	1002	204	18
乙市	296	385	60	25	304	109	34	5
丙市	71	105	10	11	81	32	12	1

续表

地区	酒后滋事人数	初中及以下文化	高中文化	大学及以上文化	16～30岁	31～40岁	41～50岁	51岁以上
丁市	211	261	36	10	201	70	31	5
戊县	4	7	2	1	7	2	0	1
己县	41	50	21	5	55	19	1	1

表4-5　2016年有关寻衅滋事犯罪情况的统计(一)

地区	刑案		寻案		寻案分别占比		不起诉或者撤案人数/人	改变公安定性人数/人	判处无罪的案件/人	判处三年以下人数/人	判处三年以上实刑人数/人	寻案女性人数/人	寻案离异家庭人数/人	寻案困难家庭人数/人
	件	人	件	人	件/%	人/%								
甲省	47,030	63,210	2083	3991	4.4	6.3	522	92	1	2044	180	192	2783	2591
乙市	13,543	17,113	283	564	2.1	3.3	2	54	0	521	5	4	255	299
丙市	5528	7429	119	211	2.2	2.8	5	18	0	176	4	1	101	89
丁市	4377	6134	149	343	3.4	5.6	10	35	0	212	6	6	191	205
戊县	535	642	8	10	1.50	1.56	1	0	0	8	0	2	4	5
己县	612	781	41	61	6.7	7.8	3	9	0	49	4	4	34	29

表4-6　2016年有关寻衅滋事犯罪情况的统计(二)

单位：人

地区	酒后滋事人数	初中及以下文化	高中文化	大学及以上文化	16～30岁	31～40岁	41～50岁	51岁以上
甲省	2871	3308	580	103	2007	1200	522	268
乙市	321	457	84	23	367	148	27	6
丙市	136	130	61	20	115	82	13	6
丁市	227	301	38	4	236	67	31	9
戊县	6	7	1	1	3	6	0	0
己县	41	47	10	4	44	14	2	1

根据这六张表格，我们不难发现寻衅滋事罪的一些规律：寻衅滋事罪案

件在全部刑事案件中占比3%左右,目前,我国刑法中有469个罪名,从概率上来讲,寻衅滋事罪是一个运用较多的罪名;法院最后改变公安定性由一般罪名变为寻衅滋事罪,或者由寻衅滋事罪变为一般罪名也较为多见;除了一定数量的不起诉或者撤案,刑罚3年以下占了绝大多数,其中也包含了大量的缓刑;来自离异家庭和困难家庭的当事人在寻衅滋事案件中分别占了"半壁江山",因为这两类存在部分重合,所以,来自离异家庭或者困难家庭的,估计在寻衅滋事案件中分别要占2/3左右;酒后实施寻衅滋事犯罪的占比较高,各地采集的样本大部分过半数,有的甚至超过2/3;从文化程度上看,寻衅滋事犯罪人员基本是初中或者初中以下文化水平;从年龄结构上看,30岁以下占了绝大多数,其次是30岁到40岁,40岁以上的人因为相对比较理性故占比较小。根据上述分析,同时基于遏制犯罪本身也可以减少口袋罪适用的理念和考虑,我们不难得出这样一些结论和对策:寻衅滋事犯罪频发,亟待引起国家重视,国家应找出症结,多措并举,减少该类犯罪,积极营造稳定和谐和风清气正的环境;寻衅滋事犯罪和其他犯罪界限模糊,容易导致不同司法机关认识不同结论迥异,立法上需要予以改进完善以达到明确化和清晰化,司法上要提高办案人员业务素质和定罪量刑准确性;对寻衅滋事罪判处3年以上有期徒刑的情况非常少见,总体而言该类案件属于轻微刑事案件范畴,归入其他普通罪名或者治安管理处罚法处罚范围,同样能够达到规制或者惩罚的作用,效果反而更好;在"核心家庭观"有所松动以及还有一定比例贫困人口的当下,中国对贫困人群以及离异家庭人员应当给以关爱,帮助他们树立生活的信心,鼓励和支持他们学一技之长和踏实工作,防止他们自暴自弃或者游手好闲、不务正业;中青年人是祖国的栋梁,血气方刚,应该经常性开展理想信念教育,加强引导,教育他们不能意气用事,杜绝不良风气的影响,不贪杯不酗酒,更不能借酒壮胆滋事寻求刺激,应帮其培养文明高雅的兴趣爱好,同时不断提高其文化水平、业务素质和道德素养。

二、对口袋罪的问卷调查及研究

出于对寻衅滋事罪等口袋罪进行社会调查和实证研究的考虑,本书设计了有关问卷,组织进行了随机发放和统计分析,相关情况具体如下:

调查对象:法学工作者20人(公、检、法工作人员、律师各5人)、工人10

人、企业经营主或管理人员10人、政府工作人员10人、街头群众20人、学校老师10人、高校学生20人,共计100人。

调查时间:2016年6月。

调查结果:

(1)听说过口袋罪名称的人数:86人。

(2)能说全三个旧口袋罪名称人数:17人,85人能够说出流氓罪,大部分人说不出投机倒把罪和玩忽职守罪。

(3)能够说全现行刑法中三个传统口袋罪名称的人数:15人。

(4)能够举例说出新型口袋罪名称的人数:28人,其中13人举例是组织、领导、参加黑社会性质组织罪,10人举例是以危险方法危害公共安全罪。

(5)认为口袋罪没有缺点的2人,认为没有优点的5人,认为利大于弊的26人,认为弊大于利的57人,还有10人选择"无法评价"。

(6)认为寻衅滋事罪应当废除的40人,认为寻衅滋事罪需要完善的52人,还有8人选择"无法评价"。

(7)对于寻衅滋事罪的显著弊端,有42人选择行为方式过多,有32人选择立法用语模糊,有39人选择与一般违法行为界限模糊,有48人选择司法实践随意滥用。

(8)上述100人有12人对寻衅滋事罪有关立法和司法提出了意见或者建议(88人没有提出意见和建议),内容如下:

①A的意见和建议:立法上,以列举的方式不能穷尽所有寻衅滋事的犯罪行为;处理上,对于寻衅滋事行为通常以治安处罚为惩罚措施,也致使寻衅滋事罪边界模糊。

②B的意见和建议:第一,这个罪名构罪的要求是情节严重或者情节恶劣,和治安处罚的区别就在这里,在实务中怎么把握?立法似乎比较粗,而且所列的情形如果达到故意伤害罪、故意毁坏财物罪等罪名的标准的话,可由相应的罪名规制,达不到标准的话就按照治安处罚来处理。第二,需要明确该罪的定位,还有一个问题是如何理解把握治安处罚和诸如故意伤害罪等刑事处罚的衔接和过渡?

③C的意见和建议:起哄闹事主要依靠语言渲染,网络可以提供语言和交流的平台,网络起哄闹事争议不大,争议主要在于司法解释能否进行类推

式规定,还有后果的考量是否局限于现实空间。

④D 的意见和建议:对于网络传谣行为是否等于起哄闹事,刑法应该明确。言论是一种行为,起哄闹事依附于行为,网络寻衅滋事与狭义寻衅滋事里,言论性犯罪是否属于这种行为性犯罪。司法解释发挥了填补立法空白功能,将其认定为利用起哄闹事这一中介加以转换。但是我个人认为不能由此得出网络寻衅滋事罪。

⑤E 的意见和建议:一是寻衅滋事的立法范围仍然很宽,不够具体,很宏观。二是随着科技的发展,寻衅滋事罪维持的社会秩序应逐步扩大到如电子网络等范围。

⑥F 的意见和建议:实践中,寻衅滋事罪往往是口袋罪,希望司法解释能予以界定构成要件或者将其分散到其他罪名里。

⑦G 的意见和建议:必须出于无事生非,而且使用语言或者行为足以给受害人生活或者工作造成困扰、恐慌。

⑧H 的意见和建议:寻衅滋事犯罪与一般违法相区分?如何与危害公共安全罪区别?(该条属于微信调查,作者的回复是:寻衅滋事罪和《治安管理处罚法》里面的寻衅滋事一般违法行为界限模糊。寻衅滋事罪是个口袋罪,因为不明确,所以争议很大,亟待从立法上完善。该罪主要还是扰乱了社会管理秩序,妨碍了公共秩序。)

⑨I 的意见和建议:《关于办理网络诽谤等刑事案件适用法律若干问题的解释》把网络空间解释和定位为“公共场所”,进而为以“寻衅滋事罪”制裁在网络公共场所起哄闹事并造成公共秩序严重混乱相关行为提供依据,但是现实空间和网络空间里的公共秩序混乱的认定显然是不同的,虽然最终保护的仍是现实的法益,但是网络公共场所秩序混乱的程度以及如何由此判断这种混乱对现实法益的侵害程度都需要具体的认定标准,而不应再与现存的判断现实公共场所秩序混乱的标准相雷同。

⑩J 的意见和建议:寻衅滋事罪有口袋化的倾向,寻衅滋事罪是不是可以考虑用行政处罚的方法来代替,我国的刑法有重刑的倾向,是不是可以将轻微的寻衅滋事纳入行政领域。当然,这必然涉及一系列的后续问题。

⑪K 的意见和建议:从实践来看,大部分案件都会有一定的起因,如何判断行为人到底是利用偶发的矛盾纠纷借故生非的寻衅滋事行为,还是出于报

复的故意伤害行为？司法实践中，在公共场合，针对特定被害人的临时起意打架伤人事件，故意伤害和寻衅滋事两个罪名如何严格界定？

⑫L 的意见和建议：立法上应将此罪限制在物理空间，而不能在司法解释中扩大到网络。司法上应避免将此罪泛化，应按照此罪的犯罪构成出入罪。

根据这 100 份随机问卷调查，我们可以得出这么一些结论：寻衅滋事罪和其“前身”流氓罪一起，比其他口袋罪知名度最大。普遍对寻衅滋事罪的理解和掌握不够，这是与其他罪名相比较而言的，司法人员都难以把握该罪名，更不用说普通民众。认为寻衅滋事罪应当废除或者修改的占比都比较高，这些主要还是源于其口袋罪立法导致的流弊。立法建议上，问卷结果主要集中在对模糊用语进行界定予以明确化、司法解释应当自我克制、将网络空间寻衅滋事写入刑法条文、达不到其他犯罪标准的寻衅滋事行为采用治安处罚规制等方面。对于寻衅滋事罪的司法实践，主要建议有准确把握寻衅滋事罪的动机、防止寻衅滋事罪的泛化适用、严格界分罪和非罪、此罪和彼罪等内容。应该讲，以上不乏真知灼见，但是存在较为分散、零散和碎片化，不够系统、全面和深入的问题，总体反映出民众对该罪名的批判或者否定态度，民众对其在立法上的完善和司法上的改进有着强烈而又急切的期待。

三、口袋罪法社会学维度的出路

法律不是孤独的舞者，任何法律现象均是各种社会因素综合作用的产物。社会由人组成，是否需要体现“司法平衡”让犯罪嫌疑人、被害人以及全社会对结果都满意是个值得深思的命题，社会是个利益整体，任何利益的存在都有着其历史和现实的合理性。合法的社会利益应当受到法律保护，没有不受救济的权利，但是权利的救济也要遵循比例原则，过度干预就是对另外一种权利的侵害。而口袋罪立法一定程度上违反了社会学的基本观点，尤其是对社会秩序的过度强调和追捧，为司法肆意干涉利益分配提供了动力和条件，没有理性的分析和处理，就没有社会整体利益的均衡与和谐。风险社会概念是德国乌尔里希·贝克于 1986 年率先提出，随着对人权保障和社会保护的呼吁，近年来我国对风险社会的刑法审视蔚然成风，风险刑法也成了时髦词，风险刑法本身承担了安全保卫的职能。口袋罪似乎满足了风险社会风险刑法的需要，罪与非罪的模糊性似乎成为一个有力的抓手和工具，可以轻易地将一些介于罪与非罪边缘的违法人员绳之以“刑法”，实现特殊预防的目的。但是风险刑法本身也是有风险的，比如判以寻衅滋事罪以后，这部分人内心不一定服判，被贴上犯罪的标签后很可能破罐子破摔，在监狱交叉感染刑满释放后会有再犯的风险，从而增加了司法成本，等等，这些和风险刑法的精神是相违背的。所以在风险社会，口袋罪仍然得慎用，应当从严控制和把握。

案件的定性只能按照刑法规范作出判断和选择，社会效果通常仅仅涉及量刑问题。[①] 社会效果往往和民意连在一起，民意体现了一段时间和一定范围内市民对国家立法和司法裁判的认识和评价。民意不是法律渊源，但是具有独特作用，对待民意刑事立法和司法均应给以充分重视，但是也应当理性审视民意，而不能一味被易变的民意所捆绑。[②] 如果一味迁就民意，司法机关仅以人们呼声为依据，就会背离罪刑法定原则，容易形成“情绪司法”。[③] 理性的民意是大家所期待的，能够推进法治发展和社会和谐，但是对于不理性的民意，要注重引导，而不能人云亦云和马首是瞻，“李天一寻衅滋事案”就是一个典型，其本身是一个普通事件，但是因为李天一父亲是名人，李天一是“官二代”和“富二代”，司法在民意面前遭遇妥协，李天一因为未满 16 周岁被根据《刑法》第 17 条收容教养 1 年，同伙也就是刚刚成年的苏某被以寻衅滋事罪提请逮捕。结果一出，舆论再次哗然，本是一个简单的起因明确的纠纷，定寻衅滋事罪显然名不副实，因为有轻伤的结果，本该以故意伤害罪予以追究，寻衅滋事罪口袋罪属性暴露无遗。另外，从法社会学的角度看，还应当借鉴国外修复性司法，[④]重视寻衅滋事等犯罪行为人民事责任的

① 孙万怀：《以危险方法危害公共安全罪何以成为口袋罪》，载《现代法学》2010 年第 5 期。

② 孙万怀：《论民意在刑事司法中的解构》，载《中外法学》2011 年第 1 期。

③ 卢晨：《以危险方法危害公共安全罪扩张化问题研究》，华东政法大学 2013 年硕士学位论文，第 7 页。

④ 李云平：《民事赔偿与刑事责任》，载《人民检察》2008 年第 13 期。另有学者敏锐地提出，必须机能地或者制度性地关注刑法和民法、刑罚和损害赔偿之间逐渐接近起来这一趋势，而置于民事责任和刑事责任之间的是“修复责任”这一责任形态，前面两者是被动性责任，修复责任是能动性责任。修复责任是加害人自发性地修复对被害人和地域、社会产生的侵害，此修复责任的履行是放在刑事责任的框架内考虑的方法，是刑罚和损害赔偿的调和点。参见[日]高桥则夫：《规范论和刑法解释论》，戴波、李世阳译，中国人民大学出版社 2011 年版，第 22 ~ 26 页。

承担，尤其是民事赔偿的兑现，重视被害人在案件中举足轻重的作用，注重考察被害人权利的救济以及对加害人的态度，同时注重对加害人的挽救和社会回归。

第二节　口袋罪的政治学分析视角

国家由公民组成，一切国家行为都必须遵守隐性或者显性的社会契约，否则国家权力容易产生擅断和异化的问题。口袋罪的有关立法和司法应当避免泛义务化，杜绝责任的盲目扩张，对公共理性给予切实和充分的重视。我们以口袋罪为重要突破口，作出孜孜以求的不懈努力和奋斗，在向法治国和福利国的方向迈进过程之中，迈出坚实一步。

一、口袋罪政治学视角分析的理论前提

宪法保障公民自由和权利不受公权力践踏和侵犯，而刑法保障公民自由和权利不受他人践踏和侵犯，但刑法又是通过剥夺他人自由乃至生命来实现该目的，刑法具有最后救济性和最为严厉性的特点，稍有不慎就会侵犯他人自由和权利。霍布斯将国家构想为一个“利维坦”，系由所有公民组合而成的有血有肉的“巨无霸”，与正常人没有区别，其身体都必须受到大脑神经中枢制约和控制，不能为所欲为和恣意妄为，一切国家行为都必须符合契约理性。① 霍布斯构想的“利维坦”和“社会契约论”对我国亦有借鉴意义，我国的国体是人民民主专政，人民是法律的执行主体而不是惩罚对象，政治性的规定通过全国人民代表大会转变成了法律，法律是人民利益的体现、是维护人民利益的手段，因此法律本质上是人民和国家的契约，契约应当明确，否则国家会因为权力膨胀而使人民受到伤害。人民的权利第一位，义务第二位，口袋罪本身泛义务化，追求对人民刑事责任的扩张，偏离政治理念，具有“恶法”的意味，和国家反暴力的基本功能背道而驰，这绝不是危言耸听。

---

① Thomas Hobbes, *Leviathan*, London: Penguin, 1968, p. 70 – 71.

二、口袋罪的政治分析呼唤尊重公共理性

口袋罪显然也是违反公共理性的,多数立法者尽管由人民选举产生,然而未必百分之百代表人民意愿或者说履职行为未必能够完全让人民满意,这在口袋罪的问题上尤为明显和突出。国家的刑罚权总体上应该保持克制,这才符合公共理性,才能够保障自由和权利,比如说言论自由,包括现实空间言论自由和网络空间言论自由,一般情况下公权力不应该干涉,相反应当充分保障公民言论自由,只有一种例外情形,即当某种言论构成“清楚和现实的危险”,导致现实公共场所秩序严重混乱时,国家才能动用刑罚。假若在网络空间煽动网民在何时何地冲击某个机关,这种鼓动极有可能成为现实,那么“清楚和现实的危险”即告成立,构成犯罪必须追究刑责。如果某种网络言论只是一种不满情绪的宣泄或“口水仗”,“严重混乱”仅仅停留在猜度和臆想层面,而口袋罪罪与非罪的区分在我国是模糊的、混乱的,有很多不符合公共理性之处。

第三节　口袋罪的传播学分析视角

从传播学的维度审视口袋罪,口袋罪与社会舆论存在千丝万缕、藕断丝连的关系。社会舆论既有一定的民众性和代表性的特质,同时也具有片面性和非理性的一面。社会舆论对口袋罪的影响关涉立法,但是更多的是与口袋罪的司法实践存在重大关联,口袋罪定罪量刑过程中,科学的态度应该是将社会舆论作为酌定量刑情节,切忌将其作为认定犯罪的因素甚或标准。

一、口袋罪传播学分析的根本和实质

传播学是专门研究传播行为、传播过程规律、传播与人和社会之间关系的学科。传播学最为核心的内容是社会舆论,社会舆论占据着传播学的制高点。当今社会“刑法万能”的观念普遍存在,社会一旦出现某种越轨行径,社会公众往往希望刑法典中有一个可以规制的罪名并且希望加重处罚,口袋罪的产生和发展某种程度上也是迎合了社会大众的舆论导向。但社会舆论具

有片面性和非理性等特征,而刑法具有谦抑性和残酷性等特征,两方面结合在一起客观上呼吁口袋罪在立法上也必须超越社会舆论,而不是拘泥于社会舆论。[①] 概言之,民众的合理期待决定了口袋罪立法必须尊重社会舆论,而刑法的残酷性和谦抑性决定了口袋罪立法超越社会舆论,过度和盲目囿于社会舆论将产生严重的后果,必须牢牢地坚守口袋罪发展的理性和社会危害衡量原则,而不是人云亦云,简而化之,有口袋罪属性的罪名不能无限联想和盲目扩张。

二、口袋罪传播学视角的路径抉择

社会舆情是否属于司法机关必须考量的因素,当舆论一边倒的时候如何处理?对于热点敏感案件如何对待?网络言论、报纸杂志、电视广播等新闻媒体对社会影响起到了推波助澜作用,而且常常最大化突破界限模糊的犯罪构成的标准,突破口袋罪罪刑法定的底线。譬如,肖传国案件被推到风口浪尖,网络舆论对寻衅滋事罪的影响表现和诠释得淋漓尽致,社会效果和社会影响在寻衅滋事罪办理中的考量和分量值得研究和深思,一时的满足“亲者痛仇者快”是以法治精神的牺牲为代价的。尤其是刑法相关规定包括口袋罪相关规定保护的法益并非社会舆论,也并非“公知”们的摇旗呐喊,而应当是社会公共秩序,司法机关不应该被社会舆论“牵着走”,从而一味迎合社会舆论。诚然,民众关注某个案件并不限于对个案的判决,而是要表达对结构性社会问题某种不满的情绪,包括对政府、司法、官员、富人的态度和看法。[②] 本书认为,在口袋罪案件的办理中,社会舆论不能够成为定罪考量的因素,充其量只能是量刑的酌定情节,可以归入犯罪的社会影响之列进行考察。

第四节　口袋罪的伦理学分析视角

口袋罪相关的伦理价值呈现多元化的特点,彼此之间似乎水火不容、难以兼顾,“法理相融”和“法不容情”的二律背反催促着我们不断去探索和思

---

① 王强军:《刑法修正之于社会舆论:尊重更应超越》,载《政法论丛》2014 年第 3 期。

② 孙笑侠:《公案的民意——主题与信息对称》,载《中国法学》2010 年第 3 期。

考，寻找科学的路径和进路。口袋罪在集体主义者和自由主义者面前都受到责难，同样需要被重新认真审视。本书的建议是，“法理相融”的伦理价值重在规范立法，“法不容情”的伦理价值重在规范司法，明确两者伦理价值的不同之处是化解集体主义和人权主义矛盾的重要方法。

一、口袋罪伦理价值观的多元化

某种法益是否需使用刑罚来保护，不单单要判断有无保护的必要性，而且要评价这种法益有何价值，而判断法益价值由一定的价值观来决定。现今是价值多元的时代，事实上，在战后工业化、都市化高速发展的时代潮流之中，应该说个人的价值由于年龄、年代、地域、阶级等的不同，呈现较大差异。在这种情况下，刑法到底应该保护何种价值，涉及刑法和伦理关系的问题。[①] 原始刑法体现血腥野蛮和残酷，古代刑法体现恣意和特权，现代刑法体现人权和平等，不同历史时期的刑法制度体现着不同阶段伦理的特点，昭示着“刑法不得违反伦理”的内在规律。[②] 包括刑法在内的所有法律实践中，伦理学话语缺位，法律过于膨胀，“法礼融合”的传统观念和“法不容情”的现代观念的二律背反更让人们在道德与法律间无所适从，如何在刑法和伦理之间趋利避害，巧妙选择契合点，避免或化解两者的冲突和矛盾，是刑法伦理学的重要课题。[③] 损害和侵犯是刑事立法应有的道德界限，超过此，会破坏刑法的正当性。[④] 刑法只有在符合社会的主流伦理道德观念时，方可内化于心，得到普遍认可和自觉遵守，同时道德伦理具有多元的特点，除了主流伦理道德外，还有很多与之相异甚至相左的伦理道德思想观念。[⑤] 关于口袋罪的一些伦理道德观念理念，譬如有人会认为应当宽容酒后滋事行为，借故生非滋事行为不属于寻衅滋事罪范畴，等等，这些就属于非主流伦理道德观，是需要纠正和克服的。

---

① ［日］西田典之：《日本刑法总论》（第2版），王昭武、刘明祥译，法律出版社2013年版，第26页。

② 巢红叶：《刑法的伦理学探析》，载《现代商贸工业》2008年第4期。

③ 谢青松：《刑法伦理学研究的意义、使命及其学科属性》，载《云南社会科学》2008年第4期。

④ ［美］乔尔·范伯格：《刑法的道德界限》，方泉译，商务印书馆2013年版，第115页。

⑤ 谢青松：《刑法与伦理学“相遇”何以可能——“刑法伦理学”提出之初步构想》，载《吉林师范大学学报（人文社会科学版）》2005年第6期。

二、伦理学不同流派对口袋罪的发难

犯罪的本质在于社会危害性，其包含主观恶性与客观危害这两个方面，而"主观恶性"首先是伦理问题，然后才是法律问题。[①] 刑罚本质上是一种"必要的恶"，承载着一定的伦理使命，支持伦理道德，并且成为伦理道德的后盾。刑罚功利主义和报应主义均是以伦理学为基础，功利主义伦理学和功利主义相对应，报应主义和道义论相匹配，而功利主义和报应主义属于伦理学的两大门派。[②] 人权主义者常常指责刑法适用范围过于宽泛，集体主义者却往往谴责刑法对犯罪打击不够有力。[③] 这种分歧在口袋罪就更加明显，口袋罪在人权主义者和集体主义者面前"两边不讨好"，均陷入被非难和责怪的境地。一言以蔽之，口袋罪无论是在人权主义面前还是集体主义面前，均受到发问和诘难。

三、伦理学对口袋罪立法和司法不同的价值要求

道德伦理、犯罪预防、三纲五常、遵纪守法，道德评判和品行口碑有时会融入甚至取代司法程序和证据规则，边际不清的口袋罪成为我国刑法的痼疾，表面上是惩恶扬善，实质上却是一种神秘威慑和不教而诛，与法治文明和司法文明背道而驰。道德与法律的关系是决定口袋罪定位的关键性问题，中华法系的传统是德主刑辅，法律不过是实现道德的手段，这样口袋罪就有了历史演进的必然根源。然而，现在的法律理念是把法律看成了最低道德标准的维护者，在秩序和自由的价值取舍方面，现在的理念侧重于秩序的维护，因此法律对行为的最低干涉某种程度上决定了口袋罪作为兜底罪名的宿命。在口袋罪的立法和完善中应当坚持"情法相融"，尽可能体现"良善刑法"的伦理理念，在司法实践中应当坚持"法不容情"，保证司法公正。

---

① 陈兴良：《刑法哲学》，中国政法大学出版社 1997 年版，第 25 页。

② 功利主义的立场总体赞同结果无价值，报应论的立场一般支持行为无价值，尽管功利主义立场有时扮演着出罪的角色，但是在寻衅滋事罪问题上，无论功利主义还是报应论立场都容易得出入罪的结论。陈细田：《超越与局限：对实质刑法观的伦理学分析》，载《电子科技大学学报》2012 年第 5 期。

③ 巢红叶：《刑法的伦理学探析》，载《现代商贸工业》2008 年第 4 期。

第五节　口袋罪的经济学分析视角

以经济学分析视角观之,口袋罪的立法和司法应当关注和考量刑法的效率。口袋罪的经济成本包含立法成本与司法成本,而不应包括守法成本,而违法成本针对的主体是公民个人。口袋罪的收益包括立法收益和司法收益,刑罚惩罚不应归入刑法收益,相反应归入刑法成本。边际效用理论对口袋罪的启发是,并不是投入更多立法成本与司法成本,就能收获更多的立法收益和司法受益,亟待为立法成本和司法成本寻找一个合适的度和"黄金点"。

一、口袋罪经济学分析的逻辑起点:刑法效率

德沃金在《法律的帝国》一书中详细介绍了法律的经济分析方法,而法律的经济分析就是要求严格控制社会成本,严格限制法律责任扩张,避免高昂的社会代价,杜绝低效率的法律行为。① 道德规范具有不适合作为基础的种种特征,尤其是道德具有内在的不确定性且极富争议性,与之相反,效率被认为具有数学上的精确性,具有得天独厚的优越性。② 口袋罪的经济学分析需要借助的主要分析工具是成本收益理论,刑法收益和刑法成本之比就是刑法的效益,刑法效益追求的目标在于以最小刑法成本获得最大刑法收益。

二、口袋罪经济学分析的一个面向:刑法成本

刑法成本包含哪些内容学界有争议,主要是除了刑法立法成本和刑法司法成本,是否包括刑法守法成本以及刑法违法成本。③ 本书认为,应当只包含刑法立法成本和刑法司法成本,因为刑法守法成本往往非常抽象,不能够认为遵守刑法不从事犯罪活动,就必须是付一定的费用或者成本,刑法违法成本是针对犯罪人而言的,而刑法成本则是针对国家。刑法立法成本是指

---

① Ronald Dworkin, *Law's Empire*, Cambridge(Massachusetts). 1986, p. 225.

② [美]道格拉斯·胡萨克:《过罪化及刑法的限制》,姜敏译,中国法制出版社 2015 年版,第 291 页。

③ 张德友:《刑法的效益原理——经济学视角的法哲学分析》,载《社会科学战线》2003 年第 2 期。

定、修改和废除刑事法律所花费的人力物力财力，具体到口袋罪，口袋罪往往具有先天不足，本身是个口袋罪，其相关立法注定付出昂贵的代价，刑法相关条文已经遭遇和仍将面临修改、数个司法解释的出台以及地方指导性文件层出不穷也能佐证该点。刑法司法成本是指实现刑法所花费的司法资源，联系口袋罪，司法机关需要花费更多时间和精力去研究相关条文，在司法适用上也常常举棋不定，而且口袋罪案件的上诉率相对较高。[①] 另外，处于刑法立法成本和刑法司法成本边缘的是刑法机会成本，是指因犯罪量和刑罚量的规定，造成其他可供选择的法律适用机会的丧失。口袋罪同样存在这样的问题，而且非常明显和突出，《治安处罚法》等行政法律规定实际上就丧失了应用的机会可能和空间。

三、口袋罪经济学分析的另一向度：刑法收益

刑法的收益是指刑法对自由、秩序、公正、利益的满足和实现。刑法的收益包括立法的收益和司法的收益，立法的收益又称为规范的收益，司法的收益又称为运行的收益、实施的收益。联系口袋罪，其立法确实可以起到一定程度的威慑作用，但是其功效和其他罪名相比大相径庭，因为口袋罪条文规定的内容比较抽象和含糊，告知、指引、预测和强制的功能都大大减弱，收益相对比较弱微，自由、秩序、公正、利益的满足和实现都会大打折扣。再说口袋罪的司法收益，对口袋罪的定罪量刑对社会的二次震慑效果并不明显，民众往往会觉得是司法强权导致的结果，并不能够很好预防犯罪行为的发生。值得说明的是，口袋罪和其他犯罪一样，刑罚惩罚不属于刑法的收益，相反属于刑法的成本，惩罚犯罪需要一定的投入和花费。

四、口袋罪经济学分析的理论升华：边际效用

根据边际效用价值理论，消耗一定的社会资源会引发社会欲望的满足，但是社会资源投入一定程度时，欲望的满足程度就会降低。其他数量值不

---

① 笔者2015年曾经办理了一件寻衅滋事罪上诉案件，被告人强拿硬要收取保护费，六人均被判有期徒刑实刑，其中竟然五人提出上诉，这和寻衅滋事罪口袋罪属性恐怕不无关联。

变,随着投入的增加,新增的产量会越来越少。[①] 较重刑罚会给人心理极大的震撼,但是到了一个极限,人们心灵就会变得麻木不仁,效果适得其反,就像死刑一样并非立法上越多越好,也并非实践中运用得越多越好。对于口袋罪而言也不例外,社会司法资源投入不能过量,适可而止,尤其是本身背负着口袋罪的骂名,所以在其身上不适宜太多的投入,否则就会起到相反的作用。而且,社会司法资源是有限的,其打击的重心必然集中于保护最重要的社会关系、打击具有严重社会危害性的越轨行为,不能面面俱到,否则会造成应该惩罚的行为反而因司法资源过度消费而"幸免"和漏网。

---

① [美]保罗·萨缪尔森、威廉·诺德豪斯:《微观经济学》(第18版),萧琛主译,人民邮电出版社2008年版,第95页。

第五章　传统口袋罪之具有空白罪状和兜底条款的非法经营罪

本章以及接下来的第六章和第七章，有一个共同的论题，那就是传统口袋罪的抑制和削减，众所周知非法经营罪、寻衅滋事罪、玩忽职守罪组合成现行刑法中三大传统口袋罪。进而我们可以追问：传统口袋罪有什么共同机理？和新型口袋罪有何相同和不同？分别如何完善和改造？对这些问题进行探秘同样颇有意义和引人入胜，有助于我们触类旁通，反过来深化对所有口袋罪的理解、认识以及立法、司法相关思考。

先谈非法经营罪，中共中央和最高人民法院、最高人民检察院频频出台文件，要求审慎适用非法经营罪等罪名，避免刑事打击扩大化，服务和保护民营经济发展。笔者于2019年10月19日，以中国裁判文书网为搜索引擎，以"非法经营罪"为关键词，可以搜索到近年来我国基层人民法院有关裁判文书。以2014年至2018年为例，2014年6004份，2015年4106份，2016年5937份，2017年6906份，2018年6807份，和其他罪名相比较，非法经营罪是一个适用频率极高的罪名。与此同时，非法经营罪极富争议，亟待从理论的高度对其立法和司法进行系统梳理，进而以限制和消减其"口袋"属性为旨趣，提出切实可行的操作指南和完善举措。详言之，完善非法经营罪的立法，明确非法经营罪的解释规范，限制和正确适用非法经营罪，使得罪刑法定原则深耕厚植于非法经营罪,有效维护社会主义市场经济秩序,彰显刑法的威慑力和公信力。

从历史溯源、庞杂内容、模糊用语和实务扩张等方面得到的证成可见,非法经营罪具有显著的口袋罪属性。在立法和司法两个维度上,非法经营罪均呈现大口袋化和不断扩张趋势。实践中,应避免发生司法造法现象,裁判文书应列明违反国家规定的名称和内容,准确把握非法经营罪保护的法益,注意区分无证经营和无照经营及超期经营。立法上,建议设置附属刑法,将罪名本身明确化,对"违反国家规定"进行限缩,将犯罪情节设定为罚金刑处罚标准,建立司法解释司法审查制度。

第一节　非法经营罪口袋属性之厘清

非法经营罪无论在学界还是实务界均颇受诟病,和寻衅滋事罪、玩忽职守罪一道成为1997年《刑法》中典型的三个传统口袋罪。所谓口袋罪,一般是指因为刑法中一些罪状高度概括、表述极度模糊,或者由于司法惯性、惰性、随意性,将指代不明的有关行为装进某一罪名进行规制的形象称谓。[①]口袋罪既是一个立法概念,也是一个司法概念,兼具立法属性和司法属性。[②]长期以来,非法经营罪因为立法的不清晰和不明确,司法解释的随意扩充,司法实践的曲解和扩张,成为名副其实的口袋罪。具言之,学界之所以认为非法经营罪属于一个典型的口袋罪,主要基于以下几点理由。

一、非法经营罪的前身是口袋罪

投机倒把罪规定在我国1979年《刑法》第117条,其涉及的内容几乎无所不包,故而成为典型旧口袋罪。[③] 1997年《刑法》取消了投机倒把罪,将其中一部分内容作了非犯罪化处理,其余内容被分解成20多个独立罪名,比如

---

① 陈小炜:《"口袋罪"的应然态度和限制进路》,载《苏州大学学报(哲学社会科学版)》2015年第3期;陈小炜:《论寻衅滋事罪"口袋"属性的限制和消减》,载《政法论丛》2018年第3期。

② 孙万怀:《以危险方法危害公共安全罪何以成为口袋罪》,载《现代法学》2010年第5期。

③ 投机倒把罪源于20世纪30年代的苏联,后被一些社会主义国家纷纷效仿。1982年全国人大常委会发布《关于严惩严重破坏经济的罪犯的决定》,还大大提升了投机倒把罪的法定刑,由原先最高3年有期徒刑调整为情节特别严重的可以判死刑。

合同诈骗罪、生产销售伪劣商品罪、非法经营罪、高利转贷罪、倒卖车票船票罪等。但是,非法经营罪却继承了投机倒把罪内容庞杂的“口袋”基因,而且具有先天的扩张性。譬如在立法中,1997 年后非法经营罪又有三次扩张。全国人大常务委员会于 1998 年颁布的《关于惩治骗购外汇、逃汇和非法买卖外汇犯罪的决定》规定,在国家规定的交易场所之外非法买卖外汇扰乱市场秩序达到情节严重的,依照非法经营罪定罪处罚;1999 年的《刑法修正案(一)》在非法经营罪条文中又增加了一项内容,即未经批准非法经营证券、期货、保险业务的,纳入该罪规制范围;2009 年的《刑法修正案(七)》还将非法从事资金支付结算业务行为也纳入非法经营罪的调整范围。

二、非法经营罪内容繁杂

根据《刑法》第 96 条的规定,非法经营罪条文中“违反国家规定”中的“国家规定”意指法律、行政法规以及国务院发布的决定、命令和行政措施,涉及的规范性文件数量极其庞大。《刑法》第 225 条关于非法经营罪前三项列举了专营专卖限制买卖的商品、经营许可证书批准文件、证券期货保险资金支付结算,加之 1998 年立法解释中涉及的买卖外汇,可见非法经营罪不仅涉及商品,还涉及国家文件和金融服务业务。第 4 项中的“其他严重扰乱市场秩序的非法经营行为”,将大量上述列举内容以外的相关行为方式网罗进来,内容极多,容量极大,具体范围不够明晰。

三、非法经营罪刑法条文包含诸多极其模糊的用语

关于“违反国家规定”的表述,理论界将之概括为空白罪状,但该空白罪状具有鲜明的指代不明特点,因为其没有指出具体违反了哪个国家规定,遑论其具体内容。《刑法》第 225 条第 4 项中的“其他严重扰乱市场秩序的非法经营行为”属于堵截兜底条款,堵截条款本身就具有不够清晰和明确的特点,在非法经营罪中体现得最为淋漓尽致,单纯从文义解释的角度而言,应该理解为刑法分则第 3 章第 8 节扰乱市场秩序犯罪的兜底项,但是根据体系解释和相当性原则,必须和前三项的行为方式保持同质性,哪种解释方式比较科学合理存在一定的模糊和困惑。进言之,刑法条文中的第 1 项、第 2 项都包含“其他”字眼,这两项本身就是兜底条款,故而,立法上而言,非法经营

罪是二次兜底条款或者称为重复兜底条款。① “情节严重”具有鲜明的行为无价值色彩，属于规范的构成要件，和记述的构成要件相比较明确性、清晰度大打折扣，需要依靠价值判断，需要将多种因素进行考量，故而具有较大不确定性，而且非法经营罪包含多种行为方式，不同行为方式的“情节严重”标准也不尽相同。

四、司法解释和司法实践的随意性加剧了非法经营罪的口袋化

无论是司法解释还是司法实践都对非法经营罪有着独特的偏爱，在非法经营罪的罪与非罪之间，经常出现入罪化处理的情况。比如 POS 机套现，其不属于非法从事资金支付结算，也并无任何法律或者行政法规禁止 POS 机套现，却常常被作为非法经营罪定罪量刑。比如，通过互联网销售彩票，违反的仅仅是部门规章，层级显然不及“国家规定”，却常常被作为非法经营罪打击和惩处。再如，传销活动中的一般成员，在不能作为组织、领导传销活动罪处理时，司法实践中存在适用非法经营罪的情形。在非法经营罪的此罪和彼罪之间，很多案件明明应当成立侵犯著作权罪、生产销售伪劣产品罪、侮辱罪、赌博罪、传播淫秽物品罪等其他罪名，却直接适用非法经营罪，或者以从一重罪处罚为由选择适用非法经营罪。

第二节　非法经营罪不断扩张之向度

非法经营罪 20 余年间，从立法到司法解释再到司法实践，全面无限扩张，“大口袋化”不断加剧。在扩张的范围和程度方面，现行刑法其余 468 个罪名几乎无出其右。

一、非法经营罪“大口袋化”的具体表现

前文已经介绍立法上非法经营罪分别在非法买卖外汇、非法经营证券期货保险业务、非法从事资金支付结算三方面进行了扩张。当然有论者认为这

① 滕嘉远：《“互联网＋”背景下保留“兜底条款”的必要性分析——以非法经营罪为视角》，载《学术交流》2020 年第 6 期。

并非扩张,相反是增加了非法经营罪的明确度,本书并不认同,因为除非将其中一些行为方式出罪化剔除出去或者作为单独罪名分解出来,三次立法无疑大大增加了非法经营罪的内容,使非法经营罪更加庞杂。除了立法内容本身以及三次扩张,在司法解释和司法实践领域,非法经营罪进一步扩张也显而易见,非法经营罪沦为了一个无比大的口袋罪。

(一)没有严格执行形式违法性的标准和要求

最高人民法院和最高人民检察院于 2005 年发布的《关于办理赌博刑事案件具体应用法律若干问题的解释》规定,未经国家批准擅自发行、销售彩票构成非法经营罪,该内容缺乏"违反国家规定"的前提条件,因为财政部互联网销售彩票的管理办法规定了网络销售彩票的准入条件,但是该办法是部门规章,不属于"国家规定"的范围。最高人民法院和最高人民检察院于 2009 年发布的《关于办理妨害信用卡管理刑事案件具体应用法律若干问题的解释》第 12 条规定,通过 POS 机以虚构交易、虚开价格或者现金退货等方式向信用卡持卡人直接支付现金亦即非法套现的,构成非法经营罪,但并没有信用卡套现需经许可的国家规定作为前置法亦即缺乏"违反国家规定"的支撑,不存在市场准入资格的问题。欲要将信用卡套现解释进第 3 项非法从事资金支付结算存在障碍,因为资金支付结算只能是银行,而不能是商户。该行为也不符合第 4 项的规定,因为没有法律、行政法规规定信用卡套现需要经过批准或者许可。① 最高人民法院和最高人民检察院于 2013 年发布的《关于办理利用信息网络实施诽谤等刑事案件适用法律若干问题的解释》规定,向他人有偿提供删除信息服务,或者明知是虚假信息却通过信息网络有偿提供发布信息等服务的,以非法经营罪处罚,这也存在问题,因为非法经营罪应该调整的是没有互联网经营资格而从事互联网经营的行为,而非互联网经营活动自身。一言以蔽之,提供删帖服务或者帮助他人在互联网发布虚假信息缺乏"违反国家规定"的依据。最高人民法院于 2000 年 5 月发布了《关于审理扰乱电信市场管理秩序案件具体应用法律若干问题的解释》,其中就包含非法经营罪的相关规定,而这一司法解释所依据的是 2000 年 9 月

① 马春晓:《非法经营罪的"口袋化"困境和规范解释路径》,载《中国刑事法杂志》2013 年第 6 期;李民、赵婷婷:《POS 机套现非法经营罪构成要件之实证分析》,载《成都理工大学学报(社会科学版)》2016 年第 1 期。

国务院才公布实施的《电信条例》。司法解释在前，解释的"国家规定"相关依据在后，司法解释的合法性、正当性无疑存在问题。最高人民法院、最高人民检察院、公安部和司法部于 2019 年公布的《关于办理非法放贷刑事案件若干问题的意见》规定非法放贷入刑，以非法经营罪规制，也体现了非法经营罪的扩张。①

在司法实践中，除了错误运用、引用"违反国家规定"，不援引用于判断形式违法性的"国家规定"也是屡见不鲜。② 比如，2017 年 6 月，李某网络刷单被余杭区法院以非法经营罪和侵犯公民个人信息罪判处有期徒刑五年九个月，罚金九十万元，引发社会轰动，在人们为司法机关严惩网络违法交易行为一片叫好声中，法律人应当保持冷静，作出理性思考。质言之，李某行为本来应当纳入编造故意传播虚假信息罪、诽谤罪、诈骗罪处罚，或者直接作无罪化处理仅仅施以行政处罚。再如江西新余对一起案件以非法经营罪追究刑事责任，依据的是商务部、公安部以及工商总局联合发布的《二手车流动管理办法》，该办法系部门规章，显然无法纳入《刑法》第 96 条所指称的"国家规定"范围之中，无法被国字号"国家规定"所囊括。③ 甚至有些案件据以定罪的相关司法解释也不援引，当然，即便援引司法解释也并非没问题，④因为司法解释并不属于"国家规定"范畴，何况有些司法解释本身就没有"国家规定"作为依托，属于越权解释。

（二）对侵害法益的理解和把握出现偏差

最高人民法院于 1998 年颁布的《关于审理非法出版物刑事案件具体应用法律若干问题的解释》规定，对于经营内容违法的出版物行为，在煽动颠

---

① 笔者参与的课题组曾经对非法放贷的严重危害进行了论证，并主张在非法经营罪中进行规制，参见孙昊、陈小炜、李德仁：《对放高利贷行为基本理论及入罪合法性的研究》，载《中国集体经济》2010 年第 33 期；在司法解释规定非法放贷由非法经营罪规制后，笔者参与的课题组认为司法解释作出此类规定正当性存疑，而且进一步加剧了非法经营罪的口袋罪，参见李宁、陈小炜、缪宇：《非法经营罪的限制适用和消减进路》，载《人民检察》2020 年第 3 期。今天，笔者在本书中意欲建议单独设立高利放贷罪，一是为非法经营罪减压，压制口袋化趋势和进程；二是可以凸显非法放贷、高利放贷的严重危害，充分发挥法律的告示、指引和强制等功能；三是与高利转贷罪等罪名遥相呼应，高利转贷罪这么一个小众型犯罪的存在反证高利放贷罪也有存在的可能性。思路及主张的调整和变化，也反映了笔者及所在课题组的思想脉络以及研究的不断深入和与时俱进。

② 王作富主编：《刑法分则实务研究》，中国方正出版社 2013 年版，第 692 页。

③ 王新：《非法吸收公众存款罪的规范适用》，载《法学》2019 年第 5 期。

④ 王安异：《非法经营罪适用问题研究》，中国法制出版社 2017 年版，第 185 页。

覆国家政权罪、煽动分裂国家罪、侮辱罪、侵犯著作权罪、传播淫秽物品罪等罪名无法规制时，以非法经营罪定罪量刑。司法实践中，不乏存在作为非法经营犯罪处理的真实案例，此时侵犯的法益并非市场准入秩序，而是国家安全、知识产权、他人人身权益、社会管理秩序等。即便刑法罪名有所疏漏，不足以评价内容违法的出版物经营，也不应当动用非法经营罪，这是法治精神应当付出的代价，只能留待日后由立法来解决。2003 年最高人民法院和最高人民检察院发布了《关于办理妨害预防、控制突发传染病疫情等灾害的刑事案件具体应用法律若干问题的解释》，该解释第 6 条规定，违反国家在预防和控制突发传染病疫情等灾害期间有关市场经营或者价格管理等规定哄抬物价牟取暴利的，以非法经营罪处罚。其标准显然也不是侵害市场准入秩序，不符合非法经营罪的本质特征。当然，哄抬物价也不可能具备"违反国家规定"的依据，不可能获得市场准入资格。2020 年最高人民法院、最高人民检察院、公安部、司法部联合发布的《关于依法惩治妨害新型冠状病毒感染肺炎疫情防控违法犯罪的意见》规定，在疫情防控期间违反国家有关市场经营或者价格管理等规定囤积居奇，哄抬疫情防控急需的口罩、护目镜、防护服、消毒液等防护用品、药品或者其他涉及民生的物品价格牟取暴利，违法所得数额较大或者有其他严重情节严重扰乱市场秩序的，根据《刑法》第 225 条第 4 项以非法经营罪追究刑事责任，也存在同样的问题，此处不再赘述。

司法实践中，将没有侵害市场准入秩序的其他犯罪行为作为非法经营罪处理的案例比比皆是。[①] 比如，对于非法接受"地下六合彩"的行为，本属于利用开奖结果进行对赌，是对社会管理秩序的破坏，而非侵害社会主义市场经济秩序，但是有司法机关将这种行为理解为司法解释中规定的发行彩票和销售彩票的行为，故而有法院认定为赌博罪，有法院认定为非法经营罪，赌博罪的量刑幅度是 2 个月管制至 3 年有期徒刑之间，而非法经营罪是 6 个月至 5 年有期徒刑，区别较大。再如买卖人骨的行为，对公序良俗和民众感情确是有一定的损害，但并未侵害社会主义市场经济秩序，而且和该行为有关的规定只有科技部、公安部等九个部门联合印发的《尸体出入境和尸体处理

① 刘树德：《"口袋罪"的司法命运——非法经营的罪与罚》，北京大学出版社 2011 年版，第 12 页。

的管理规定》，属于部门规章，而非国家规定。

（三）忽略实质违法性判断

譬如“王力军收购玉米案”，一审法院于2016年4月以非法经营罪判处王力军1年有期徒刑，缓期2年执行，实际上，王力军的行为并不具有社会危害性以及刑事处罚必要性，根本不具备实质违法性，未对刑法所保护法益产生实质性的损害。[①] 并且，该案所援引的国家规定是国务院2013年修订的《粮食流通管理条例》，但是实际上2016年国务院对该规定进行了再次修订，取消了自然人收购粮食必须经过许可的义务，依据从旧兼从轻原则，一审法院应判处王力军无罪。严重扰乱市场秩序的条件在实务中容易被忽视，常常在一个行为具备违反国家规定和侵害市场准入秩序时即作入罪处理。是否严重扰乱市场秩序除了应当考察经营数额、违法所得数额、造成损失金额等因素外，还应评估社会危害性以及刑事处罚必要性，特别是在援用《刑法》第225条第4项时必须具有和前三项相当的社会危害性和处罚必要性。毕竟非法经营罪带有计划经济的烙印，新的历史条件下司法人员应当解放思想、与时俱进，对于虽被纳入刑法体系但是已经不具备社会危害性的行为应当作出无罪解释和出罪化处理。王力军案件再审改判无罪就是对此的诠释，具有里程碑意义，2018年该案入选“2017年推动法治进程十大案件”，当之无愧。

本书通过对江苏省某地级市2014～2018年的128份涉及非法经营罪的刑事判决书进行实证调查和分析，发现适用第225条第4项作出判决的有69份，占比53.9%。而在这69份判决书里面，援引有关“国家规定”的仅有5份，占比7.2%，援引最高人民法院司法解释的也只有21份，占比30.4%，其余既不援引“司法解释”，也不援引“国家规定”，比例极高，占比超过60%。从上述统计数据中不难看出，在司法实务中动用非法经营罪惩治刑事犯罪时，适用《刑法》第225条第4项的比例居高不下，其中绝大部分“师出无名”，没有根据或者援引“国家规定”。如是，在实践中将会导致判决书失去应有的行为告示指引作用，人们将不能准确预测自己的行为是否违法，进而失去空白罪状本来的制约功能，加剧该罪沦落为名副其实的大口袋罪。

---

① 富饶、姚万勤：《非法经营罪堵截条款限制适用》，载《社会科学家》2017年第10期。

二、非法经营罪"大口袋化"的原因

对于非法经营罪的无限扩张，尤其是在实务中异化和泛化适用的问题，需要从经济、观念、立法以及实践等多个方面进行深入和全面挖掘，方能对症下药，找到限制和消减非法经营罪"口袋"属性的钥匙和良方。

经济是根源，市场经济处于不断的变化和发展中。现代社会瞬息万变、日新月异，随着中国经济迅猛发展，新类型的非法经营犯罪层出不穷，法条很难将所有侵犯市场经济秩序的犯罪行为全部列举出来，采取概括列举的形式具有必要性。然而，对于纷繁复杂、不断翻新的经济失范行为，非法经营罪法条尽管对主要严重经济失范行为进行了列举，但是列举的内容仍然显得冗长、庞杂。尽管使用"其他严重扰乱市场秩序的非法经营行为"予以概括和兜底，但是被概括和兜底的经济失范行为仍然为数众多，而且有些经济失范行为是否能够囊括其中并不明确，存在模棱两可的现象和情况。

论及观念，我国有重刑主义传统。我国社会较为普遍地缺乏信仰，人们寄希望于刑法这个最后一道防线和最后保障手段，以寻求和获得安全感，无论是立法者还是司法者倾向于将一些失范行为归入到非法经营罪中，比如，没有任何法律规定将信用卡套现行为认为是违法行为，但是司法解释和司法实践却将其纳入非法经营罪的范畴。没有相关"法律规定"作为支撑亦能入罪处理，其理由一般是社会危害性足够大，进而认为应当作为犯罪处理。换言之，并没有将刑法意义上的违法性建立在民法、行政法评价为违法的基础之上。非法经营罪的扩张与从严的观念及政策密不可分，从严除了入罪化，也包括轻罪重罪化。①

以立法角度观之，非法经营罪过于概括和抽象。法律自从固定于书面之日起，就逐渐与时代脱节。② 立法往往是特定历史背景下的立法，未必可以适应新的形势以及此后所有情况。③ 刑法不能够朝令夕改，在保持一定稳定性的同时，为了兜住新型犯罪和保护法益，避免变动不居、法外遗奸，立法者就选择了高度概括和抽象的语言文字描述法律条文，客观上可以弥补和克服

---

① 王安异：《非法经营罪适用问题研究》，中国法制出版社 2017 年版，第 76 ~ 81 页。

② 徐国栋：《民法基本原则解释》，中国政法大学出版社 2010 年版，第 143 页。

③ ［法］孟德斯鸠：《论法的精神》，申林译，北京出版社 2012 年版，第 204 页。

立法者的能力、视野、水平、技术导致的重大漏洞或者立法缺陷。然而，立法的高度概括和模糊造成非法经营罪缺乏期待可能性和可被预测性，指引功能大大下降，也导致司法实践对经济失范行为的评价功能变弱，司法实践中判定是否入罪弹性过大，不当扩张在所难免。

实践方面，司法人员过于依赖刑法和非法经营罪。为了维护市场经济秩序的稳定、健康发展，倾向于将一些法律、行政法规没有确认为值得处罚的行为或者仅仅应当行政处罚的行为人为过分拔高，也评价为非法经营罪。比如，司法实践中不少案例显示将民间借贷行为、建设出售小产权房都一股脑纳入非法经营罪中。为了诉讼便利，司法工作者也对非法经营罪特别“偏爱”。比如经营非法出版物，是否构成侵犯著作权罪，必须对著作权确认，程序相对复杂，而且该类案件往往缺少著作权人指认，很多情况下无法认定为侵犯著作权罪，比较而言，非法经营罪的取证和认定容易得多。并且，侵犯著作权罪的入罪标准是违法所得达到 3 万元或者非法经营数额达到 5 万元，而非法出版物有关的非法经营罪入罪标准是非法所得 2 万元或者非法经营数额 5 万元，总体而言标准更低。量刑幅度上看，侵犯著作权罪是 3 年以下，非法经营罪基本法定刑为 5 年以下，处罚更为严厉。司法工作者退而求其次选择非法经营罪，轻罪重罚，广受诟病。

第三节 非法经营罪限制适用之路径

只有在刑罚具有强烈的必要性时，才能发动刑法，这就是刑法的有限性、补充性和最后保障性。① 在对条文内容难以作出解释结论时，没有必要一味对刑法的不明确进行攻击，而应当反思自己是否缺乏明确、具体的正义理念。② 非法经营罪同样不是用来嘲笑的，司法权应当秉持谦抑和收敛的原则，在心中充满正义的基础上，将目光往返于刑法条文和社会生活现象之间，否则就会深深陷入罪刑擅断的泥淖，导致刑法边界不当扩张。非法经营罪的首要条件为“违反国家规定”，本质特征是侵犯市场准入秩序，关键要求

① [日]平野龙一：《刑法总论》，有斐阁 1972 年版，第 47 页。

② 张明楷：《刑法分则的解释原理》，中国人民大学出版社 2011 年版，第 3 页。

是严重扰乱市场秩序，三个要素之间具有内在的逻辑关联，共同构成衡量非法经营罪成立与否的标尺，属于在司法实务中需要适用证据分别进行证明的构成要件要素。

一、避免司法造法现象的发生

如若司法与立法合二为一，将会对公民生命以及自由施加专断权力。[①] 在犯罪化方面，我国历来有司法先行的传统，比如非法买卖外汇、传销等都是司法解释走在立法前面的典型。司法实践应当奉行罪刑法定和谦抑性原则，同时克服“有恶必罚”的思想，出发点和落脚点应该是刑法的规定，而不应当是所谓的危害性，对于有些具有较大危害性的行为，如果刑法没有相关规定，则不能以入罪处理，只能留待立法日后回应和解决，其是对法治的坚持和坚守予。故而，要谨防和及时纠正司法犯罪化，否则，毫无节制的扩张有时甚至超过类推解释，造成非法经营罪适用范围不断膨胀，犯罪门槛不断降低，威胁和侵犯了公民的合法权益。[②] 毋庸讳言，在王力军非法经营玉米案之前的司法实践中，很少对“严重扰乱市场秩序”这一要件作出独立的分析判断，这亟待正视和纠正。兜底条款实际上是立法的精确性和维护社会秩序之间的博弈和妥协，兜底条款并不是“万能钥匙”，不能将缺乏“国家规定”和没有实质危害性的行为纳入其中。

二、准确把握非法经营罪所侵害的法益

《刑法》第 225 条非法经营罪有关条文第 1 项规定“未经许可经营法律、行政法规规定的专营、专卖物品或者其他限制买卖的物品的”，该类行为本质为违反商品买卖领域的市场准入制度。第 2 项规定“买卖进出口许可证、进出口原产地证明以及其他法律、行政法规规定的经营许可证或者批准文件的”，该类行为本质为对市场准入制度的间接侵犯和违反，理由在于这类文件是市场准入的前提和依据。第 3 项规定“未经国家有关主管部门批准非法经营证券、期货、保险业务的，或者非法从事资金支付结算业务的”，该类

① ［法］孟德斯鸠：《论法的精神》，商务印书馆 2006 年版，第 153 页。

② 王弘宁：《非法经营罪去“口袋化”之路径——以“入罪”与“出罪”的双向互动为视角》，载《社会科学战线》2017 年第 9 期。

行为本质是对金融服务领域市场准入制度的违犯，而全国人大常委会1998年发布的《关于惩治骗购外汇、逃汇和非法买卖外汇犯罪的决定》规定了非法买卖外汇犯罪行为，与该类行为具有同质性。第4项规定“其他严重扰乱市场秩序的非法经营行为”，因为前三项都是破坏市场准入制度和秩序的行为，该项兜底条款也只应该是违反市场准入秩序的行为。司法实践中不能简而化之地将非法经营拆解为“非法＋经营”，因为《刑法》第225条中所指称的非法经营有特定的内涵。简单认为只要违反“国家规定”，就一定扰乱市场秩序，而置其本质特征和成立条件而不顾是不合适的，因为《刑法》第225条中所指称的非法经营有特定的内涵，尤其是保护特定的法益，并应当衡量和判断是否达到需要动用刑法调整的程度。法律的正确统一适用是司法公平正义的内在要求，不统一、不正确适用法律以及同案不同判将会损害司法权威，降低法律公信力。如果一味强调和适用择一重罪处罚，则意味着很多罪名将面临被虚置的危险。

三、裁判文书应当列明违反国家规定的名称和内容

只有充分展示法官在案件事实和法律规范之间目光如何来回流转如何形成自由心证的过程，方能让被告人信服和认可裁判结果。否则，对辩方的无罪或者罪轻的意见置之不理，在判决书中仅表述被告人及其辩护人的意见缺少事实和法律依据不易服判和息诉，被告人的出罪空间将被大大压缩。以非法经营罪定罪量刑的案件，应当满足非法经营罪的所有构成要件，任一要件均不可或缺。“违反国家规定”并不是一个可有可无的语义重复，而属于构成要件，司法实务中，不仅需要找到具体的国家规定，而且要证明行为对国家规定的违反。① 是否违反国家规定应当由控方负责证明，否则视为举证不力，未达证明标准。法院在裁判文书“本院认为”部分应当以《刑法》第96条国家规定范畴的规范性文件作为依据，法院在判决书中必须明确无误地载明相关国家规定的名称以及案件具体违反规定的条款和内容，杜绝含糊其词或者以笼统的“违反国家规定”一笔带过，切实防止出入人罪。

① 郑勇：《非法经营罪的扩张：原因及其对策》，载《中国刑事法杂志》2018年第1期。

四、注意无证经营和无照经营、超期经营的划分

按照法律规定必须经过批准方能设立经济组织,未经批准即属于无照经营,无照经营情节严重只能构成违法,不能构成犯罪,适例是擅自开店销售日用品,可能面临被工商、城管、税务罚款或者没收财物等行政处罚。而刑法中个人或者组织未经许可或者批准非法经营是指经营行为本身,此时属于无证经营,适例是擅自经营烟草,可能会被追究刑事责任。对于无证经营和超期经营的区分,有一案例可以说明。甲没有在药品经营证书有效期届满前申请证书延期,有效期届满后经营药品金额为6万元,有观点认为超期经营应当视为无证经营,而且金额超过5万元,应当认定为非法经营罪,本书不敢苟同,因为未申请证书延期和无证经营是两回事,不能等量齐观,我国并无法律、行政法规规定持过期许可证视为无证经营,而且行政许可法也明确规定行政许可有效期届满未延续需要注销《药品经营许可证》,并给予行政处罚,言外之意是不入罪处理。而且超期经营和无证经营相比,法益侵害性以及社会危害性也相对较弱,故而,不宜认定为非法经营罪。

第四节　非法经营罪的立法完善举措及其发展向度

如果法律不为人知,也无法为人所知,就将成为一纸空文。[①] 法律的含混不清是一个重大弊端,会使法律这样一部十分庄严的公共典籍变为家用私书。[②] 只有具备严谨和精确的思维,才能产生严谨和精确的刑法。我们不能否认立法机关也曾经作出过"去口袋化"的努力,如全国人大常委会于1998年颁布的《关于惩治骗购外汇、逃汇和非法买卖外汇犯罪的决定》将司法解释中单位为他人骗购外汇和居间介绍骗购外汇两种方式抽离出来,只将国家规定的交易场所以外非法买卖外汇行为纳入非法经营罪规制范围。再如,2009年《刑法修正案(七)》新设立了组织领导传销活动罪,把

---

① [美]E.博登海默:《法理学:法律哲学与法律方法》,邓正来译,中国政法大学出版社2004年版,第56页。

② [意大利]切萨雷·贝卡利亚:《论犯罪与刑罚》,中国人民大学出版社2008年版,第68页。

组织或领导传销活动的犯罪行为从非法经营罪中剥离出来，也体现了有关部门在非法经营罪“口袋”属性的限制和消减上做出了一些真挚的努力。然而，这仅仅是杯水车薪，存在不全面和不彻底的问题，故而本书提出如下立法完善建议。

一、在行政法律法规中设置附属刑法

是否需要在行政法律法规中设置附属刑法，存在两种观点，亦即“肯定说”和“否定说”。[①] 反对设置附属刑法的学者认为，这是为了限缩而限缩，为了批判而批判，他们的具体理由包括：虽然有关国家规定是非法经营罪的前置性规定，在国家规定认为某些行为构成违法时才有可能构成犯罪，但是这些国家规定的真正适用主体是行政机关，而非司法机关；是否构成非法经营罪以及是否应当追究刑事责任，应当由刑法确定，而不应当由行政法规确定；非法经营罪的空白罪状规定本身就暗含着即便行政法规没有直接作出定罪量刑的规定，但不影响某些行为被刑法评价成犯罪，而在事实上司法机关同样可以定罪量刑。[②] 本书赞同“肯定说”，因为这样有助于实现行政处罚和刑罚的衔接协调和自然过渡，有助于确定性原则和可预见原则的实现和具体化，也有助于人权保障和法律指示及评价功能的发挥。质言之，设置附属刑法的最大意义在于如果行政法规没有针对非法经营行为作出定罪量刑的规定，那就不能做出刑法层面的否定性评价，也就不能够适用非法经营罪追究刑事责任。

二、罪名改成侵犯市场准入秩序罪或者非法经营特许业务罪

无论是学界和实务界都存在对非法经营罪侵害法益的错误认识，都无视非法经营罪侵犯市场准入秩序的本质特征。比如有观点认为非法经营罪是我国刑法分则第 3 章第 8 节扰乱市场秩序罪的堵截条款，有观点认为非法经营罪是我国刑法分则第 3 章破坏社会主义市场经济秩序罪的堵截条款，也有观点认为非法经营罪甚至可以作为我国刑法分则第 6 章妨害社会管理秩序

---

① 从刑法渊源的角度，刑法可以分为单一刑法和附属刑法，附属刑法是指经济、行政法律法规中附带罪与刑的刑事规范，单一刑法是指仅仅规定犯罪和刑罚的法律。

② 王作富、刘树德：《非法经营罪调控范围的再思考》，载《中国法学》2005 年第 6 期。

罪的堵截条款，适例就是最高人民法院、最高人民检察院、公安部于2014年联合印发的《关于办理利用赌博机开设赌场案件适用法律若干问题的意见》，其中规定销售具备赌博功能的游戏机以非法经营罪处理，更有甚者将非法经营罪作为我国刑法分则第1章危害国家安全犯罪和第2章危害公共安全犯罪乃至整部刑法的兜底罪名，最为典型的例子就是前文所述经营内容违法的非法出版物的行为。[①] 今后很长一段时间内，对非法经营罪加以摒弃排除到刑法之外既不理性也不现实。所以，切实可行的改革方案是设置侵犯市场准入秩序罪或者非法经营特许业务罪，一来将非法经营罪侵害的法益明确和清晰化，解决和避免争议，二来对立法和司法的扩张也能起到预防和约束作用，强有力地遏制非法经营罪的"口袋化"倾向，尤其是将对市场准入秩序不构成侵害的行为方式排除出去。

三、对"违反国家规定"进行限缩和改造

规范和明确罪名的边界，必须对非法经营罪空白罪状加以立法上的限制。关于"违反国家规定"的范围，部门规章和地方性法规应当排除在外，学界的观点是统一的，但是，在司法实践中将违反部门规章或者地方性法规作为经营活动入罪依据的情形屡见不鲜，亟待引起高度重视，切实予以纠偏和防范。部门规章或者地方性法规、地方规章可能会为了部门和地方的利益作出一些不当规定，存在部门或地方保护的倾向和问题。有观点认为，应当只包括人民代表大会或者人民代表大会常务委员会发布的法律，笔者认为，该种观点的出发点是好的，旨在切实限缩非法经营罪的适用范围。[②] 但是，有些不切实际，应当将行政法规囊括进来。而对于我国《刑法》第96条规定的国务院发布的决定、命令、措施，笔者认为，至少在非法经营罪中应当剔除出去，毕竟这几种形式的"规定"严谨程度不高、变化性较大，也不便于国民知晓、掌握和预测。当然，需要特别注意的是，司法解释也不能够成为"国家规定"的内容。故而，笔者建议将非法经营罪中的"违反国家规定"修改为"违反法律或者行政法规"。

---

① 王安异：《非法经营罪适用问题研究》，中国法制出版社2017年版，第160～161页。

② 艾展刚：《非法经营罪的研究》，载《法制与经济》2018年第12期；张天虹：《罪刑法定原则视野下的非法经营罪》，载《政法论坛》2004年第3期。

四、将犯罪情节设成罚金刑处罚标准

刑法在非法经营罪的基本法定刑中规定，应单处或并处违法所得一至五倍罚金，关于非法经营罪中违法所得的认识学界主要有两种观点，一种是“扣除成本说”，即应当和非法经营数额相区别，从非法经营的数额中去除成本，仅仅是指获利的数额，另一种是“不扣除成本说”，认为和非法经营数额是同一个概念。《刑法》中共计 14 处出现了“违法所得”的表述，本书认为，需要具体问题具体分析，不能一概而论，主要有两条标准，一条标准是如果作为罚金的标准，适宜采用“扣除成本说”，如果作为没收财产的标准，适宜采用“不扣除成本说”，另一条标准是如果成本能够独立计算，那么应当适用“扣除成本说”，如果不能或者难以计算成本，成本数额不便独立出来，那么就应当适用“不扣除成本说”。[①] 基于此，非法经营罪基本法定刑中的违法所得应当理解为获利或者收入，必须扣除犯罪成本，而不是非法经营总额，这也是有利于被告人的理解和判断。但是，问题在于有些非法经营犯罪案件中并不存在违法所得，遑论众多案件计算违法所得并非易事。比如某甲无烟草专卖证在运输卷烟过程中即被截获，此时应当认定为非法经营罪既遂甚或未遂亦有争议，正确的认识应当是构成既遂，因为非法经营罪是行为犯，而经营行为包括生产、运输、存储，销售等，只要实施任一环节就是经营行为，即构成非法经营罪既遂，这也得到有关烟草司法解释的确认。进一步讲，此时某甲并无获利，刑法规定的违法所得一至五倍罚金势必落空。是故，本书认为将违法所得作为罚金的唯一标准是狭隘的，应当修改为根据犯罪情节处以罚金，亦即应当综合认定。尽管罚金并非主刑，也有学者呼吁将罚金刑上升主刑，作为短期自由刑的替代措施，但是实际情况是罚金属于附加刑，理论上讲罚金也不能成为主刑减免的理由。不得不承认的是，在司法实践中确定主刑时，存在将罚金作为重要考量因素的实际情况，这属于实然状态，也有一定的合理性，对于非法经营罪的限制和消减也颇有助益。只是，应当和“花钱买刑”相区别，同时，实然状态要得到法理的支撑，必然需要进行深入的论证以及制度的重新设计。

---

① 刘晓虎、赵靓：《“违法所得”概念的界定和司法认定》，载《人民法院报》2018 年 7 月 4 日，第 6 版。

五、建立司法解释司法审查制度

司法解释应当从属于立法,而不能超越立法,否则就是越权解释。譬如最高人民法院于2000年制定的《关于审理扰乱电信市场管理秩序案件具体应用法律若干问题的解释》,根据该解释,擅自经营电信业务的行为应以非法经营罪定罪处罚,但在该解释出台时尚没有相关的法律或者行政法规作为支撑,系司法解释先于立法,明显属于越权解释。美国的司法审查制度以马伯里诉麦迪逊案为起点,该案以后,很多国家陆续建立司法审查制度。我国目前没有类似的对法律及其适用合法性的司法审查制度,在司法解释方面仅有备案制度规定要求,建议赋予全国人大常委会司法审查权,对司法解释的合法性进行严格审查,通过事后的司法审查监督纠正违法或越权的司法解释。

第六章　传统口袋罪之内容庞杂含混的超级口袋罪寻衅滋事罪

众所周知，寻衅滋事罪是1997年《刑法》中一个典型的传统口袋罪。在其属于口袋罪原因分析及其在刑法中地位重新审视基础上，探讨如何在罪与非罪、此罪与彼罪的辨析中限制其“口袋”属性，探寻如何通过立法消减其“口袋”属性。[①] 一言以蔽之，短期内软化、弱化、细化寻衅滋事罪，长久看分解、分化、转化寻衅滋事罪，最终废除这个饱受争议的口袋罪。

第一节　寻衅滋事罪“口袋”属性的梳理及再定位

寻衅滋事罪的理论化是辨析相关问题的载体，也是对寻衅滋事罪改造和完善的起点。[②] 对于寻衅滋事罪的口袋罪属性，学界观点颇为一致，但是缺乏对其原因的系统论述，随之而来的问题是不能全面准确对症下药。对于寻衅滋事罪在刑法中的地位，众说纷纭，各执一词，亟待认真梳理和科学定位。

---

① 李晓明、陈争尧：《“并合主义”刑罚观对我国刑法立法的推动》，载《政法论丛》2016年第2期。

② ［美］保罗·H.罗宾逊：《刑法的结构与功能》，何秉松、王桂萍译，中国民主法制出版社2005年版，第93页。

一、寻衅滋事罪的口袋罪属性剖析

寻衅滋事罪的前身就是口袋罪,其因袭和继承了流氓罪的"口袋"基因。1979年《刑法》规定聚众斗殴、寻衅滋事、侮辱妇女或者进行其他流氓活动破坏公共秩序并且情节恶劣时,构成流氓罪。由于该规定过于宽泛,非常容易侵害公民的合法权益,广受批判,被戏谑为口袋罪,学界普遍呼吁取消流氓罪,将其分立为其他罪名。1997年《刑法》吸收和采纳了该条建议,将流氓罪分解为强制猥亵、侮辱妇女罪、猥亵儿童罪、寻衅滋事罪、聚众斗殴罪以及聚众淫乱罪等罪名。寻衅滋事罪以外的几个罪名比较清晰易辨,遗憾的是寻衅滋事罪包含的内容仍然包罗万象,成为一个新的口袋罪,成了上述罪名以外几乎所有其他可以入罪流氓行为的"大杂烩",没有能够摆脱口袋罪的历史命运。

首先,寻衅滋事罪容量较大,违反犯罪构成类型化要求。寻衅滋事罪包含了四种行为方式,内容多而杂,而且,"追逐、拦截、辱骂、恐吓"与"强拿硬要或者任意损毁"等大量生活化、形象化描述性语言存在于条文之中,也和犯罪构成类型化要求相左,丧失了犯罪构成类型应有的独特性和明确性。尤其是"追逐"和"拦截",只是对别人行走造成妨碍,很难说侵害了何种法益,不具备犯罪构成类型化的本质特征。

其次,"情节严重""情节恶劣""严重混乱"等用语具有高度模糊性。寻衅滋事罪条文同时存在三个情节犯、一个结果犯,这在刑法分则中是罕见的,加剧了寻衅滋事罪沦为口袋罪的命运。大量行为无价值用语充斥其中,"任意""随意""辱骂""恐吓""殴打""强拿硬要""起哄闹事"等词语都与结果无价值背道而驰,容易引起理论上的歧义和司法上的混乱。而且该类语言过于生活化,对其核心含义缺乏相应法律定义描述,这类语言的不严密阻碍了社会各方的统一理解以及法律的有效实施。刑法条文的用语属于一种符号,而作为一种符号则必须传递和表达明确的内涵。[①] 有学者提出了"随意殴打他人"之"随意"的判断方法:双重置换规则,先将行为人置换成普通人,判断普通人会不会殴打他人,然后再将被害人置换成普通人,考察行为

---

① [英]威廉姆·威尔逊:《刑法理论的核心问题》,谢望原等译,中国人民大学出版社2015年版,第87页。

人会不会实施殴打。[1] 不得不承认该观点的新颖性,但是主观的东西不易查明,操作起来自然困难重重,同时该观点仍然没有能够解决“随意”、“故意”和“任意”之间的联系和差别。

再次,寻衅滋事罪和其他犯罪的行为方式较难区分,并且经常出现重合和交叉。“随意殴打他人”和故意伤害罪的行为方式之间,“追逐、拦截、辱骂、恐吓他人”和侮辱罪、编造故意传播虚假信息罪、编造故意传播虚假恐怖信息罪的行为方式之间,“强拿硬要或者任意损毁、占用公私财物”与抢夺罪、抢劫罪、侵占罪、聚众哄抢罪、职务侵占罪、敲诈勒索罪的行为方式之间,“在公共场所起哄闹事”和诽谤罪、扰乱国家机关工作秩序罪、聚众扰乱公共场所秩序交通秩序罪、聚众扰乱社会秩序罪以及聚众冲击国家机关罪的行为方式之间,往往出现界限模糊不清的现象。学界曾努力尝试找出寻衅滋事罪与它们之间的差别所在,然而观点极不统一,并且经常自相矛盾。在出现交叉和重叠时如何处理,刑法没有作出明确规定,学界和实务界也给出了各种各样的解决方法,有想象竞合、法条竞合、数罪并罚、优先适用寻衅滋事罪、优先适用普通罪名,等等。

最后,如果说立法赋予了寻衅滋事罪的“口袋性”,那么司法实践则助推了寻衅滋事罪的“口袋化”。寻衅滋事罪一样有着先天不足、后天畸形的情况,与司法水平不高、司法随意性大等因素不无关系。某些本属于治安范畴的案件为了追求社会效果和平息民愤,却被适用寻衅滋事罪这一没有“其他”字眼的堵截罪名进行规制。比如“浙江温岭虐童案”,幼儿教师揪儿童耳朵行为能否属于“随意殴打他人”,教室虐童行为能否属于侵害了公共秩序的法益,都有疑问,该案好在公安机关撤案及时,并未进入审查起诉和审判环节。“虐童事件”透视出寻衅滋事罪的泛化现象,作为一个具有较强包容性和伸缩性的罪名,一度成为处理“虐童事件”的“方法论偏爱”。另外,有些疑难案件到底定什么罪,司法机关有时会模棱两可、含混不清,或者很难找出一个完全符合的罪名,这个时候口袋罪就很容易得以适用。

二、寻衅滋事罪在刑法上的地位

对于寻衅滋事罪的定位观点纷呈,归纳起来主要有无地位、平等地位、补

---

① 何庆仁:《寻衅滋事罪研究》,载《中国刑事法杂志》2003 年第 4 期。

充性辅助地位、补充性独立地位等四种观点，本书在对它们孰劣孰优进行比较和权衡的基础上作出补充性辅助地位的选择。并倡导用该主张指导寻衅滋事罪的司法和立法实践，以期限制和消减寻衅滋事罪。

主张寻衅滋事罪无地位的学者倡导司法上搁置不用，立法上废除寻衅滋事罪。① 提倡搁置和废除的理由主要有：国外没有该立法体例，该罪名凸显主观恶性，而非从保护法益出发，中国刑事立法应当和世界接轨，借鉴国外先进经验，国外没有寻衅滋事罪，中国也不应当有；犯罪构成不具有独特性和独立性，违反了犯罪构成类型化要求，四种行为类型都分别与其他犯罪的客观方面相同或者近似，比如随意殴打他人中的“殴打”与故意伤害罪中“伤害”，又如损毁财物中的“损毁”与故意毁坏财物罪中的“毁坏”；法律适用缺乏操作性，主要是语意不清，“随意”“任意”“情节恶劣”等难以界定，对于目的和动机学界也争论不休，有“肯定说”和“否定说”两种观点，2013 年最高人民法院、最高人民检察院《关于办理寻衅滋事刑事案件适用法律若干问题的解释》似乎采纳了“肯定说”，但是存在僭越立法的嫌疑；废除该罪名不会放纵犯罪，可以将其各种行为方式分解到故意伤害罪、故意毁坏财物罪、抢劫罪以及聚众扰乱公共场所秩序罪等罪名中，以及运用《治安管理处罚法》进行处罚。另外，是平等地位的主张，如高铭暄教授认为只要同时符合寻衅滋事罪和其他犯罪构成要素的，运用想象竞合犯等原理予以解决。② 再如关振海认为寻衅滋事罪和其他犯罪相比有其独特性，如果属于无事生非，那就应当优先适用寻衅滋事罪，只有在罪刑不相适应时，才适用其他罪名。③ 还有学者主张补充性独立地位，该主张一方面承认寻衅滋事罪的补充性和堵漏性，另一方面仍然倡导积极运用想象竞合犯理论解决寻衅滋事罪罪与罚的问题，同时建议对寻衅滋事罪加以完善。④ 还有是补充性辅助地位的观点，持该种观点的学者认为应当优先适用其他罪名，寻衅滋事罪只是起到填补漏洞

---

① 王良顺：《寻衅滋事罪废止论》，载《法商研究》2005 年第 4 期；梁剑、叶良芳：《寻衅滋事罪立法规定质疑》，载《政治与法律》2003 年第 6 期。

② 高铭暄、梁健：《寻衅滋事罪若干疑难问题探讨》，载《人民司法》2008 年第 17 期。

③ 关振海：《规范与政策：寻衅滋事与故意伤害的二重区分——以 20 个公检法争议案件为切入》，载《国家检察官学院学报》2012 年第 1 期。

④ 孟庆华：《寻衅滋事罪的理论和实践》，人民出版社 2014 年版，第 357 ~ 359 页。

的作用。[1] 换言之,一个行为如果能够用故意伤害罪、故意毁坏财物罪、敲诈勒索罪等其他罪名予以规制时,则使用其他罪名,不能适用其他罪名时,才考虑动用寻衅滋事罪这个“口袋”罪名去兜底和堵截。

本书倾向性地赞同和选择补充性辅助地位的观点,原因如下:第一,寻衅滋事罪现阶段确实具有一定的社会价值和法律价值,其立法原意、产生背景以及口袋罪的秉性说明其补充性、填补性和从属性的功能,如果直接废除寻衅滋事罪,就会导致一些轻罪行为被降格为行政处罚进行处理,甚至连行政处罚都不科处,造成放纵犯罪的不利结果,寻衅滋事罪起到弥补法律漏洞和粗疏的作用,具有补充性。但因为寻衅滋事罪本身面临诸多诘难,广受抨击,所以尽量不用和少用,万不得已时才使用,所以具有辅助性。第二,寻衅滋事罪在司法实践中鲜有判处 3 年以上有期徒刑的情况,绝大部分判处了拘役或者缓刑,没有必要非得适用想象竞合犯原理,才能实现判处 3 年有期徒刑的目标。也没有必要非得适用寻衅滋事罪去实现五年有期徒刑的目标,因为刑法适用也应当尽可能谦抑,轻判轻罚亦能达致“治病救人”的目的,有助于感化和挽救犯罪人(当然,刑责严重不适应,确实需要依靠寻衅滋事罪进行规制时,想象竞合犯的运用也有了施展的空间,将寻衅滋事罪提到“一线”就具有了可行性和必要性,这可以作为例外)。第三,寻衅滋事罪必将退出历史舞台,所以现今不应当让其承担太重的责任和使命,弱化乃至废除寻衅滋事罪是大势所趋,是目前限制和长久消减口袋罪应有之义,补充性辅助地位的定位有助于平稳过渡,为逐渐结束其历史使命打下伏笔。

三、寻衅滋事罪作为堵截罪名有其存在的现实土壤和理论根基

寻衅滋事罪兜底和堵漏的标志不是像非法经营罪等刑法条文规定的空白罪状以及堵截条款,而是寻衅滋事罪中四种行为的概括性、抽象性、模糊性,使得寻衅滋事罪成为其他一般罪名的补充性、辅助性、兜底堵截性罪名。[2] 从法治发展规律、刑事政策发展脉络、刑法公众认同、国外寻衅滋事犯罪立法等诸多方面看,寻衅滋事罪作为兜底和堵截罪名都有其存在的现实土壤和理论根基。

---

① 江国华、梅扬:《论“口袋罪”的治理——以寻衅滋事罪为例》,载《桂海论坛》2014 年第 3 期。

② 我国刑法中不存在绝对的兜底性罪名,只存在相对的兜底性罪名。参见程阳强:《新司法解释下寻衅滋事罪“口袋”的扩张和坚守》,载《福建警察学院学报》2014 年第 5 期。

第一,寻衅滋事罪的"前世今生"符合法治发展规律。[①] 我国古代找不到"流氓"和"寻衅滋事"的字眼,但是律文中却存在着与现代刑法中的"流氓罪"和"寻衅滋事罪"相类似的规定。《唐律》之《杂律》开启了对公共安全维护的关注,规定了一些不常见、少发生的犯罪,和其他律文相比起着查漏补缺的作用,主要内容及特点为惩治人多的地方惊扰群众的犯罪,[②]宋朝和元朝都沿袭了《唐律》,也进行了一些创新。《大明律》又在总结前面朝代经验的基础之上,改革和创建刑律的体系,遵循"世轻世重"与"轻其轻罪,重其重罪"的原则。[③]《大清新刑律》在分则第 16 章专门设立了秩序罪,大致内容是凡是犯罪没有不危害善良之风俗或者公共之秩序的情况,但是该章特指以害秩序之故而成立犯罪的情形。1928 年颁布的《中华民国刑法》第 7 章为妨害秩序罪,其中第 158 条规定以加害生命、身体或者财产的目的和行为恐吓公众,造成生命害于公共安全的,判处两年以下有期徒刑。从而可见,以流氓犯罪、寻衅滋事犯罪为内容的立法早在唐朝就已经出现,历经宋元明清以及近代民国时期的变化和发展,浸淫着保护公共秩序的"口袋性"规定内容的性质和色彩。新中国成立以后,我国借鉴了《苏俄刑法典》规定了流氓罪,1950 年《中华人民共和国刑法大纲草案》将在公共场所对他人做出下流、无耻的行为界定为流氓行为,1957 年《中华人民共和国刑法草案》保留了流氓罪。

1979 年《刑法》(共 192 条 2.2 万字)制定后的一段时间里,[④]并没有口

---

① 有学者认为,有法律,有法学,不一定有法治,有刑法,有刑事法学,不一定有刑事法治,本书深表赞同。参见白建军:《法律、法学与法治》,载《法学研究》2013 年第 1 期。

② 《唐律》之《斗讼律》规定"相争为斗,相击为殴",亦即斗殴构成犯罪,这也是我国寻衅滋事罪最早的渊源。参见宋四辈:《中国传统刑法理论与实践》,郑州大学出版社 2004 年版,第 254 页。

③ "世轻世重"意思是刑罚要根据当时社会情况确定轻重严宽;"轻其轻罪,重其重罪"体现在事关典礼及风俗教化等事,定罪较轻,贼盗及有关帑项钱粮等事,定罪较重。

④ 流氓罪条款历经 37 稿,于 1979 年正式出台,正式出台的流氓罪条文呈现内容宽广但又高度概括的宽展化特点。1983 年全国人大常委会于通过了《关于严惩严重危害社会治安的犯罪分子的决定》,规定流氓罪最高可以判处死刑。1984 年最高人民法院、最高人民检察院、公安部联合发布《关于怎样认定和处理流氓集团的意见》,同年最高人民法院、最高人民检察院还联合发布了《关于当前办理流氓案件具体应用法律的若干问题的解答》,对流氓罪进一步作出解释。1988 年最高人民法院、最高人民检察院联合下发《关于依法惩处倒卖飞机票犯罪活动的通知》,其中规定"霸占售票窗口,强行发放自制的编队序号,迫使旅客购买序号,寻衅滋事,殴打旅客,破坏售票秩序,情节恶劣的,依照刑法第一百六十条流氓罪处罚"。1989 年最高人民法院、最高人民检察院联合下发《关于办理反革命暴乱和政治动乱中犯罪案件具体应用法律的若干问题的意见》,规定"不具有反革命目的","肆意殴打军警人员、维持秩序的干部群众,或者向军警人员、维持秩序的干部群众和各种车辆投掷砖、石、瓶等物、情节恶劣的,依照刑法第 160 条定流氓罪"。

袋罪一说,但在后来刑法实施的过程中,人们发现反革命罪、流氓罪(第160条)、投机倒把罪、玩忽职守罪等罪名内容庞杂、极不明确,于是将一些不太容易定性的、社会危害性比较大的、需要苛以刑罚的行为根据这些罪名进行处理,从而使这些罪名成了一个“大口袋”,人们还形象地说“流氓罪是个筐,什么都往里面装”。术语“口袋罪”并非洋货和舶来品,而是地道的“中国制造”,八九十年代在刑法学界成为流行语。流氓罪相关条文规定聚众斗殴、寻衅滋事、侮辱妇女或进行其他流氓活动,从而破坏公共秩序,达到情节恶劣程度的,处7年以下有期徒刑、拘役或管制,对于流氓集团首要分子,处7年以上有期徒刑。难以否认,在当时特定历史环境下,流氓罪对于打击形式越来越多样化的危害社会治安犯罪案件确实起到了较大的作用,而且在司法实践中备受青睐,使原本滞后的刑法条文在司法实务中失灵的缺陷得到一定程度的缓解和弥补。然而,流氓罪条文区区几十个字,但是规定内容异常“丰富”,内涵不清,外延不明,特别是其中“聚众斗殴”、“寻衅滋事”、“侮辱妇女”以及“其他流氓活动”均是具有高度文义开放性的概念和语词,而且“其他流氓活动”属于兜底堵截性条款。诚然,流氓罪的规定与立法起草人员缺乏经验、当时社会观念以及“宜粗不宜细”的立法思想密不可分、息息相关。说流氓罪是一个“大口袋罪”,主要是由于“其他流氓活动”的规定,私生活不检点、打架斗殴、同性恋、偷窥等行为全部被司法部门囊括其中。尤其是在严打阶段,口袋罪发挥了巨大的威力和震慑力,许多行为不仅被定罪,而且被定重刑。1979年《刑法》中包括流氓罪在内的口袋罪原则性过强导致可操作性不强,加之司法实践中任意扩大,造成了界限模糊和混淆不清的情况。1979年《刑法》的基础理念某种意义上是有罪推定,其核心目的是惩罚犯罪、镇压破坏社会主义政治、经济和社会秩序敌对势力,维护人民生命财产安全,但是有罪推定已经严重背离了维护和保障人权的现代法治理念,也助长了口袋罪的扩展和泛滥。根据上述内容不难看出,在行政国,社会秩序的稳定是格外受到“器重”的,流氓罪等规定和立法就是一个缩影和映射。

纯正新罪名是指刑法中原来没有规定,全国人民代表大会常务委员会有关决定、补充规定、附属刑法中也没有确定的新罪名。而非纯正新罪名意指刑法中原来并没有规定,全国人民代表大会常务委员会有关决定、补充规定、附属刑法中确定的罪名，比如侵犯著作权罪原先仅规定于1994年《关于惩治侵犯著作权的犯罪的决定》。形式意义上的纯正新罪名是以前实际上作为犯罪处理的纯正新罪名，譬如寻衅滋事罪。而实质意义上的纯正新罪名是指1997年以前并不作为犯罪处理的纯正新罪名，比如《刑法》第286条规定的破坏计算机信息系统罪。1997年《刑法》修订前针对流氓罪修订的大讨论，形成了"分解保留说"、"列举保留说"、"分解取消说"以及"取消废除说"，最终1997年《刑法》(452条6.7万字)采纳了"分解保留说"，将流氓罪分解成强制侮辱猥亵妇女罪、猥亵儿童罪、聚众淫乱罪、引诱未成年人聚众淫乱罪、聚众哄抢罪、聚众斗殴罪和寻衅滋事罪等七个罪名。从此，寻衅滋事不再作为具体行为来评价，而是作为一项具体罪名，这是寻衅滋事罪和流氓罪的一大区别，也彰显了刑法前进的步伐。马克思曾经说过法典乃人民自由之圣经，1997年刑法修订时有关人员便充分认识到这一点，王汉斌副委员长对于口袋罪的分解说明篇幅就占了1/4多。属于形式意义上纯正新罪名的寻衅滋事罪尽管没有摆脱口袋罪的命运，但是能从"大口袋罪"转变为"小口袋罪"也是一件可喜的事情，这体现着我国对人权自由开始尊重、法治的点滴进步，以及迈向依法治国的坚定步伐。

第二，寻衅滋事罪作为兜底和堵截罪名符合刑事政策的发展脉络。刑事政策乃一个国家预防和控制犯罪的措施和策略，刑法适用需要刑事政策的襄助，刑事政策的渗透不可避免，尤其在我国刑事政策具有特别强势的特点。① 刑事政策最早是由德国学者费尔巴哈所提出，德国刑法学家李斯特曾言"最好的社会政策是最好的刑事政策"，②该谚语流传至今。李斯特提出刑事政策系刑法科学的独立分支，其坚决反对将刑事政策描述为犯罪生物学(人类学)以及犯罪社会学的分支，与此同时，其认为制定政策亦不能离开犯罪生物学以及犯罪社会学的研究结果，不然无法制定经过科学论证的刑事政策。③ 基于刑事政策具有解决社会冲突的功能，必须将其违法性体系化。在解决个案时有时会出现不正义的结果，此时即需从刑事政

① 孙国祥:《论司法中刑事政策与刑法的关系》，载《法学论坛》2013年第6期。

② [法]米海依尔·戴尔玛斯—马蒂:《刑事政策的主要体系》，卢建平译，法律出版社2000年版，第1页。

③ [德]冯·李斯特:《论犯罪、刑罚与刑事政策》，徐久生译，北京大学出版社2016年版，第212页。

策上自觉放弃刑法教义学上设定的一些过于僵硬的规则。刑事政策的发展不可能离开立法者的相关规定，若实际背离了现行规定，则它仅属于应然法，进而失去法律解释基础。[①] 是故，刑事政策必须受到人权和法律的限制和约束，而刑事立法是国家刑事政策最直接的体现。

我国刑事政策发展可分三个阶段："惩办与宽大相结合"到"严打"再到"宽严相济"。1993 年严打侧重于公共安全，1996 年严打关注暴力犯罪，2004 年严打严惩涉黑团伙，流氓罪在"严打时期"，备受追宠，广泛适用，打击面和打击力度不断加大，一定程度上体现了流氓罪的社会防卫功能，但是却无法保障人权，而且缺乏稳定性，司法实践中极不统一，流氓罪的严惩态势演变成了暴刑趋势，尽管取得了压制犯罪的一定效果，但是长久看并没有实现遏制犯罪的目标，流氓罪退出历史舞台成为必然，而流氓罪分解出寻衅滋事罪等罪名一定程度上就是立法在刑事政策指导下的理性回归。

量刑方面，1979 年《刑法》规定对流氓行为原则上处 7 年以下刑罚，而对流氓集团首要分子处 7 年以上有期徒刑，根据 1983 年公布的全国人大常委会《关于严惩严重危害社会治安的犯罪分子的决定》，从事流氓犯罪活动危害特别严重时，可在刑法规定的最高刑以上处刑，直到死刑。1997 年《刑法》规定对于寻衅滋事罪判 5 年以下刑罚，[②]2011 年《刑法修正案（八）》增加了规定了纠集他人多次实施寻衅滋事犯罪行为情形，将法定刑设置在 5 年到 10 年之间，并且可以并处罚金。[③] 可见，寻衅滋事犯罪在刑事政策的指导下，从畸重到无差别畸轻再到符合理性的差别对待转变，在从重刑主义到轻刑主义转变，也从厉而不严到严而不厉（宽展化、细密化；刑罚趋于宽缓化）再到宽严相济（差异化、理性化、人性化；厉其首）转变中。

随着和谐法治理念的深入人心，刑事政策和刑事立法的良性互动将会持续存在，并将不断优化和向纵深方向发展，势必也会渗透和体现到寻衅滋事罪的有关立法、修改以及完善中。现在提宽严相济的频率有所降低，但轻轻

---

① ［德］克劳斯·罗克辛：《刑事政策与刑法体系》，蔡桂生译，中国人民大学出版社 2011 年版，第 7～41 页。

② 体现了对寻衅滋事犯罪从"严惩"转为"宽和"的新动向，也体现了刑事政策从重刑主义向轻刑主义的转变。

③ 对首要分子加大处罚力度，适用法定刑升格，体现"严惩"，是刑事政策社会防卫功能的表征，保留管制和拘役，体现"宽和"，是刑事政策预防和校正功能的表征。

重重一直存在中国的传统刑事法治中。其实刑事政策的上位是国家政策，而国家政策中最新的社会治理体系构建的新理念①肯定会对刑事政策产生新的影响，折射到寻衅滋事罪中，应当改造其与社会治理的不相容之处。

第三，寻衅滋事罪与刑法公众认同不存在抵牾和矛盾。寻衅滋事罪属于概括式立法模式，亦即对事实行为高度抽象化概括从而实现类型化，亦可以迎合社会生活中层出不穷的新问题、新情况。寻衅滋事罪具有“拦截”行为人逃避刑事法网的功能，毕竟刑事规则是有限的，而需要刑法规制的行为又是无限的，寻衅滋事罪一定程度上满足社会需要和公众期待，某种意义上缓解了有限和无限之间的永恒矛盾。② 诸如故意伤害罪和故意毁坏财物罪等其他一般罪名以严重后果或者数额较大为构成要件，有些行为虽然没有达到后果严重或者数额较大，但因为行为的反复性、一定的危害后果以及侵害公共秩序法益，社会危害性较大，科处刑罚具有必要性，符合公众期待和刑法公众认同。寻衅滋事罪常常表现为行为人酒后滋事，对象不具有特定性，人人都有可能成为被害人，而且寻衅滋事行为具有侵害性和惯常性，所以有较为严重的社会危害性，为公众深恶痛绝。寻衅滋事罪的设立同样能够与中国历史、文化、政治、经济、思想等相互兼容，迎合大众的道德伦理需要，在发生严重违反社会公共秩序、破坏社会主义建设和损害公民人身财产的行为又没有其他法律条文的明确规定时，就用此罪来规制和调节，以达到维护公共秩序和平息民愤的目的。

第四，国外没有寻衅滋事罪不能否定我国寻衅滋事罪存在的合理性和必要性，我国设置寻衅滋事罪符合国情和客观现实。譬如，世界许多国家没有或者正在废除死刑，不代表我国就不能有死刑的存在。再如，持有枪支在很多国家是合法的，不代表我国将持有枪支入罪就是错误的。不论是英美法系，还是大陆法系，几乎所有国家尽管没有寻衅滋事罪这样的名称，但是，类似的立法例都是存在的，只不过形异而神似罢了。例如，1994 年颁布的《法国刑法典》规定了聚众滋事罪，英国有滋事罪、俄罗斯有流氓罪、荷兰有刑事

---

① 2019 年十九届四中全会通过和公布中共中央《关于坚持和完善中国特色社会主义制度　推进国家治理体系和治理能力现代化若干重大问题的决定》，完善和发展社会主义制度，推进国家治理体系和治理能力现代化成为全面深化改革的总目标和重要指导思想。

② 孟庆华：《寻衅滋事罪的理论和实践》，人民出版社 2014 年版，第 358 ~ 360 页。

骚扰罪、泰国有轻罪、捷克有妨碍治安罪、芬兰有刑事滋扰罪、我国香港地区有公共场所滋扰罪，当然上述罪名和我国寻衅滋事罪相比还是存在较大差异。另外，国外存在规制我国寻衅滋事罪四大类行为方式中某些行为的罪名，尤为典型的是日本规定了暴行罪、骚乱罪、胁迫罪以及强要罪，意大利规定了殴打罪，国外其他相对应罪名有侮辱罪、盗窃罪、抢劫罪、故意毁坏财物罪、敲诈勒索罪、非法拘禁罪等，每个罪名研究成果的丰硕程度都可以用汗牛充栋来形容，可资可鉴。

进言之，我国刑法仍不完善，对于一些一方面反复发生，另一方面危害性较小的违法行为规制，我国既没有保安处分，也没有像德国那样制定专门的行政刑法，更没有日本那样的《轻犯罪法》，所以寻衅滋事罪弥补着以上不足，暂时代替发挥行政处罚所达不到的威慑违法犯罪的效果和作用。特别是目前我国处于发展机遇期与矛盾凸显期并存的关键阶段，经济发展迅速，违法犯罪形式不断翻新，“稳定压倒一切”自然成为首选和必然追求，寻衅滋事罪所具有的补充性质和堵截作用也就具有了至关重要的作用和现实意义。

第二节　在对构成要件的规范理解中软化寻衅滋事罪

一般违法行为与犯罪间并无不可逾越鸿沟，正确区分一般寻衅滋事违法行为和寻衅滋事犯罪是司法实践不可回避的问题。林山田曾经指出，按照我国《刑法》第 13 条但书的规定，罪和非罪之间的区别并不是性质的差异，而是量的不同，刑事司法如若根据此等量差规定作为区别罪和非罪的标准，由于缺少客观认定标准，极易导致主观擅断，最终造成对罪刑法定的侵蚀和破坏。① 另外，《刑法》第 37 条规定了“情节轻微”，包括《刑事诉讼法》第 15 条也规定了“情节显著轻微”，最终都落到量的比较上。② 寻衅滋事罪的司法定性必然需要遵循罪与非罪界定的基本原理，罪与非罪的价值取向是法益保护和人权保障的平衡，区别原则包括罪刑法定原则、全面评价原则以及谦抑原

---

① 李洁：《罪与刑立法规定模式》，北京大学出版社 2008 年版，第 28 页。

② 和大陆法系国家立法定性、司法定量的做法不同，我国采取的是立法不仅定性而且定量的做法，而且量的规定是总则和分则结合式，总则是定量宣言，分则决定具体定量内容。

则，逻辑起点是犯罪本质，事实起点是事实行为，同时本书比较赞同新提倡的一种一般犯罪构成标准，亦即有机性犯罪构成，包括事实行为、四方面要素的结合和有机性，而有机性包括社会相当性和期待可能性。[①] 笔者认为，有机性犯罪构成是对大陆法系立体犯罪构成以及苏联和我国平面犯罪构成的借鉴、整合、改造和超越，对寻衅滋事罪以及我国其他所有罪名都有合理性、科学性、可适用性、可操作性，只不过寻衅滋事罪一般而言是不会有社会相当性和期待可能性的，社会相当性也就是我们平时所说的法令行为、紧急避险和正当防卫等违法阻却事由。寻衅滋事罪首先必须符合和满足寻求刺激、发泄情绪、逞强耍横、无事生非或者借故生非的动机以及侵犯公共秩序的法益，[②]这是寻衅滋事罪成立的大前提，如果缺乏这个大前提规定的条件，一个行为是不可能构成寻衅滋事罪的。对于有关寻衅滋事的罪与非罪问题，现分述如下。

一、寻衅滋事罪的四类行为方式

（一）“随意殴打”型寻衅滋事罪

“随意殴打”型寻衅滋事罪是最易发、最典型的寻衅滋事罪行为类型，在司法实务中，“随意殴打”型的寻衅滋事罪差不多占了寻衅滋事犯罪案件九成左右，故而准确界定和理解“随意殴打”型寻衅滋事罪兹事体大。[③] 对于“殴打”的理解，学界颇有争议，结合本书限制寻衅滋事罪扩张和适用的主张和立场，在对各种观点进行比较和权衡的基础上，本书认为：殴打系针对他人身体行使有形力，若无身体接触，不宜认定为“殴打”，如挥舞拳棒；如果对物行使有形力也不适宜认定为“殴打”，殴打行为对象必须是人；殴打不以伤害结果为前提，亦即可以没有伤害结果，同时伤害结果如若存在仅限于轻微伤及以下，如果是轻伤那只能成立故意伤害罪，如果造成重伤或者死亡结

---

① 李占州：《罪与非罪界定论》，中国人民公安大学出版社 2011 年版，第 7 ~ 192 页。

② 寻衅滋事罪的认定是否需要具备流氓动机，本书总体持赞同的观点，除了流氓罪基因的遗传，也是寻衅滋事罪保持独特性的需要，本书认为也是限制寻衅滋事罪“口袋”的必然要求。（同时参见陈兴良：《规范刑法学》，中国政法大学出版社 2003 年版，第 555 页。）法益对定罪具有极端重要的作用，常常起着区分罪与非罪、此罪与彼罪的作用，是区分罪与非罪、此罪与彼罪的重要标准。

③ 周加海、喻海松：《〈关于办理寻衅滋事刑事案件适用法律若干问题的解释〉的理解与适用》，载《人民司法》2013 年第 23 期。

果,则应认定为过失致人重伤罪、过失致人死亡罪、故意伤害罪或故意杀人罪;[①]殴打不以聚众为前提,聚众殴打固然可以评价为寻衅滋事罪中的"殴打",但是如果聚众殴打在符合聚众斗殴的情况下,应当优先考虑适用聚众斗殴罪;如果行为使用枪支或者管制工具伤害他人的,应当认定为有故意伤害或者故意杀人的故意,超出寻衅滋事罪主观的要求,客观上不再属于寻衅滋事罪条文中的"殴打";殴打并非故意伤害罪的未遂犯,殴打亦以造成伤害结果的危险为条件。

对于寻衅滋事罪的"情节恶劣"主要考量因素有寻衅滋事的次数、方式、场所、对象、后果等。次数方面,多次殴打较一次殴打恶劣,四次、五次比三次要恶劣;[②]方式方面,持械殴打较赤手空拳殴打恶劣;场所方面,在人流相对集中的电影院、闹市区、医院、广场等公共场所殴打较在人流相对稀散社区、公园的公共场所恶劣;对象方面,随意殴打残疾人、未成年人、老年人、孕妇等特殊群体较随意殴打其他成年人恶劣;后果方面,随意殴打导致两人以上轻微伤较一人轻微伤或者未受伤恶劣;[③]另外如果因为被随意殴打,受到别人非议,精神压力过大,觉得"抬不起头"而选择自杀或者造成精神失常,也属于情节恶劣的情况。有观点认为轻伤以上结果即重伤或者死亡也能成立寻衅滋事罪,原因是轻伤和轻伤以下都成立,更不用说轻伤以上,这种观点是经不起推敲的,由于在重伤或死亡情况下,可能触犯过失致人重伤罪或过失致人死亡罪(这两者往往被忽视,至少是本书没有找到相关的讨论和论述)、故意伤害罪、故意杀人罪,可以直接排除寻衅滋事罪适用。另外,有必要引申一下,寻衅滋事罪相关司法解释规定持凶器随意殴打的行为也属于寻衅滋事罪"情节恶劣"的情形,不难发现,包括刑法条文和其他有关司法解释中也多次出现了"凶器"的字眼,那么何为"凶器"以及"凶器"的范围界定就成了一个关键问题。按照最高人民法院《关于审理抢劫案件具体应用法律

① 如果多次纠集他人实施"随意殴打"型寻衅滋事罪,每次都造成他人轻伤,此时根据目前法律适宜认定为寻衅滋事罪,因为定故意伤害罪的话只能判处 3 年以下有期徒刑,但是定寻衅滋事罪适用情节加重犯的条款将被判处 5 ~ 10 年有期徒刑,如此和罪刑相适应原则相对比较吻合。

② 需要注意的是,如果"多次"在定性阶段已经评价,量刑阶段就不适宜再次评价。

③ 2013 年寻衅滋事罪司法解释将轻伤的结果归入寻衅滋事罪"情节恶劣"的情形,这是有问题的,尤其是会导致其和故意伤害罪之间的界分更加混乱不堪。参见王勇:《寻衅滋事罪问题研究》,中共中央党校 2015 年硕士学位论文,第 11 页。

若干问题的解释》以及《关于审理抢劫、抢夺刑事案件适用法律若干问题的意见》，“凶器”不仅包括枪支、爆炸物以及管制刀具等国家禁止携带器械，还包括为实行犯罪而随身携带其他器械。本书认为，基于同类解释和体系解释的原理，应当参照这两个司法解释有关“凶器”的解读，对持凶随意殴打他人之中的“凶器”，亦应包括可以对他人产生威胁或者使他人感到恐惧的非国家明文禁止个人携带的诸如棍棒之类的器械。

对于“随意殴打”型寻衅滋事罪，主观基本形态上是故意不是过失没有争议，然而是否包括间接故意存在争议，本书认为只能是直接故意，这样说不仅和我们限缩的立场有关联，最主要的还是根据法理的分析和判断。从认识因素的角度看，行为人明知自己行为会扰乱公共秩序，从意志因素来看，行为人是积极追求自己行为产生扰乱公共秩序后果的，此乃行为人寻求刺激、发泄情绪或者逞强耍狠的寻衅动机所决定的。易言之，如果没有积极追求而仅仅是放任对公共秩序的破坏，就不能将其评价为寻衅滋事罪。比如，甲欠乙 2 万元虽经数次追讨但是久拖不还，有一次在超市购物时甲被乙撞见，乙当即向甲索要欠款，甲不仅不还钱还当场奚落乙不认朋友不义气，乙恼羞成怒，操起超市里一把尖刀要追杀甲，这个时候超市里的其他顾客非常恐慌，纷纷逃离。公共秩序无疑遭到破坏，但是乙的目的是伤害或者杀害甲，对公共秩序的混乱仅仅是放任而非追求，所以本案没有成立寻衅滋事罪的可能性。对于其他三种类型的寻衅滋事罪主观上亦应为直接故意，不包含间接故意，后面不再重复讨论。

“随意”是寻衅滋事罪的核心要素和关键特征，与“无故”和“肆意”基本同义，双重置换标准不可取，但是认为预谋、计划或者策划更有问题，因为大部分寻衅滋事犯罪没有经过精心准备或者共谋。① 对于随意殴打之“随意”属性，我们赞同主观说，因为“随意”代表一种心态、一种认识，对于“随意”判断标准，我们赞同主客观统一说，因为判断是否属于“随意”，只看主观或者只看客观都是片面的、孤立的，必须将主观和客观两个方面结合起来评价才能得出准确的结论。为数不少的论者认为“随意”殴打仅仅是出于“无事生

① 双重置换标准又称为双重置换规则，为部分学者所主张，具体内容是先将行为人置换为普通人，考察普通人会不会殴打他人，然后再将被害人置换为普通人，判断行为人会不会实施殴打。参见何庆仁：《寻衅滋事罪研究》，载《中国刑事法杂志》2003 年第 4 期。

非”,同时对象不特定。[①] 本书认为这种观点是狭隘片面的,不敢苟同。根据本书的理解,对于“随意”殴打行为的原因,包括两个方面:一是“无事生非”型,没有任何原因直接开打,此乃典型“随意”殴打;二是“借故生非”型,亦被称作“小题大做”型,属于故意找碴,在一般人看来是不可能实施殴打行为显得有些无厘头的情形,比如陈某不小心被他人身体刮擦了一下,即火冒三丈实施殴打,这是非典型的“随意”殴打行为。对于“随意”殴打行为的对象,同样包括两种情形,第一种情形是殴打不特定的对象,具体包含没有原因殴打不特定对象,以及找碴性质殴打不特定对象;第二种情形是殴打特定的对象,具体包括没有原因殴打特定对象,以及找碴性质殴打特定对象。[②] 当然上述讨论的前提是不构成其他普通罪名,不然就是对寻衅滋事罪这个“口袋罪”的滥用。

以上主要是围绕“随意殴打”型寻衅滋事罪条文用语的理解作出的一些探讨,我们不难得出如下结论:如果没有行使有形力,不可能成立寻衅滋事罪,如果有形力行使的对象是物而不是人,不可能成立寻衅滋事罪,没有造成轻微伤也没有其他恶劣情节,不可能成立寻衅滋事罪,若寻衅滋事致人重伤或死亡,不可能认定为寻衅滋事罪,如果是间接故意而非直接故意也不可能构成寻衅滋事罪。

(二)“追逐、拦截、辱骂、恐吓”型寻衅滋事罪

1. 对“追逐”、“拦截”、“辱骂”和“恐吓”语词的厘清

“追逐、拦截、辱骂、恐吓”型寻衅滋事罪具体又包含了四种行为方式,属于大类里面又可以划分为四小类,足以看出寻衅滋事罪犯罪构成的多样性和复杂性。“追逐”意指妨碍他人停留于一定场所的行为,追逐拦截的对象通常为妇女。可以使用暴力或者威胁,但是暴力应当限于轻微暴力,威胁也不能达到不能反抗、不知反抗、无法反抗的程度。如果追逐是为了实施抢劫等犯罪行为,则只能被抢劫等行为所吸收,认定为抢劫罪。如果在抢劫之前即被制服,在不能查明抢劫的目的情况下,若出于寻求刺激、逞强耍狠、发泄情绪、无事生非或借故生非等动机破坏公共秩序并且情节严重,那么就构成寻衅滋事罪。

---

① 李希慧:《妨害社会秩序管理罪的司法认定》,武汉大学出版社 2001 年版,第 160 页;祝丽波:《关于寻衅滋事罪的认定》,载《武汉公安干部学院学报》2015 年第 3 期;陈永革:《浅析寻衅滋事罪与聚众斗殴罪的区别》,载《贵州警官职业学院学报》2007 年第 6 期;王俊:《寻衅滋事罪与故意伤害罪的区分原理》,载《法制博览》2016 年第 20 期。

② 汤晓慰:《寻牌滋事罪在司法适用中的若干疑难问题》,载《法律适用》2002 年第 4 期。

“拦截”意指阻碍他人转移地点等行为，在客观现实案例中，追逐和拦截往往同时进行，以实现对他人人身控制的目的。拦截的对象可以是他人，也可以是车辆。如果以拦截作为手段实施非法拘禁、绑架等犯罪，那就只能成立非法拘禁罪或者绑架罪。“拦截”使用的暴力程度和“追逐”一样具有一定的限度。“辱骂”意指侮辱谩骂，通常针对不特定的一人或多人，偶尔也会针对特定的一人或多人。辱骂是比较多见的，侵犯了他人的名誉和人格，单纯的“辱骂”型寻衅滋事罪还是比较少见的，因为通过治安管理处罚法就足以惩治，除非多次辱骂或者引发被害人自杀、自残等情况。“辱骂”型寻衅滋事罪可以使用暴力或者以暴力相威胁，但是应当限于轻微暴力，而且一般和追逐、拦截、恐吓等行为交织在一起，应予以整体化评价进而认定为情节严重予以入罪。“恐吓”型的寻衅滋事罪乃2011年《刑法修正案(八)》予以规定的，尽管“恐吓”一词文学色彩比较浓厚，但是对全面保护公民权利(主要是精神安宁权)和全面保护社会秩序具有积极意义，旨在保障公民免于恐惧和社会秩序安定，主要是一些黑恶势力或者团伙势力对人民群众通过实施“软暴力”来施加压力，他们奉行“逼而不打、打而不伤、伤而不重、重而不死”的“理念”，造成恐慌，达到“不战而屈人之兵”的目的。实际上，很多恐吓行为本身并不是目的，而是为了实施其他犯罪，经常仅仅作为其他犯罪的预备行为，比如若恐吓的目的是非法占有财产，那么就更加应当优先成立敲诈勒索罪或者抢劫罪。另外需要注意的是，这里的恐吓不是一般意义上的恐吓，必须是破坏社会公共秩序的恐吓，否则就不能成立寻衅滋事罪。有一个“恐吓”型寻衅滋事罪相关的案例，甲与同事存在过节，一直怀恨在心，连续数日深更半夜打电话恐吓同事，扬言要杀害同事全家，同事精神受到严重刺激，工作生活无法继续，甚至住院治疗，本案有观点认为构成寻衅滋事罪，本书不敢苟同，因为公共秩序并未遭受破坏，公共秩序的法益未受侵害就可以直接排除适用寻衅滋事罪。

2. 关于对“多次”等词句的理解①

在最高人民法院和最高人民检察院2013年联合发布的《关于办理寻衅

① 该司法解释规定追逐、拦截、辱骂、恐吓构成“情节恶劣”的情形有：(1)多次追逐、拦截、辱骂、恐吓他人，造成恶劣社会影响的；(2)持凶器追逐、拦截、辱骂、恐吓他人的；(3)追逐、拦截、辱骂、恐吓精神病人、残疾人、流浪乞讨人员、老年人、孕妇、未成年人，造成恶劣社会影响的；(4)引起他人精神失常、自杀等严重后果的；(5)严重影响他人的工作、生活、生产、经营的；(6)其他情节恶劣的情形。

滋事刑事案件适用法律若干问题的解释》中,对“多次”并无明确具体的相关规定。本书认为可以参照对其他“多次”的设定,限制在三次或者三次以上。问题是若一人追逐、拦截、辱骂或恐吓多人,若伙同多人追逐、拦截、辱骂或恐吓他人,若纠集多人追逐、拦截、辱骂或恐吓他人,该如何处理?根据司法解释,似乎都不会被认定为“多次”,并没有作为犯罪处理。毋庸置疑,这三种情形肯定比一人追逐、拦截、辱骂、恐吓一人恶劣和社会危害性更大,尤其是纠集多人追逐、拦截、辱骂、恐吓他人在这三种情形里面又是最为严重的,既然司法解释没有规定,从少用和慎用寻衅滋事罪这个“口袋”恶罪名的角度讲不入罪处理也是利大于弊的。本书认为,司法实践中“多次”的认定以3次或者3次以上为宜。

另外,司法解释中的“造成恶劣社会影响”、“严重影响他人的工作、生活、生产、经营”以及“其他情节恶劣的情形”等语言仍然十分模糊,在司法实践中没有实质作用和意义,只能留待法官自由裁量,但是本书提出应当遵循谦抑和尊重人权的原则和精神,从严控制和把握,尽量通过行政处罚手段处理,不轻易动用刑罚手段,克制适用这些模糊的解释以及寻衅滋事罪这个“口袋罪”的冲动和企图。

3. 两个典型案例的讨论

第一个典型案例是,2006年的一天,甲为寻求精神刺激,无故尾随素不相识的两年轻女子乙和丙,被乙和丙发现后,甲进行追赶和拦截,乙和丙乘坐出租车准备离开,甲打开副驾驶车门对乙殴打和辱骂,并抢夺乙的三星牌手机,乙拼命反抗,并将手机扔给后座的丙,甲随即打开后车门,将丙扑倒并欲抢手机,丙反抗甲未果,迅速逃离。当乙和丙乘坐出租车到另外一条街道时,看到甲又在尾随另外一名女子丁,丁发现后准备躲避,甲上前追赶,后丁被乙和丙乘坐的出租车搭救。[①] 根据该案的上述介绍,甲具备寻衅动机,实行了随意殴打、追逐、拦截、辱骂以及强拿硬要等系列行为,行为比较恶劣,主观恶性较大,社会危害明显,在当年以寻衅滋事罪定罪量刑应该没有问题,能够认为其行为“情节严重”。但是值得讨论的是这个案件如果放在今天该如何定性?“随意殴打”、“追逐、拦截、辱骂”以及“强拿硬要”可分别归

① 刘树德:《实践刑法学·个罪:Ⅰ》,中国法制出版社2009年版,第369页。

入寻衅滋事罪三种行为方式中，根据本书的观点和主张，不赞同整体评价，那么，甲某“追逐、拦截、辱骂”的行为根据司法解释，最多也只能靠到“（五）严重影响他人的工作、生活、生产、经营的”或“（六）其他情节恶劣的情形”等规定上，但是不得不承认这两项内容涉及的价值评价非常模糊，所以都是司法解释“惹的祸”，上述案件放到今天到底能不能定寻衅滋事罪反而显得模棱两可和“定放两难”。

还有一个典型案例是“浦志强寻衅滋事案”，浦志强除了在2012年至2014年先后多次发布多条微博，煽动民族仇恨，挑拨民族关系，成立《刑法》第249条煽动民族仇恨罪外，从2011年起浦志强还在网络注册账号“小小律师浦志强”，先后多次针对他人发布侮辱性微博，被转发近1000次，被评论逾500条，引发大量的负面言论和辱骂性跟帖，给他人带来了心理创伤和社会评价降低的损害，社会影响恶劣。[①] 实际上，浦志强应该涉嫌侮辱罪，但是侮辱罪是自诉案件，公权力机关为了惩治和教训浦志强，自觉或者不自觉地启用了寻衅滋事罪这个“口袋罪”，连同煽动民族仇恨罪一起数罪并罚，法院判浦志强3年有期徒刑缓刑3年。进一步而言，该案事实上即是对2013年7月寻衅滋事罪专门司法解释《关于办理寻衅滋事刑事案件适用法律若干问题的解释》中“多次追逐、拦截、辱骂、恐吓他人，造成恶劣社会影响”以及2013年9月涉及寻衅滋事罪的司法解释《关于办理利用信息网络实施诽谤等刑事案件适用法律若干问题的解释》中“利用信息网络辱骂、恐吓他人，情节恶劣，破坏社会秩序”的“生动”应用。

（三）“强拿硬要、任意损毁、占用公私财物”型寻衅滋事罪

其为《刑法》第293条第1款第3项规定的寻衅滋事犯罪行为方式，和第2项规定的“追逐、拦截、侮辱、恐吓”型寻衅滋事罪“异曲同工”之处就是，在本大类里面又分了几小类，同时以“情节严重”予以限定，具体理解和适用分述如下。

1.“强拿硬要”型寻衅滋事罪

“强拿”是指违背他人意愿用强制的方法夺取他人财物，其中“拿”是指伸手去取，“硬要”是指无理、强行索要，他人在不情愿的情况下交出财物，其

---

① 《浦志强一审获刑3年缓刑3年　称不上诉》，载网易新闻，http://news.163.com/15/1222/10/BBEBR3IM0001124J.html。

中“要”是指开口索取。无论是“强拿”的财物,还是“硬要”的财物,都应包括财产性利益。财产性利益甚至还包含赃物、违禁品、无形财产(如水热光电)、网络虚拟财产和不动产等。2000年最高人民法院《全国法院审理毒品犯罪案件工作座谈会纪要》就对违禁品可作为犯罪对象作了如是规定:行为人盗窃、抢劫毒品的,构成盗窃罪和抢劫罪。劳动不能成为强拿硬要的对象,因为劳务有较强的人身依附性,被迫从事劳务被侵害的是人身关系而非财产关系。知识产权也不适宜作为强拿硬要的对象,因为流氓动机难以确定,并且知识产权形成时间比较长,形成过程也较为复杂,不容易被占有和处分。[①] 乘坐出租车拒不付钱,亦属于“强拿硬要”的表现形式,拒付的出租车费用就是一种财产性利益,撕毁借条也有可能被理解为“强拿硬要”。再如,到饭店强迫要求老板提供免费饭菜和在饭店就餐后拒绝埋单要求免单(也就是所谓的“霸王消费”)也属于“强拿硬要”的表现形式,前种情况下的“饭菜”就是一般意义上的财产,后一种情况下“要求埋单”实际上就是财产性利益。另外,逼迫写借条不应当视为财产性利益,因为借条的实现不具有即时性,期待利益能否兑现并不能保证,所以不能评价为“强拿硬要”,至于后面行为人持借条要求付款或者实施其他行为另当别论,适宜另外评价。“强拿硬要”通常径直针对被强拿硬要人实行强拿硬要行为,如果是针对在场的被强拿硬要人以外其他人实施,原则上不定寻衅滋事罪,否则就有扩大寻衅滋事罪适用之虞,例外情形是这里的“其他人”和被强拿硬要人具有利害关系。

“强拿硬要”中的“强”和“硬”意味着肯定能够包含暴力或者暴力胁迫的内容,这毋庸置疑,关键问题是有没有一定的限制,笔者不赞同压制被害人程度上没有作出要求的观点。笔者认为,暴力胁迫必须限定在轻微暴力的程度范围内,如果压制被害人的程度足以压制被害人反抗,造成被害人不能反抗、不知反抗、不敢反抗,那么就应当成立抢劫罪,寻衅滋事罪可以直接排除适用。日本刑法暴行罪中的“暴行”是指对被害人身体行使有形力,但是被害人仍然有反抗能力,可以反抗,日本刑法中的“胁迫”是指以不好的结果

---

① 彭轶欧:《论寻衅滋事罪中的强拿硬要行为》,湘潭大学2015年硕士学位论文,第21~24页。

威胁被害人，使其可能产生恐惧感。[①] “强拿硬要型”寻衅滋事罪中的“暴力”以及“胁迫”与日本刑法中的“暴行”和“胁迫”含义上应该是分别对应的。

数额标准上，“强拿硬要”入罪标准不升反降，由2008年立案标准规定的2000元变为了1000元，“任意损毁”入罪标准保持了2008年的立案标准亦即2000元的规定。[②] 至于强拿硬要的情形，早在2001年浙江省高级人民法院、浙江省人民检察院、浙江省公安厅就联合发布了《关于办理寻衅滋事案件适用法律若干问题的意见》，其中第2条规定非法插手民间纠纷殴打他人时，以随意殴打他人论，强行收取各种形式保护费或非法插手民间纠纷，以强迫手段索赔、讨债或者从中牟利的，以强拿硬要论，该意见具有较高的参考价值和意义。

强拿硬要是否应当“唯数额论”，有论者指出“强拿硬要”型寻衅滋事罪必须达到一定量的要求和一定质的指标，对于强拿硬要微量公私财产的行为，不能认定为犯罪。[③] 笔者对该观点并不能认同，因为“强拿硬要”型寻衅滋事罪属于情节犯，除了数额还有方式、次数、其他后果等方面的衡量标准，比如强拿硬要残疾人财产、一而再再而三强拿硬要以及强拿硬要导致他人精神失常等，均有可能被评价为“强拿硬要”型寻衅滋事罪，这在2013年寻衅滋事罪专门司法解释《关于办理寻衅滋事刑事案件适用法律若干问题的解释》中也能找到依据，从而得到证成。

2.“任意损毁”型寻衅滋事罪

“任意”是指违背他人意愿，和“随意”基本同义，可以相互交换，主要意指行为的不正当性和非法性。有观点认为，“任意”尽管和“随意”属于近义词，但是其程度要求低于“随意”，重点在于说明行为没有合法根据和理由。[④] 笔者并不赞同该观点，认为“随意”主要针对人，“任意”主要针对物，仅此而

---

① ［日］大谷实：《刑法讲义各论》，黎宏译，中国人民大学出版社2008年版，第35、78页。

② 笔者认为物价标准的提高应该在寻衅滋事罪里面得到体现，而且两者数额标准有歧视和不公平对待的缺陷，同时地区差异也得不到体现，没有能够做到因时因地制宜，如果要作出统一规定的话建议和“任意损毁”型寻衅滋事罪数额标准都提高到3000元。

③ 孟庆华、马章民主编：《刑事案件诉辩评审——寻衅滋事罪》，中国检察出版社2014年版，第35页。

④ 张明楷：《寻衅滋事罪探究》（上篇），载《政治与法律》2008年第1期。

已。“损毁”的理解主要有四种学说:物质毁弃说、有形侵害说、一般效用侵害说、价值侵害说,我们赞同第三种观点,另外三种不恰当地缩小了处罚范围,例如,把他人的戒指扔入大海中不被认为属于“损毁”显然不妥。当然,部分价值的损毁也属于“损毁”,包括接下来要讨论的“任意占用”型寻衅滋事罪中,部分价值的占用也应当属于“占用”。“任意损毁”型寻衅滋事罪必须出于寻衅动机,如果出于报复目的,那就应当考虑是否成立故意毁坏财物罪。“任意损毁”型寻衅滋事罪同样必须以侵害公共秩序为前提,如行为人为寻求刺激进入超市乱砸货物导致顾客放弃购物以及超市被迫关门,又如行为人在公园多次损毁健身器材和娱乐设施,和公共秩序有关联,有成立寻衅滋事罪的可能,而行为人为了发泄情绪而非法侵入他人住宅并毁坏他人财物,是不能评价为寻衅滋事罪的,是否有可能被评价为非法侵入他人住宅罪此处在所不论。

3.“任意占用”型寻衅滋事罪

“任意占用”型寻衅滋事罪是指出于寻衅动机占用公司财物破坏公共秩序的犯罪行为。“占用”是指对他人财物占有和使用,“占用”型寻衅滋事罪是没有正当理由占用公私财产的行为,当然若行为人持有非法占有的目的,则应构成盗窃罪、[①]侵占罪、职务侵占罪、贪污罪等。同时需要注意的是,“任意占用”型寻衅滋事罪并非故意毁坏财物罪的兜底性罪名,实际上,“任意损毁”型寻衅滋事罪才是故意毁坏财物罪的兜底罪名,从根本上讲,是因为“任意损毁”和“任意占用”存在区别。“任意占用”型寻衅滋事罪侵害的法益除了公共秩序的共同法益,还应当包括合法占有权的法益,诈骗罪、盗窃罪、贪污罪、抢夺罪等罪名侵犯的法益一般认为是财产所有权,这些罪名都是“以非法占有为目的”,而“以非法占有为目的”中的“占有”和“任意占用”中包含的“占有”并非一回事,前者仅仅是指自己所有的意思,而后者并没有自己所有的意思。笔者曾经办理过一个“两头骗”的案件,大致案情是高某先从汽车出租公司租赁一辆汽车,后以伪造的身份证和机动车等级证书从李某处“抵押”贷款,并将汽车押给了李某,几天后高某通过 GPS 定位到汽车的位置,并使用备用钥匙将汽车偷偷开回还给了车主。这个案件到底定合同诈骗

---

① 我国刑法没有像日本等有些国家那样将为了使用目的而窃取他人财物的行为规定为盗窃罪。

罪还是盗窃罪甚或是数罪并罚，争议的焦点就是盗窃罪侵犯的客体是否可以是他人的合法占有权，如果得到肯定的答案，那么触犯盗窃罪，否则就不可能成立盗窃罪。学界传统观点是盗窃罪仅仅侵犯了财产所有权，而非财产占有权，但是陆续开始有观点认为出于全面保护公私财产权以及和国际接轨的考虑，也应当包括财产占有权，如果这样，上述"两头骗"案件就涉嫌同时构成合同诈骗罪和盗窃罪，至于最终是数罪并罚，还是从一重罪处罚只定一罪，甚或基于事后不可罚理论只定合同诈骗罪在此不再展开。

4. 有关司法解释的态度和应对

根据最高人民法院于 2006 年制定的《关于审理未成年人刑事案件具体应用法律若干问题的解释》，已满 16 周岁不满 18 周岁的未成年人出于以大欺小、以强凌弱或寻求刺激，随意殴打其他未成年人、多次对其他未成年人强拿硬要或任意毁损公私财物，扰乱学校及其他公共场所秩序，达到情节严重的，以寻衅滋事罪追究刑事责任。本书对该内容持质疑态度，比如未成年人明明触犯了抢劫罪，同时也符合寻衅滋事罪犯罪构成，这个时候即便不根据"补充性辅助地位说"直接定普通罪名抢劫罪，根据想象竞合犯的法理也不可能定寻衅滋事罪，因为寻衅滋事罪基本法定刑是 5 年以下，而抢劫罪是 3 年至 10 年有期徒刑，显然抢劫罪处罚更重。根据本书不一定正确地揣测，这是否为了体现对未成年人的区别对待，"法外开恩"允许对未成年人适用轻罪名。即便得到肯定的回答，本书认为也不是非得弃罪刑法定原则而不顾方能实现对未成年人的区别对待，由于《刑法》第 17 条明文规定已满 14 周岁当时不满 18 周岁的人犯罪，应从轻或减轻处罚。故而，即使未成年人同时触犯寻衅滋事罪和抢劫罪，完全可以在认定为抢劫罪的基础上判处比成年人较为轻缓的刑罚。

（四）"起哄闹事"型寻衅滋事罪

"起哄闹事"型寻衅滋事罪的本质特征在于制造事端，要么吸引群众围观，要么造成群众恐慌疏散，从而严重影响公共场所秩序。[①]"公共场所"是指人群比较集中，服务公众，供公众使用，不特定多数人可以自由进出的场所，比如火车站、码头、公园、医院等。根据我国《公共场所管理条例》第 2 条，公共场所可以分为七类，人们在不同的公共场所可以进行不同的活动，

① 陈兴良、周光权、车浩主编：《刑法各论精释》（下），人民法院出版社 2015 年版，第 996 页。

比如学习、工作、娱乐、运动、交流、住宿、餐饮等。最高人民法院、最高人民检察院于2013年制定的《关于办理寻衅滋事刑事案件适用法律若干问题的解释》采以列举加堵漏条款的形式对“公共场所”进行了规定。有论者认为实际上是否是公共场所判断标准就一个地点要素，但是，该观点是有问题的，因为起哄闹事如果缺少了人群那也就不可能构成寻衅滋事罪。公共场所主要考虑地点要素和人员要素，地点要素要求必须是公众聚集活动的场所，人员要素要求必须要有人员集中，比如夜晚无人的公园就不能够认定为公共场所。

“起哄闹事”型寻衅滋事罪同样必须出于寻衅动机，对于因为职称、待遇、诉讼纠纷等个人问题的起哄闹事的，应当排除寻衅滋事罪的适用。比如张某因为劳务纠纷和工资问题，在2008年某一天，在中南海向自己身上浇汽油自焚，引发游客围观，被警察制止，这种情况下不适宜定寻衅滋事罪。① 如果行为人并非真的想自杀或者自残，只是找借口制造事端扩大影响，这个时候就有可能构成“起哄闹事”型寻衅滋事罪。

“起哄闹事”是一种挑衅行为，可能是言语方式，也可能是行动方式，比如在医院急诊室闹事，造成其他病人无法就医，医院工作无法正常开展，造成医院秩序严重混乱，属于“起哄闹事”。遗憾的是寻衅滋事罪相关司法解释既没有对“起哄闹事”作出定义式规定，也没有作出列举式规定。至于“秩序严重混乱”，《关于办理寻衅滋事刑事案件适用法律若干问题的解释》第5条仅仅规定应根据公共场所的性质、公共活动的重要程度、公共场所的人数、起哄闹事的时间以及公共场所受影响的范围与程度等因素进行综合判断，尽管提供了一些指标，但是总体操作性并不强，无法量化和具体、客观地把握，只是一个粗线条的标准而已。

实际上，江苏省高级人民法院、江苏省人民检察院以及江苏省公安厅于2000年联合发布的《关于办理聚众斗殴等几类犯罪案件适用法律若干问题的讨论纪要》规定有下列情形之一的，属于在公共场所起哄闹事，造成公共场所秩序严重混乱：(1)在公共场所横冲直撞，制造事端或者故意制造危险信号从而引起人群惊恐、逃离等或严重影响生产、经营活动的；(2)故意制造障碍造成交通严重堵塞的；(3)多人结伙窜入街、巷或者居民住宅区，高速驾

---

① 黎宏：《刑法学》，法律出版社2012年版，第800页。

驶机动车相互追逐,或者以其他方法故意制造噪声扰民,导致人心不安、引起公愤的;(4)由于起哄闹事,导致他人伤亡或者公私财物遭到重大损失的;(5)其他造成公共场所秩序严重混乱的情形。对于该地方指导性意见文件不妨实行"拿来主义",用来参考和借鉴。

比如甲、乙在图书馆争座位,相互辱骂并殴打,尽管造成图书馆局部性影响,然而因为甲和乙两人主观方面无寻衅动机,并没有追求扰乱公共场所秩序,客观方面也未导致公共场所秩序严重混乱,所以该二人个人之间的纠纷不适宜升级处理进而评价为起哄闹事,以及不合适认定为"起哄闹事"型寻衅滋事罪。但是,如果甲、乙为了寻求刺激,在图书馆内故意闹事,从而达到扰乱图书馆秩序使他人无法正常使用图书馆的目的,这种情况就另当别论了,显然属于"起哄闹事",涉嫌寻衅滋事罪。

另外,需要注意的是,起哄闹事的行为应当具有煽动性、蔓延性和扩散性,"起哄闹事"型寻衅滋事罪,虽然常常是多数人一起实施,但是不以多数人实施寻衅滋事行为作为前提,不属于必要的共同犯罪,亦即一人也可能"起哄闹事",也有可能构成"起哄闹事"型寻衅滋事罪。

二、寻衅滋事罪的立案标准和定罪标准

根据我国《刑事诉讼法》第107条的规定,发现犯罪事实或者犯罪嫌疑人时应立案,根据第110条的规定,有犯罪事实需要追究刑事责任时应立案。该两条某种意义上界定了立案标准,立案标准是侦查机关开始追究刑事案件时所需掌握的衡量刑事案件能否成立的尺度和规格。[①] 但是,具体到个案,何种情况下需立案,该标准缺少具体明确规定,故而该规定可被称为指导性标准,欠缺可操作性。[②] 譬如《刑法》第266条规定诈骗罪需要达到数额较大才构成犯罪,但是金额达到多少才算"数额巨大",刑法条文里面找不到依据。寻衅滋事罪同样存在类似的问题,什么情况下才属于"情节恶劣"、"情

---

① 陈冬:《改革我国刑事案件立案标准的探讨》,载《中国刑事法杂志》2011年第8期。

② 这样的立案标准应该说门槛是比较高的,表面上看,立案程序不容易启动,有助于保障人权,实际上这样反而容易侵蚀人权,因为一旦立案,在起诉率作为考核指标的驱动下,侦查机关会想方设法诉出去,其中不乏冤假错案;侦查机关也不会轻易立案,随之而来的是先破后立、不破不立、该立不立降格处理等不正常现象;同时立案程序容易导致虚置化,应该输入的没有输入,不应当过滤的过滤掉了,立案程序功能扭曲化、非正常化。

节严重"或者"严重混乱",从刑法条文看也并不明确。公安机关往往依职权单独或者联合发布立案标准相关规定,也就是所谓的具体标准。[①] 指导性标准是纲领,具有抽象性,是具体标准的前提,具体标准是指导性标准的明确化、具体化,具有现实的可操作性。

对于寻衅滋事罪"情节恶劣""情节严重"的标准,部分省市曾经制定出自己的标准,如江苏省高级人民法院、江苏省人民检察院以及江苏省公安厅于2000年联合下发的《关于办理聚众斗殴等几类犯罪案件适用法律若干问题的讨论纪要》,再如浙江省高级人民法院、浙江省人民检察院以及浙江省公安厅于2001年联合出台的《关于办理寻衅滋事案件适用法律若干问题的意见》,上述指导性文件是否具备法律效力颇受质疑,然而不可否认的是曾经一度起到了至关重要的参考和指导作用。最高人民检察院和公安部于2008年联合出台的《关于公安机关管辖的刑事案件立案追诉标准的规定(一)》第37条规定寻衅滋事破坏社会秩序,涉嫌下列情形之一时,应当立案追诉:(1)随意殴打他人导致他人身体伤害、持械随意殴打他人或具有其他恶劣情节的;(2)追逐、拦截或辱骂他人,严重影响他人正常工作生产生活,或造成他人精神失常、自杀,或者具有其他恶劣情节的;(3)强拿硬要或任意损毁、占用公私财物价值在2000元以上,强拿硬要或任意损毁、占用公私财物3次以上或具有其他严重情节的;(4)在公共场所起哄闹事,造成公共场所秩序严重混乱的。立案标准尽管和定罪标准有所区别,但是基于达到立案标准的一般就应当予以定罪,所以可以认为寻衅滋事罪的立案标准就是寻衅滋事罪的定罪标准。2011年《刑法修正案(八)条文说明、立法理由以及相关规定》亦对"情节严重"、"情节恶劣"以及"造成公共场所秩序严重混乱"判断标准予以了说明。[②] 2013年,两个有关寻衅滋事罪司法解释出台,尽管颇受批评和诟病,但是毕竟提供了较为详尽的寻衅滋事罪入罪标准,参照新法优于旧法的原则,[③]暂且予以一定的肯定、尊重和采纳。

---

① 尹军:《公安刑事标准论》,载《公安研究》2009年第8期。

② 全国人大常委会法制工作委员会刑法室:《中华人民共和国刑法修正案(八)条文说明、立法理由及相关规定》,北京大学出版社2011年版,第106页。

③ 比如根据《关于公安机关管辖的刑事案件立案追诉标准的规定(一)》,强拿硬要数额标准是2000元,2013年《关于办理寻衅滋事刑事案件适用法律若干问题的解释》规定为1000元,那么,立案标准和定罪标准都应当调整为1000元。

三、几种情节并不严重的不同寻衅滋事行为方式叠加问题处理

将“情节恶劣”或者“情节严重”作为入罪标准的罪名大约有80个，在分则条文未将“情节恶劣”或“情节严重”作为犯罪构成要件时，则表明一般情节的社会危害性就已达到了值得刑事处罚程度。寻衅滋事罪几种类型的行为方式需要达到情节严重或者情节恶劣才构罪，那么，几种情节并不严重的不同寻衅滋事行为方式叠加是否构成寻衅滋事罪？学界有两种观点，一种观点是“综合评价说”（“肯定说”），另一种观点是“单独评价说”（“否定说”）。[①]“综合评价说”认为几种行为每一种虽然本身并不严重或者恶劣，但是“复合型”寻衅滋事行为综合在一起从整体来看就达到情节严重或者情节恶劣，性质就发生了变化，能够评价为情节严重或者情节恶劣，可以评价为寻衅滋事罪，并且举例说随意殴打他人造成一人轻微伤，另外又强拿硬要990元，很显然比强拿硬要1000元要严重和恶劣，所以应当评价为寻衅滋事达到情节严重。但是“单独评价说”认为，应当恪守罪刑法定原则，寻衅滋事罪条款的四种类型，都有“……的”表达，都是罪状的表述完结，[②]都是完整的犯罪构成，应当分别评价，只有在合用诸如“情节严重”、“情节恶劣”或者“情节较重”项前规定的情况下，才能够综合评价。本书赞同寻衅滋事罪“单独评价说”的观点，因为几种情节并不严重的不同寻衅滋事行为方式叠加不符合完整评价的条件，完整评价的前提是各种行为方式融合在一个犯罪构成里，即便是疏漏或者缺陷，也是罪刑法定和人权保障必须付出的代价，一旦综合评价，明确性原则指导下的四种类型行为将变得模糊，“口袋罪”的不良后果将如影随形，是以破坏罪刑法定原则去追求所谓的个案公正。[③]本书认为“单独评价”是对法治的坚守，有时也确实需要为法治作出牺牲。

故而，甲和乙在不同的农贸市场分别强拿硬要，甲强拿硬要990元，同时将一拒绝交钱的摊贩打成轻微伤，乙强拿硬要1000元，对于乙有可能会作入罪处理（能否评价为《刑法》第37条情节轻微在此不作评论），但是对甲却不适宜定罪量刑（当然，治安处罚肯定是必要的）。另外还有一个典型案例是

---

① 霍中华、王健、刘贵：《浅谈寻衅滋事罪的立法缺陷》，载《检察实践》2000年第4期。

② 张明楷：《刑法分则的解释原理》（第2版），中国人民大学出版社2011年版，第170页。

③ 张影：《寻衅滋事罪的几个问题探究》，载《杭州商学院学报》2002年第5期。

张某与朋友在某饭店酒过三巡之后，将酒瓶砸碎，且在饭店内起哄闹事，但并未导致公共场所秩序严重混乱。离开饭店后，张某到一水果店拿了几个桔子拒绝付钱，并威胁收银员。离开水果店，看到迎面走过来一个穿着较为艳丽的女子，张某觉得不舒服看得不顺眼，抽了一记女子耳光，没有造成轻微伤以上后果。对于张某的行为，根据本书“单独评价说”的观点不成立寻衅滋事罪。

进言之，实施刑法列举的数个行为，如果数个行为能够分别构成完整罪状，那就不能进行整体评价，寻衅滋事罪就是适例。另外，挪用公款罪和挪用资金罪等罪名也是此种类型。；例如，我国《刑法》第384条规定了挪用公款罪，“挪用公款归个人使用，进行非法活动的”、“挪用公款数额较大、进行营利活动的”以及“挪用公款数额较大、超过三个月未还的”三种情况都属于完整的犯罪构成，按照最高人民法院和最高人民检察院于2016年发布的《关于办理贪污贿赂刑事案件适用法律若干问题的解释》，上述三种情况的入罪门槛分别是3万元、5万元和5万元。如果甲挪用公款2万元，进行嫖娼，1个月归还，挪用公款2万元，租房经营饭馆，1个月归还，挪用公款2万元，用于个人消费，4个月归还，按照本书的观点，甲的行为不能整体评价，不能认为是犯罪。

但是，实施刑法列举的数个行为，如果数个行为不能分别构成完整罪状，需要依靠“项前规定”才能成为完整罪状，那就可以进行整体评价，强迫交易罪、非法经营罪、信用卡诈骗罪以及票据诈骗罪等罪名均为适例。《刑法》第196条规定有下列情形之一，进行信用卡诈骗活动数额较大的，处5年以下有期徒刑或拘役，并处2万元以上20万元以下罚金，数额巨大或有其他严重情节的，处5年以上10年以下有期徒刑，并处5万元以上50万元以下罚金，数额特别巨大或有其他特别严重情节的，处10年以上有期徒刑或者无期徒刑，并处5万元以上50万元以下罚金或者没收财产：(1)使用伪造的信用卡，或使用以虚假身份证明骗领的信用卡的；(2)使用作废的信用卡的；(3)冒用他人信用卡的；(4)恶意透支的。最高人民法院和最高人民检察院于2010年联合发布的《关于办理妨害信用卡管理刑事案件具体应用法律若干问题的解释》第5条规定使用伪造的信用卡、以虚假身份证明骗领的信用卡、作废的信用卡或冒用他人信用卡，从事信用卡诈骗活动，数额在5000元以上不满5万元的，应认定为《刑法》第196条规定的“数额较大”，举例而言，陈某使用伪造的信用卡诈骗2000元，使用作废的信用卡诈骗2000元，冒用他人信用卡诈骗2000元，这个时候我们就可以名正言顺地进行整体评价，应当认为其达到5000元数额较大的入罪标准，进而认定陈某构成信用卡诈骗罪。

诚然，重行为被评价为轻行为，而复合行为被评价为单一行为常常是必要也是允许的，在寻衅滋事数种行为并存的场合，同样能够得到运用。① 比如丁某随意殴打他人一次，情节不恶劣，使用轻微暴力追逐拦截一次，情节不严重，使用轻微暴力强拿硬要一次，情节不严重，丁某的第二次和第三次行为可以评价为两次单一的随意殴打行为，这样随意殴打他人达到三次，自然可以成立寻衅滋事罪。在挪用公款罪和挪用在资金罪中同样存在类似的情形。如果甲挪用公款2万元，进行嫖娼，4个月归还，挪用公款2万元，租房经营饭馆，4个月归还，挪用公款2万元，用于个人消费，4个月归还，甲的三个行为可以全部就低认定为属于“挪用公款数额较大、超过3个月未还的”之情形，犯罪金额为6万元，从而予以定罪处罚。

另外，在《治安管理处罚法》中对于寻衅滋事违法行为采用的是不同于《刑法》条文中寻衅滋事罪的立法模式，这种模式是允许综合评价的，这也可以成为本书上述观点的佐证。《治安管理处罚法》第26条规定有下列行为之一的，处以5日以上10日以下拘留，可并处500元以下罚款，情节较重时，处10日以上15日以下拘留，可并处1000元以下罚款：(1)结伙斗殴的；(2)追逐或拦截他人的；(3)强拿硬要或任意损毁、占用公私财物的；(4)其他寻衅滋事行为。若该四种类型行为分别评价均不符合“情节较重”，应当允许综合评价叠加在一起，如果达到“情节严重”，就可以适用《治安管理处罚法》进行处罚。

四、寻衅滋事罪情节加重犯

2011年《刑法修正案(八)》在寻衅滋事罪的条文中增加设置了“纠集他人多次实施前款行为，严重破坏社会秩序的，处五年以上十年以下有期徒刑，可以并处罚金”的内容作为第2款，出发点和初衷无可非议，表明了国家

① 张明楷：《寻衅滋事罪探究》(上篇)，载《政治与法律》2008年第1期。

坚决和严厉打击共同犯罪黑恶势力首要分子或者主犯的决心和态度，但在理解和适用上同样存在理解难和适用难的问题，[1]稍有不慎同样会导致寻衅滋事罪"口袋化"的扩张。下文主要围绕该条的司法运用作一个探讨。

第一，"多次"有没有频率要求和限制？"纠集"和"聚众"是什么关系？"他人"怎么理解？有论者认为，在时间跨度上，只要在追诉时效以内，寻衅滋事行为均可计入"多次"进行认定。[2] 本书认为，最高人民法院和最高人民检察院于2013年制定的《关于办理盗窃刑事案件适用法律若干问题的解释》第3条规定2年之内盗窃3次以上时应认定为多次"盗窃"，这对我们也是有参考意义的，"多次纠集他人实施前款行为"中的"多次"在次数和频率上也应当有所限制，也应当限定在"两年以内三次以上"。"纠集"意指共同犯罪首要分子或主犯有目的地将他人予以联合和召集，是一个充满感情色彩的词语，在刑法中"纠集"二字绝无仅有。"纠集"包含有"教唆"的意思和成分，但是"教唆"仅仅是指唆使他人去实施犯罪行为，这里的"纠集"实际同时包含了唆使他人从事寻衅滋事犯罪和教唆者自己一起实施寻衅滋事犯罪行为两项内容。关于多次纠集他人实施"前款"行为，既可以是松散团伙作案，也可以是帮派作案，既可以是纠集并事先通谋共同实施寻衅滋事犯罪，也可以是临时教唆他人一起实施寻衅滋事犯罪。相对而言，刑法中多处出现"聚众"，只是对一种客观行为方式的描述，贬义的色彩并没有"纠集"那么浓厚甚至淋漓尽致。对于"他人"，不需要有年龄限制和刑事责任能力限制，因为只要人数足够多，就足以给公众施加足够的心理压力。"他人"能否是一人，本书认为应当是否定的回答，因为纠集有联合和聚合的意思，"联合""聚合"不可能指只有一人的情形，所以"纠集他人"中的"他人"也不可能只有一人，而应该是多人，有时会达到几十人甚至几百人。

第二，"前款行为"是否必须是已经构成寻衅滋事罪的行为？本书的理解是肯定的。如果行为人纠集他人多次实施寻衅滋事行为，尽管行为密集，但是每次都没有达到"情节恶劣"或者"情节严重"，社会危害性都不大，因为

---

① 陈国庆、韩耀元、侯庆奇：《〈关于办理寻衅滋事刑事案件适用法律若干问题的解释〉理解与适用》，载《人民检察》2013年第20期。

② 周加海、喻海松：《〈关于办理寻衅滋事刑事案件适用法律若干问题的解释〉的理解与适用》，载《人民司法》2013年第23期。

多次实施,那么就可以评价为“情节恶劣”或者“情节严重”,进而认定为社会危害性较大,此时在司法实务中应严格把握以及慎重适用,只能认定为属于符合寻衅滋事罪基本犯罪条款的情形,不能认为是情节加重犯,不能适用法定刑升格条款,否则就违反了重复评价的原则和基本法理。

第三,“严重破坏社会秩序”中的“社会秩序”如何理解?有论者认为和“公共场所秩序”含义相同。[①] 本书不敢苟同,因为社会秩序包含了公共场所秩序和非公共场所秩序。实际上,社会生活秩序、政治秩序和经济秩序统称为社会管理秩序。[②] 这里的社会秩序和公共秩序应该属于同一个意思,当然主要还是从狭义的层面上进行理解,而狭义的社会秩序是指社会生活秩序。

第四,纠集者和被纠集者一般成立共同犯罪,但是被纠集者被蒙骗在不知情的情况下参加不成立共同犯罪,纠集者属于“间接正犯”。如果是未成年人在知情的情况下被“纠集”参加犯罪,本书认为同样成立共同犯罪,这可以运用三阶层理论中多层次意义的犯罪予以解释和解决,也就是说,未成年人构成犯罪构成该当性和违法性的犯罪,但是不构成有责性的犯罪。[③] 这里的“纠集”者,应当只指首要分子和主犯,不包括积极参加者或者其他人员。同时需要注意的是,加重处罚只适用于“纠集者”,[④]被纠集者尽管多次参与寻衅滋事犯罪,但是仍然只能使用基本条款中的基本法定刑。

第五,按照最高人民法院和最高人民检察院 2013 年公布的《关于办理寻衅滋事刑事案件适用法律若干问题的解释》第 6 条,每次寻衅滋事犯罪必须未经处理,包括行政处罚和刑事处理。刑事处理不包括在内是正当的,但是仅仅经过行政处罚的也不计入次数,这本身是有问题的,行政处罚是不等同也不能代替刑事处罚的,这样规定可能会减少适用情节加重犯的条款,也可以理解为是在限缩寻衅滋事罪,暂且认为其属于“特事特办”和例外规定。

第六,多次寻衅滋事犯罪是否需要同种类型?笔者持肯定的态度。因为

---

① 《论寻衅滋事罪的认定》,载百度文库,http://wenku.baidu.com/view/3a05bf100508763230121295.html。

② 陈兴良、周光权、车浩主编:《刑法各论精释》(下),人民法院出版社 2015 年版,第 984 页。

③ 付立庆:《犯罪概念的分层含义与阶层犯罪论体系的再宣扬》,载《法学评论》2015 年第 2 期;陈小炜、梅志军、徐晋:《论犯罪论体系的颠覆——从“四要件”转向“三阶层”》,载《北华大学学报(社会科学版)》2017 年第 3 期。

④ 当然,如前所述,仅仅是纠集者还不够,还需要“多次”纠集,方能适用法定刑升格条款。

多次同种行为也就意味着再犯和明知故犯，主观恶性往往要比实施不同种类的寻衅滋事更大，应当尽可能给予纠集不同种类寻衅滋事犯罪行为人宽恕的机会，尽可能减轻处罚。当然，如果纠集实施"随意殴打"型寻衅滋事犯罪两次加上"起哄闹事型"型寻衅滋事犯罪一次，肯定比三次纠集实施"随意殴打"型寻衅滋事罪或者三次纠集实施"起哄闹事"型寻衅滋事罪中一种客观危害要大，但是本着谦抑克制的原则和崇尚法治的精神，笔者认为还是不要适用法定刑升格为妥。

五、认定寻衅滋事罪的其他问题

寻衅滋事罪的口袋罪属性使其认定和适用显得比较疑难复杂，可谓一项"系统工程"。除了上述问题以外，对于寻衅滋事罪的犯罪原因、主观动机、行为人责任能力、和《治安管理处罚法》的关系、犯罪形态以及相关网络犯罪等诸多问题同样值得研究和追问，以期减少司法实务中的纷争和分歧。

（一）寻衅滋事罪并不局限于"无事生非"

笔者认为，寻衅滋事罪在主观上不限于"无事生非"，做出这样的判断是基于这么几个理由：一是任何寻衅滋事犯罪人都可以辩称自己是有原因的；二是根据"寻衅"的词义可以做出判断；三是司法解释在事实上对该观点予以了支持。寻衅滋事罪在犯罪起因上，应当包括"无事生非型"与"借故生非型"（亦称为"小题大做型"），"无事生非"就是无厘头地惹是生非、打人毁物或者寻衅闹事，"借故生非"就是被害人此前举动不会引发普通人强烈反应，但是行为人出于寻欢作乐或者耍威风而实施有关行为。最高人民法院和最高人民检察院于2013年联合发布的《关于办理寻衅滋事刑事案件适用法律若干问题的解释》中就有体现，规定行为人因为日常生活中偶发的矛盾纠纷，借故生非，实施《刑法》第293条行为之一的，则应认定为寻衅滋事罪。

2013年最高人民法院、最高人民检察院《关于办理寻衅滋事刑事案件适用法律若干问题的解释》规定，矛盾是由被害人故意引发或被害人对于矛盾激化负主要责任的除外（此为刑法理论上的"被害人过错"），有学者将该条称为"除外责任条款"。[①] 在"被害人过错"情况下适用"除外责任条款"，某

---

① 孟庆华、夏娜：《寻衅滋事罪司法解释若干条款的理解适用探析》，载《江西科技师范大学学报》2014年第1期。

种意义上体现了司法解释的宽容、谦抑以及对寻衅滋事罪的限制适用,从而使得行为人得以“免罪”。如果是一些特定的社会关系或者矛盾纠纷引发殴打、追逐、拦截、辱骂等行为,那么可以认为特定的社会关系或者矛盾纠纷与殴打、追逐、拦截、辱骂等行为具有直接的因果关系,所以不属于无事生非或者借故生非,这在2013年最高人民法院、最高人民检察院《关于办理寻衅滋事刑事案件适用法律若干问题的解释》中也予以了说明。但是这是相对的不是绝对的,该司法解释同样注意到了这个问题,规定行为人由于婚恋、家庭、邻里或者债务等纠纷,实施殴打、辱骂、恐吓他人或者损毁、占用他人财物等有关行为时,通常不认为是“寻衅滋事”,经过处理以后仍然明知故犯的,应当认为属于借故生非、借故滋事,同样定寻衅滋事罪。该规定和“除外责任条款”恰好是反向的,“除外责任条款”确定无罪,而该条确定有罪,两个条款相辅相成、相得益彰。

(二)醉酒寻衅滋事者应当认定为具有刑事责任能力

寻衅滋事犯罪常常表现为酒后滋事行为,有行为人辩解说自己是酒后行为,自己丧失了清醒,属于一种类似生病的状态,应当得到理解和宽宥。这种理由站不住脚,经不起分析或者推敲,由于醉酒分可以分为生理性醉酒与病理性醉酒,病理性醉酒无须承担刑事责任,生理性醉酒系原因自由行为,则需承担刑事责任。“原因自由行为”为大陆法系的一个重要刑法学概念,又被称为“原因中的自由行为”,意指行为时尽管无刑事责任能力,然而陷入无刑事责任能力的原因行为则是自由的,系在完全刑事责任能力的支配下所进行和完成。原因自由行为是否应当受到刑事制裁,理论上有争议,主要是由于与传统责任原则有矛盾,不符合行为与责任须同时存在之一般理解。我国《刑法》第18条规定醉酒的人犯罪应承担刑事责任,此处的醉酒单单是指生理性醉酒,由于醉酒,辨认和控制能力都大大减弱甚至完全丧失,导致“心神耗弱”或者心神丧失,从而陷入无刑事责任能力或限制刑事责任能力状态,但是寻衅滋事犯罪前的醉酒行为可以认为系故意使自己陷入限制刑事责任能力或者无刑事责任能力状态,从而成为故意使自己陷入限制刑事责任能力或者无刑事责任能力状态的准备或者预备行为,与醉酒后限制刑事责任能力或无刑事责任能力状态下实行寻衅滋事犯罪构成一个连续的整体,可以视为行为人行为时具有完全刑事责任能力。基于上述分析,醉酒状态下的严重寻衅滋事行为自然难辞其咎,行为人应当承担刑事责任,具有理论和法律依据。

（三）与《治安管理处罚法》中“情节较重”的关系

从“罚”的角度出发,以“罚”为标准,我国实行行政处罚和刑罚“二元”结构制裁违法犯罪模式,寻衅滋事必须违反刑法才会定罪量刑,而定罪量刑的量刑门槛是“情节恶劣”、“情节严重”或“严重混乱。”[①]《治安管理处罚法》第26条规定处以10日以上15日以下的拘留,可并处1000元以下罚款的条件是“情节较重”,[②]那么“情节较重”与“情节严重”以及“情节恶劣”是什么关系？这是解决寻衅滋事是否构成犯罪的一个核心问题。不可否认,包括寻衅滋事罪在内的刑法所有罪名行为类型,均可在其他法律中找到较轻、轻微或显著轻微的相关内容,在其他性质的法律中视为一般违法,犯罪和一般违法行为类型相同但是行为程度并不一样。社会危害性和法益损害程度的“量”积少成多,达到一定程度寻衅滋事违法行为将达到入罪标准。

最高人民法院和最高人民检察院于2013年发布的《关于办理寻衅滋事刑事案件适用法律若干问题的解释》对寻衅滋事罪“情节恶劣”和“情节严重”分别作了列举式规定,方便了司法操作,具有一定的合理性,但是毕竟寻衅滋事罪是一个“口袋罪”,其表现形式是多元化的,仅仅依靠列举肯定无法穷尽一切形式。浙江、江苏等地也出台了一些有关寻衅滋事罪的指导性文件,给司法实践也提供了重要参考,只是要结合本省经济社会发展水平和客观实际情况,其他省份自然可以借鉴。所以,归根结底寻衅滋事罪的司法运用和其他罪名相比对司法人员而言是更大的挑战,也是智慧的较量和考验。司法工作人员应当综合考量行为的次数、频率、场合、后果、工具、对象、手段等多个方面的因素,评估和判断寻衅滋事是否“情节恶劣”、“情节严重”或“引起公共场所秩序严重混乱”甚或仅为一般违法行为。

---

① 有论者认为,情节犯自身时常缺乏体现法益受到侵害程度的明确性和定型化标志如实害犯的实害结果或者危险犯的具体危险,从而导致犯罪属性和内容高度不确定,可以通过“无具体法益危险”和“履行规范注意义务”的出罪机制限制情节犯的适用。该见解有一定的合理性,某种程度上,能够指导寻衅滋事罪情节犯的认定进而限制寻衅滋事罪的适用。参见李川:《寻衅滋事罪情节犯的属性认定与限缩适用探究——以拟制抽象危险犯为视角切入》,载《法学》2015年第12期。

② 我国《治安管理处罚法》第26条规定:“有下列行为之一的,处五日以上十日以下拘留,可以并处五百元以下罚款;情节较重的,处十日以上十五日以下拘留,可以并处一千元以下罚款:结伙斗殴的;追逐、拦截他人的;强拿硬要或者任意毁损、占用公私财物的;其他寻衅滋事行为。”

（四）寻衅滋事罪必须存在寻衅动机

关于犯罪动机，多数观点认为只存在于直接故意犯罪之中，少数观点认为存在于直接故意和间接故意犯罪中，还有观点认为犯罪动机不只存在于故意犯罪之中，而且还存在于过失犯罪之中。[①] 本书作者认为犯罪动机存在于直接故意以及间接故意中，直接故意因为积极追求，所以目标明确，犯罪动机存在自不待言，对于间接故意，属于放任结果的发生，并不能排除间接故意行为指向的目标，所以犯罪动机也存在于间接故意中。如前所述，本书主张寻衅滋事罪属于直接故意犯罪，不涉及我们这里讨论的犯罪动机是否存在于间接故意犯罪的问题。在寻衅滋事罪的认定过程中需要考察行为人有无寻衅动机，寻衅动机的含义为寻找刺激、逞强耍狠、发泄情绪或者欺行霸市等，可分为事出无因以及事出有因，不管是无因还是有因，都能够认定其为具有寻衅动机，关键问题是所谓的原因能否被一般社会民众接受。[②] 如果行为人并无寻衅动机，那就应当排除寻衅滋事罪的适用。至于寻衅滋事罪必须具有寻衅动机的缘由，在后文还将论述。

（五）情节恶劣或者情节严重时仍然有适用但书的空间

根据我国《刑法》第 13 条的规定，情节显著轻微危害不大的不认为是犯罪，该条被学界称为但书，该但书到底是承担着入罪标准功能还是出罪解释功能甚或兼而有之？在司法实践中，相关案例透射出不同的见解。比如深圳某法院曾经以某被告人只盗窃 1600 元，引用“但书”规定，判决无罪，因为深圳地区入罪数额标准是 3000 元，该判决实际上就体现了但书入罪标准功能，也就是说盗窃 1600 元就应当是情节显著轻微危害不大，不符合入罪标准。再如，某被告因为毕业证书丢失，为图方便，通过电线杆小广告找到制售假证人员，重新制作了假的毕业证书，很显然该被告触犯了《刑法》第 280 条规定的伪造国家机关印章罪，但是由于其只制作了一份假毕业证书，同时该假毕业证书所记载信息均为真实，法院以但书判决该被告无罪，从而实现了出罪功能。有论者认为但书同时具有上述两种功能，而且还具有超法规的违法

---

① 陈兴良：《论犯罪的目的和动机及其两者关系》，载《法学杂志》1991 年第 4 期。

② 陈国庆、韩耀元、侯庆奇：《〈关于办理寻衅滋事刑事案件适用法律若干问题的解释〉理解与适用》，载《人民检察》2013 年第 20 期；朱曼姝：《浅析历史沿革下的寻衅滋事罪的发展路径》，载《世纪桥》2016 年第 3 期。

阻却和责任阻却事由。[①] 笔者深以为然,并认为该论者所举的实施安乐死以及上级命令在企业没有交清出让金情况下签发土地证这两个例子都有较强的代表性和说服力,分别有力说明了但书的超法规违法阻却功能和超法规责任阻却功能。

在对但书的功能进行探讨以后,笔者准备对其适用范围予以讨论。首先是重罪能否适用但书的问题,轻罪能够适用固然没有什么争议,本书认为重罪同样能够运用,有关安乐死的案例就是明证。其次是分则明确规定情节严重或者情节恶劣的情况下能否适用但书?有学者将所有有关罪名分为三种情况,分别是绝对不能适用但书(通过情节予以定量限制,如寻衅滋事罪和故意毁坏财物罪)、一般不能适用但书(后果犯、数额犯以及危险犯等,如玩忽职守罪、生产销售伪劣产品罪、放火罪等)和可以适用但书(性质较轻且没有定量限制,如非法搜查罪等)。[②] 有论者显然赞同情节严重或者情节恶劣的情况下不能适用但书的观点,并分析说根据情节程度,由轻到重可以分为情节显著轻微、情节轻微、情节较轻、情节较重、情节严重(或者情节恶劣)以及情节特别严重(或情节特别恶劣)等六种,和情节显著轻微相对的是非情节显著轻微,情节恶劣或者情节严重属于非情节显著轻微,所以不能适用但书。[③] 本书对该观点是不能赞同的,因为总则中的情节是否显著轻微和分则中的情节是否严重或者恶劣不是同一层次,判断的指标和包含的内容并不相同,以寻衅滋事罪为例,后者主要判断后果、方式、次数、地点等内容,前者除了包括上述内容外还包括行为人年龄、精神、出身、一贯表现(前科劣迹)、悔罪态度、是否赔偿和被害人有无谅解等方面。刑法总则条文对分则具有指导和约束作用,运用但书综合评价危害社会行为是否达到犯罪程度,能够很好地实现法安定性、可预测性和灵活能动、公平正义之间的有机统一。[④] 故而,本书的观点是连同寻衅滋事罪在内的所有情节犯仍然有适用《刑法》第13条但书规定的可能和空间,本书该主张并非刻意迎合抑制寻衅滋事罪“口袋”属性的立场,但是客观上能够满足和达到该效果,当然这也是罪刑法定、

---

① 储陈城:《“但书”出罪适用的基础和规范》,载《当代法学》2017年第1期。

② 王尚新:《关于情节显著轻微规定的思考》,载《法学研究》2001年第5期。

③ 方鹏:《出罪事由的体系和理论》,中国人民公安大学出版社2011年版,第291页。

④ 彭文华:《犯罪的价值判断与行为的归罪模式》,载《法学》2016年第8期。

尊重人权和刑法谦抑的需要。

有这么一个案例,某甲中年丧妻痛苦不已,天天借酒消愁,经常酩酊大醉,三次上街随意殴打他人,一人造成轻微伤,两人未受伤,被检察机关以寻衅滋事罪起诉到法院。尽管该案符合2013年寻衅滋事罪专门司法解释中多次随意殴打他人的相关规定,但是应该讲某甲主观恶性和社会危害性并不算大,而且其思念亡妻容易得到他人理解和同情,以情节显著轻微危害不大为由,判决某甲无罪未尝不可,完全可以通过赔偿损失、赔礼道歉、批评教育、治安处罚等方式予以处理,没有必要一棍子将人打死,可以给某甲一个改过自新的机会。同时需要指出的是,实际上,《治安管理处罚法》第43条第3项规定了多次殴打、伤害他人或一次殴打、伤害多人的,处10日以上15日以下拘留,并处500元以上1000元以下罚款,换言之,司法解释与治安管理处罚法同时对多次随意殴打他人作出了相互矛盾的处理办法,所以,基于谦抑性原则,不要轻易动用刑法,在一个人多次随意殴打他人时予以行政处罚也无可厚非,否则就会无端扩大刑事打击范围。

(六)网络寻衅滋事也有构罪的可能性

斗转星移,新的法益不断涌现,刑法应当及时做出应对,科学技术日新月异,刑法对于传统法益也应当及时回应,适时作出更新。对于严重网络寻衅滋事行为,无论是以网络空间作为犯罪对象,还是作为场所,都是需要受到刑罚处罚的行为,因为网络空间并非法外之地。① 最高人民法院和最高人民检察院于2013年发布的《关于办理利用信息网络实施诽谤等刑事案件适用法律若干问题的解释》提供了答案,对于网络寻衅滋事可分为两类,第一类是在网络空间辱骂或者恐吓他人,达到情节恶劣,而且破坏了社会秩序的,即根据《刑法》第293条寻衅滋事罪第1款第2项的规定,以寻衅滋事罪追究刑事责任。而网络空间辱骂或者恐吓的情节严重如何把握,本书作者认为除了参考2013年7月《关于办理寻衅滋事刑事案件适用法律若干问题的解释》规定的多次、导致他人精神失常、针对特殊人群等标准外,亦可以参照适用2013年9月《关于办理利用信息网络实施诽谤等刑事案件适用法律若干问题的解释》第2条所规定的网络诽谤"情节严重"标准,换言之,网络辱骂

---

① 2014年中国网民约六亿人,目前约七亿人,将来几年中国网民数量还将继续较快增长,网络行为不再是单纯的虚拟行为,被越来越多地赋予了社会意义。

或者恐吓后,被浏览或者点击 5000 次或者被转发 500 次,即属于“情节恶劣”,就构成寻衅滋事罪。第二类是编造谣言在网络空间扩散传播,或者明知为谣言仍进行传播,或者组织、指使他人在网络空间散布,起哄闹事,造成公共秩序严重混乱,①则依据《刑法》第 293 条第 4 项的规定,定寻衅滋事罪。比较典型的就是“边民案”,边民原名董如彬,是云南某报刊专栏作家,为了提高自己的知名度,把自己打造成“精神领袖”,言论出格,哗众取宠。例如,边民在其微博上歪曲事实,大肆宣称,湄公河惨案不是贩毒案、刑事案,而是政治阴谋案,大量网民点击、浏览和转载,导致公众对国家机关公信力的质疑,造成极其恶劣的社会影响。2013 年 10 月,边民因涉嫌寻衅滋事等犯罪被逮捕,2014 年 7 月,被昆明市五华区法院以寻衅滋事罪判 1 年有期徒刑(同时由于边民提供网上删帖服务,被以非法经营罪判处有期徒刑 6 年,数罪并罚有期徒刑 6 年 6 个月)。

还有一个典型案例是“甘肃张家川杨某案”,2013 年 9 月 12 日张家川某 KTV 一高姓大堂经理非正常死亡,张家川回族自治县某初中初三少年杨某(1997 年 5 月 10 日出生,后被网友称为“鼠标少年”)分别于当晚和 14 日中午在其 QQ 空间发表“说说”,质疑高姓男子非正常死亡有内幕,被网友转载 900 余次,几天后杨某被公安机关以涉嫌寻衅滋事罪刑事拘留,成为我国第一例由于“说说”转发 500 次以上而被刑拘的人。杨某被刑拘的具体原因是根据调查高姓系高坠致颅脑损伤死亡,然而杨某“造谣”和发布“警察和群众发生争执,殴打死者的家属”“凶手警察早就知道了”“看来得游行了”等虚假信息煽动游行,造成高某系他杀的言论大量被传播,不少社会闲散人员转载或者浏览杨某的 QQ 空间之后听信谣言,纠集数十人于案发现场高呼口号,造成案发现场几百名群众聚集,交通堵塞,现场失控,社会秩序十分混乱,严重扰乱公安机关依法办理案件。② 实际上,该案是有问题的,一度也引起了轩然大波。根据警方的通报,“在该案调查阶段,死者的家属主观臆断和利用他人炮制舆论,散布死者被他人殴打致死和抛尸,以此误导人民群

---

① 传统寻衅滋事一般不会像网络寻衅滋事那样,在 A 地起哄闹事而造成 B 地的公共场所秩序混乱。有论者指出只有在 A 公共场所起哄闹事引起 B 公共场所秩序严重混乱,才有可能成立寻衅滋事罪,本书对该观点不能苟同。参见王心亮:《网络传语定寻峭滋事罪存在的问题及其应对》,内蒙古大学 2016 年硕士学位论文,第 26 页。

② 王瑞锋:《警方:初中生发帖散播谣言被刑拘》,载《新京报》2013 年 9 月 21 日,A11 版。

众,混淆视听,严重干扰妨碍警方办理案件”。[①] 也就是说杨某并非谣言的始作俑者,并没有编造信息传播扩散,只是杨某在 QQ 空间转发和发布这些内容时没有经过查证是否属实而已。[②] 充其量只是一个少年“热血沸腾”偏激和冲动地表达了自己的想法,至于杨某是否故意传播编造信息、虚假信息,这是否定的,而且其行为和严重后果之间因果关系也是存疑的。

还有个问题是 2013 年 9 月发布的《关于办理利用信息网络实施诽谤等刑事案件适用法律若干问题的解释》中“造成公共秩序严重混乱”的“公共秩序”如何理解,是否包括网络空间,有“肯定说”与“否定说”两种观点。本书持保守态度,赞同“否定说”,即认为这里的“公共秩序”不包括网络空间,否则就是类推,也容易使寻衅滋事罪的扩张“梅开二度”,正如报纸、电视也不应当被解释为公共场所那样。公共场所存在广义和狭义两种理解,广义的公共场所包括了网络空间,而狭义的公共场所则不包括网络空间,前述“公共秩序”应当是指现实公共场所,亦即狭义的公共场所。利用网络犯罪主要有两种情形,第一种是直接侵害网络安全和正常运行,譬如《刑法》第 285 条规定的非法侵入计算机信息系统罪,第二种是间接侵犯公民人身或者财产安全,网络寻衅滋事就是属于第二种,因为“网络秩序”是不能成立的,网络空间天然是一副乱哄哄的场景。[③] 就算存在网络秩序,对网络秩序造成严重混乱,比如对计算机信息系统、网络系统造成破坏,造成网民无法开展正常网络活动,并不构成寻衅滋事罪,而应当适用破坏计算机信息系统罪予以规制。

需要展开论述的是,2015 年《刑法修正案(九)》于第 291 条之一增加规定了一款,规定编造虚假的险情、疫情、灾情或警情,在信息网络或其他媒体上传播,或明知是上述虚假信息,而故意在信息网络或其他媒体传播,严重影响社会秩序时,处 3 年以下有期徒刑、拘役或者管制,如果造成严重后果,则判处 3 年以上 7 年以下有期徒刑。该款相对应罪名为编造、故意传播虚假

---

① 《甘肃初中生发帖涉嫌造谣被拘》,载新浪新闻,http://news. sina. com. cn/c/2013 - 09 - 21/111028263385. shtml。

② 胡凡:《寻衅滋事罪适用的扩大化及其限制研究》,安徽大学 2016 年硕士学位论文,第 17 页。

③ 王霖:《寻衅滋事罪司法适用的限定——以最高法相关司法解释为视角》,载《云南警官学院学报》2014 年第 2 期。

信息罪,其和上述第二类网络寻衅滋事相比,在对象上只限于虚假的险情、疫情、灾情或者警情,第二类网络寻衅滋事罪行为方式仅限于“起哄闹事”。在此,基于司法解释有越权解释嫌疑,以及出于平息司法解释是否类推解释等有关争论的考虑,建议编造、故意传播虚假信息罪的相关条文取消虚假的险情、疫情、灾情或者警情之限制,将前述第二类网络寻衅滋事行为一并改由编造、故意传播虚假信息罪进行规制。关于网络谣言,域外也有值得借鉴的经验,比如美国就有诽谤罪以及其他言论有关的罪名,日本有编造谣言罪和编造网络谣言罪等罪名,所以我国也大可不必像最高人民法院和最高人民检察院于 2013 年发布的《关于办理利用信息网络实施诽谤等刑事案件适用法律若干问题的解释》使用寻衅滋事罪作为网络谣言类犯罪的兜底性罪名。另外,当编造、故意散布虚假信息损害他人商品声誉或者商业信誉时,根据法条竞合犯的有关于理论,基于特殊优于一般的原理,适宜认定为《刑法》第 221 条中所规定的损害商业信誉、商品声誉罪。

(七)寻衅滋事罪不可能成立犯罪未遂

三种形态的犯罪不可能成立犯罪未遂,第一种是举动犯,举动犯已着手犯罪就告完成,亦即此时已经成立既遂,未遂被直接一跳而过;第二种是结果加重犯或情节加重犯,加重的结果或加重的情节没有实现即成立基本犯的犯罪既遂,未遂情况也被既遂所吸收,如《刑法》第 400 条中规定的私放在押人员罪(分别规定了一般情况下、情节严重时以及情节特别严重时的法定刑),《刑法》第 293 条寻衅滋事罪第 2 款是情节加重犯,也是比较好的适例,不可能成立未遂停止形态;第三种是情节犯,所谓情节犯就是必须具备一定的情节要件才能构成犯罪的一类罪名,这类罪名以“情节较重”(如《刑法》第 382 条贪污罪和第 385 条受贿罪)、“情节严重”、“情节恶劣”、“情节特别严重”或“情节特别恶劣”等作为入罪条件,这类犯罪的成立必须具有两个方面,即实行行为加上情节要素,如果只有实行行为达不到一定情节那么就是一般违法行为,既然都不构成犯罪,自然而然也不再存在犯罪既遂与未遂的区分。

因为寻衅滋事罪以“情节严重”或者“情节恶劣”等作为入罪要件,所以是情节犯,根据上述分析,寻衅滋事罪不可能存在未遂状态。同理,寻衅滋事既然没有达到“情节严重”或者“情节恶劣”,那么就不可能构成犯罪,只能作为一般违法行为。同理,即便是准备阶段未能着手或者自动有效中断,也就没有成立犯罪预备或者犯罪中止的可能和必要,充其量构成治安违法。另外,需要指出的是,一般情况下违法阻却事由在寻衅滋事罪中也是不存在的,因为要证成寻衅动机是正当的、是非常荒唐的事情,寻衅滋事不可能正当,不具有社会相当性和期待可能性,否则就不是寻衅滋事。

第三节　在与有竞合关系罪名的区分中弱化寻衅滋事罪

长期以来,区别寻衅滋事罪和其他犯罪一直困扰着学界和司法实务界,追根溯源,在于学界提出的区分标准缺乏法律依据,科学性和可操作性阙如,学界归纳出的区分标准中常常使用寻衅滋事罪"一般"的表述,诸如故意伤害罪、抢劫罪等其他犯罪"一般"分别是什么情况,这种标准带来的问题是,特殊情况下,仍然有成立寻衅滋事罪或者其他犯罪的可能和空间。所以本书的建议是立足于刑法规定的犯罪构成同时结合"补充性辅助地位说",对相关犯罪行为进行定性处罚。按照这个方法,一切问题自然迎刃而解。申言之,首先要准确把握其他相关罪名犯罪构成,在某个行为明白无误地不构成其他有关罪名的情况和前提下,具有补充性质和堵漏作用的寻衅滋事罪才能派上用场。

一、"场合决定犯罪性质说"之批判

有观点认为寻衅滋事罪和抢劫罪等罪名重要区别之一是时间的不同,认为寻衅滋事罪一般发生在白天,抢劫罪一般发生在黑夜。其实并不尽然,抢劫罪有可能在光天化日下进行,寻衅滋事罪也有可能在夜间实施。"场合决定犯罪性质说"的区别标准并非放之四海而皆准。

刑法在两种场合下涉及有关场所,一种是将场所作为入罪条件,比如聚众扰乱公共场所秩序罪,还有一种是作为法定刑升格条件,比如入户盗窃、入户抢劫、公共交通工具上抢劫。有观点提出寻衅滋事罪与其他一般罪名重要区别之一在于是否发生在公共场所。① 这种观点也是错误的,因为寻衅滋

① 苏惠渔主编:《刑法学》,中国政法大学出版社1998年版,第707页。

事罪刑法条文和司法解释明白无误地表明只有“起哄闹事”需要具备发生在“公共场所”的空间条件，其他三种情形并没有作出相关要求。在《刑法》分则第6章第1节扰乱公共秩序罪中，聚众扰乱公共场所秩序罪明确规定发生于公共场所，其他诸多罪名并没有作出公共场所的限制，应当理解为地点上并无公共场所的特定要求。另外，寻衅滋事罪事实上保护公共秩序的法益，将寻衅滋事罪地点限定在公共场所的观点和错误理解、认识寻衅滋事罪侵害的法益不无关系，狭隘地将公共秩序等同于公共场所秩序。[①] 举例而言，村头恶霸为了寻求刺激，经常到村民家中耍狠撒野，白拿白要一些物品和钱财，这种强拿硬要的行为尽管没有发生在公共场所，在司法实践中基本毫无例外地被定为寻衅滋事罪。实际上，很多敲诈勒索犯罪也是在公共场所发生和实施的，最终被确定为敲诈勒索罪的情形不胜枚举。

另外，还有学者指出在抢劫罪、敲诈勒索罪等普通罪名一般发生在偏僻人少的场所，寻衅滋事罪多发生在众目睽睽大庭广众之下。[②] 这种区分也是没有意义的，比如银行营业时间抢劫并非发生在人少偏僻的地方。另外，仅仅肯定陌生人之间的抢劫但否定邻里或者熟人间的抢劫并不正确，譬如公安人员可能会穿有真实警号的制服实施抢劫，甚至为了使对方恐惧竟然可能主动暴露自己的真实身份，但这并不会否定非法占有的目的以及排除抢劫罪的适用，而且还会导致酌情从重处罚。

所以，不能将“白天”“公共场所”“人员众多场合”等要素简而化之地作为寻衅滋事罪和其他犯罪的标准或者条件，否则就有可能违反罪刑法定原则和立法原意。简言之，“场合决定犯罪性质说”是一种错误的理论和思想，和刑法规范并不相符甚至背道而驰。

二、暴力及胁迫程度之迥异

关于对“暴力”的理解和界定在我国可以分为三种类型，第一种是“广义说”，对象既可是人，也可是物，可针对被害人本人，也可针对在场第三人，可轻微伤害，也可严重伤害，甚至可以为故意杀人，如非法拘禁罪和抢夺罪中的暴力就是广义的暴力。第二种是“中义说”，对象只可为人，不可为物，常

---

① 陈志刚：《寻衅滋事罪的客观要件》，苏州大学2013年硕士学位论文，第4页。

② 王爱鲜：《论敲诈勒索罪与寻衅滋事罪的界分》，载《江西社会科学》2015年第10期。

常为较轻伤害，如绑架罪中的暴力。第三种是“狭义说”，仅可以是严重暴力，导致被害人不能反抗、不知反抗和不能反抗的暴力，如抢劫罪和强奸罪中的暴力。寻衅滋事罪和其他有竞合关系的罪名显著区别之一就是寻衅滋事罪暴力和胁迫程度的区别，寻衅滋事罪的暴力应该属于“广义说”，暴力程度上限于轻微的程度，客观上不可能产生或者说无法囊括产生重伤或者死亡结果的情况。这种差异我们是可以理解和接受的，我国台湾地区著名刑法学者指出，某些刑法条文虽然前后都是同一个词“强暴”，但是内涵和外延却有可能大相径庭，易言之，某个行为对被害人的强制程度，用于考虑甲罪时暴力程度可能绰绰有余，而考虑乙罪时可能远远不够。① 对于寻衅滋事罪的对象，一般是人，也可以是物，针对人的情况下，往往使用拳打脚踢、打耳光掐脖子、棍棒相加等形式，针对物往往只会发生强拿硬要、任意毁损、占用或起哄闹事的情况，主要方式是损坏物品，可以自己强力破坏，也可以借助工具和器械。

至于对“胁迫”的理解和界定我国学界同样有三种观点，第一种是“广义说”，只要是以一定的后果告知被害人，会使被害人心理上产生恐惧即可，没有程度的限制。第二种是“中义说”，恐惧必须达到一定程度，但是不能完全排除反抗。第三种是“狭义说”，恐惧达致被害人完全不可能反抗程度。寻衅滋事罪之中的“胁迫”适宜采“广义说”，强制性的要求程度并不高，只要能使对方能产生惧怕感即可，而且只存在于“强拿硬要”的行为方式中。刑法中抢劫罪和强奸罪也有“胁迫”的规定，但是这两个罪名中的“胁迫”有较高程度的强制要求，适宜采“狭义说”。对于寻衅滋事罪中的胁迫主要有两种形式，第一种是以暴力进行威胁，意思为“你给等着瞧，小心我揍你”，这要和单纯的暴力行为相区别，毕竟暴力行为尚未实施，只是有实施的可能性而已，还有一种是以被害人的隐私或者坏名声作为要挟，意思是“你不给试试，小心我宣传”。抢劫罪只表现为面对面的形式，寻衅滋事罪中的“胁迫”还有可能通过电话、短信、微信、信函等形式发生。对于寻衅滋事罪中“胁迫”的判断有两种观点，即“主观说”与“客观说”，前者是看被害人到底有没有产生恐惧，后者看一般人会不会恐惧。② 笔者坚持主客观相一致的原则，主张首

---

① 林山田：《刑法特论》，台北，三民书局 1978 年版，第 141 页。

② 彭铁欧：《论寻衅滋事罪中的强拿硬要行为》，湘潭大学 2015 年硕士学位论文，第 15 页。

先从客观出发，评判行为人的言行会不会导致一般人陷入恐惧，然后再结合被害人是否属于特异个体以及行为人是否知情，比如行为人明知被害人胆子特别小仍然实施程度轻微的威胁，这时虽然一般人不会陷入恐惧，但是还是应当认定为胁迫，再如行为人明知被害人胆识过人仍然实施程度较高的威胁，虽然一般人会陷入恐惧，但是这时以不认定为胁迫为妥。

三、其他一般罪名并不排斥寻衅动机

寻衅滋事罪必须具备寻衅动机，并且一般情况下是无事生非，但是这并不代表其他罪名就不能出于寻衅动机，寻衅动机实际上无法有效区分故意伤害罪和其他一般罪名，最典型的例子是寻衅滋事过程中致人重伤或死亡，寻衅滋事罪已无法规制，往往只能转而适用故意伤害罪或者故意杀人罪，这时故意伤害罪或者故意杀人罪是包含了寻衅动机的故意伤害罪或者故意杀人罪。另外根据本书“补充性辅助地位说”的立场，尽管一个犯罪行为同时符合寻衅滋事罪（暗含着具备流氓动机或者寻衅动机的主观内容），也符合其他普通罪名，但还是应当优先适用其他普通罪名，既然允许适用其他普通罪名，那就意味着其他普通罪名并不排斥流氓动机和寻衅动机。

举例而言，甲在某水果市场上以扰乱他人生意作为要挟，强拿硬要多家商户财物4000余元，其行为也同时造成了该市场多个商户停业，社会影响极其恶劣。有论者论证的思路是，虽然甲侵害了他人财产所有权，而且达致敲诈勒索罪数额较大的标准（江苏省敲诈勒索罪立案标准是4000元），但是因为该案发生在水果市场，具有公共性质，多家商户遭受财产损失，消费者也无法消费，所以，相比而言甲对社会秩序造成的危害更为严重，应当定寻衅滋事罪。[①] 本书不敢苟同，该论证其实说服力是比较弱的，根据本书揣测其实际上想运用的大概是想象竞合犯原理，但是本书基于“补充性辅助地位说”的主张和立场，仍然坚持认为应当优先适用普通罪名即敲诈勒索罪。当然，该论述对甲的主观动机并没有进行考量和阐述，也是有问题的，实属疏漏，因为要想定寻衅滋事罪必须具备流氓动机或者寻衅动机，但是，话说回来，如果甲具备流氓动机或者寻衅动机，在符合敲诈勒索罪的构成要件下，

---

① 王爱鲜：《论敲诈勒索罪与寻衅滋事罪的界分》，载《江西社会科学》2015年第10期。

本书仍然主张定敲诈勒索罪。

四、“客观归罪化”之否定

在判断一个行为是否构成犯罪时，如果只看犯罪思想不看客观行为，那就是主观归罪，比如误把白糖当砒霜去杀人却定故意杀人罪未遂；如果只根据行为以及结果而不问主观罪过，那就是客观归罪，比如合同签订过程中存在欺诈，但没有非法占有的目的，却仍然定合同诈骗罪。主观归罪和客观归罪都百害无一益，容易导致司法不公和践踏人权。本书持客观主义的立场，很大程度上源于“民法看关系，刑法看行为”的理念，但是客观主义和客观归罪并不是一回事，客观主义强调客观行为事实是认定犯罪的基础，但这并不代表主观方面不重要甚至可以忽视。联系到寻衅滋事罪，考察客观行为是第一步，是基础，但是这远远不够，寻衅滋事罪的认定过程中还必须考察罪过形式以及动机，否则容易陷入“唯后果论”和客观归罪的深渊。我国本来存在着重定性不重量刑的传统，如果再在定性问题上让存在的问题任意蔓延，我国刑事法治走向何方令人担忧。寻衅滋事客观归罪有一个重要表现，那就是明明可以成立故意伤害罪未遂的一些行为也被一股脑苛以寻衅滋事罪，而对动机、目的、罪过内容和形态在所不论。①

当故意伤害有轻微伤的故意，造成轻微伤的结果时，学界、实务界都存在误解，普遍认为此时不作处理。这是错误的，因为此时可根据自诉案件进行处理，亦即被害人可直接提起自诉。公安机关对于该情况如果可以认定为属于寻衅动机、随意殴打以及情节恶劣，理所当然地应当以寻衅滋事罪立案处理，如果欠缺寻衅滋事罪构成要件，那么可以给以治安处罚处理，治安处罚也不会影响自诉的提出和进行。

当故意伤害有轻伤故意，造成轻伤结果时，构成故意伤害罪，虽然有可能同时还符合寻衅滋事罪的犯罪构成，但是本书原则上主张仍然定故意伤害罪，不轻易染指寻衅滋事罪这个口袋罪。故意伤害有轻伤故意，但是造成轻微伤，如果不认为是故意伤害未遂，则违背了主客观相一致原则，系客观归罪化和唯结果归罪化的重要体现。② 如果情节轻微，可以根据《刑法》第 37

---

① 仇荣焕：《浅析“寻衅滋事罪”与其他犯罪的区别》，载《牡丹江大学学报》2018 年第 2 期。

② 李珺：《“轻微伤”能否构成故意伤害罪》，载《贵州法学》2014 年第 10 期。

条的规定,作免予刑事处罚处理。事实上,根本就找不到按照故意伤害轻伤未遂处理的实际案例,这似乎成了司法惯例,实务中要么就不按照故意伤害罪处理直接认为无罪,要么想方设法往寻衅滋事罪等罪名上靠。[①] 所以,本书提倡故意伤害未遂的大胆适用,这符合刑法规定和法理精神。不被传统错误观念和做法所束缚,唯有如此,才能真正做到罪刑法定以及罪责适应。

另外,故意伤害虽然主观上有重伤故意,但是客观上有可能未造成任何伤害或造成轻微伤、轻伤。在没有发生重伤害结果仅仅发生轻微伤的情况下,应当以故意伤害(重伤)未遂定罪量刑。肖传国雇凶伤害案就是适例,肖传国因为方舟子和方玄昌在网络等媒体质疑其学术成果,雇凶殴打两人,造成方玄昌轻微伤,方舟子本来完全可以定故意伤害罪却转向于定寻衅滋事罪,忽视或者回避了行为人主观上根本没有寻衅动机等实际情况。[②] 故意伤害在主观上不能够判断是轻伤害故意还是重伤害故意时,应遵循有利于被告人原则,就低认定为轻伤害的故意更为妥当。

五、寻衅滋事共同犯罪中过限责任之承担

共同犯罪处理中有两条重要原则,即"一人既遂,整体既遂"和"整体负责原则",但其适用有一定条件的限制,特别是在过限的场合要具体问题具体分析。针对其中的一些特殊问题,本书准备结合一起真实案例进行说明和分析。李某与董某同在某水产批发市场做对虾批发生意,因为进货渠道来源相同,两人产生矛盾。2015 年 9 月 3 日晚李某联系自己外甥赵某,请其找人威胁董某,赵某联系了张某、许某、周某、沈某,9 月 4 日凌晨许某驾车带着张某、周某、沈某来到水产批发市场。赵某先于他们到达,李某给赵某指认了董某及其所在的货车,后赵某给张某等四人进行了指认,张某等四人将董某拽下车后对董某拳打脚踢,董某构成轻微伤,董某合伙做生意的黄某跑过来劝架,张某对黄某头部打了两拳,黄某后脑着地,当场死亡。

---

① 当然,寻衅滋事罪是否当然地需要寻衅滋事行为导致轻微伤以上结果,答案也是否定的。作为情节犯,结果只是内容之一,如果造成精神紊乱、自杀,或者是针对未成年人、孕妇、老人,或者是多次实施寻衅滋事行为等,尽管没有造成轻微伤以上结果,仍然有成立寻衅滋事罪之余地。

② 王志祥、敦宁:《故意伤害罪的停止形态与处罚范围——以肖传国雇凶伤害案为切入点的思考》,载《法治研究》2011 年第 1 期。

(一)在场过限者和未过限者的处理

对于均在案发现场参与寻衅滋事犯罪,实施过限行为和未实施过限行为人员分别应当如何处理?学界有“统一定性说”(“全部转化说”)和“分别定性说”(“部分转化说”)两种观点,且均有实例。我们认为不能一概而论,关键是看未过限者有没有相关故意,是否违反有关义务,如果具有故意哪怕是间接故意,负有阻止义务而没有阻止,应当承担重伤或者死亡后果的责任,如果不可能预见,不存在故意,不具有阻止义务而没有阻止,那就无须承担重伤或者死亡后果的责任,[①]这也是刑法因果关系理论和个人负责原则的重要体现。本案基础法律关系是寻衅滋事罪,[②]原因在于行为人出于发泄情绪和欺行霸市的寻衅动机,主观方面存在寻衅滋事故意,客观方面具有寻衅滋事行为,并且导致一死一重伤,按照最高人民法院、最高人民检察院2013年发布的《关于办理寻衅滋事刑事案件适用法律若干问题的解释》,两个轻微伤即可以构成寻衅滋事罪,一个轻微伤加上一个死亡,按照举轻以明重的法理,那就更加构成寻衅滋事罪了。[③] 周某、沈某和董某主观上没有伤害黄某的故意,客观上没有伤害黄某的行为,所以对于张某伤害黄某的过限行为,张某同时触犯寻衅滋事罪和故意伤害罪,根据2013年最高人民法院、最高人民检察院《关于办理寻衅滋事刑事案件适用法律若干问题的解释》,择一重罪处罚,定故意伤害罪。周某、沈某和许某尽管提供了一定的心理支持,但是主观上仅有寻衅滋事犯意,客观上和黄某死亡结果没有因果关系,所以仅成立寻衅滋事罪。

(二)中途离开者和未离开者的处理

有人中途离开,其他人继续寻衅滋事,致人重伤或者死亡,此时如何处理?对于中途离开者应当科以寻衅滋事罪,剩下的人成立其他犯罪为妥,这

---

① 陈东、付继博:《寻衅滋事转化定罪的现实困境与解决思路》,载张毅主编:《理论研究探索专集》,方志出版社2008年版,第144页。

② 至于为什么不构成聚众斗殴罪,主要是由于聚众斗殴罪在一方3人以上,另外一方只有一人时是否需要具备互殴故意学界有争议,而且一些省份出台的有关意见明确规定需要具备互殴故意,所以本书在此倾向于排除适用聚众斗殴罪。

③ 也许有人会说周某、沈某和董某主观上没有伤害黄某的故意,客观上没有伤害黄某的行为,为什么还要对黄某的死亡承担责任?笔者认为,周某、沈某、许某和张某的行为具有整体性和相互加功的特点,黄某的死亡和周某、沈某和许某尽管不具有直接因果关系,但是仍然具有一定的联系,需要承担一定责任。

是原则，当然也有例外。如果上述案例中，周某或者许某中途离开后，张某致人死亡，那么周某和许某仍然只有构成寻衅滋事罪的可能性。客观情况是赵某为张某等四人指认了董某，张某等四人将董某拽下了车后，赵某即准备驾车离开，这时有人敲击赵某车玻璃门叫认识的就不要吵势（“吵势”系方言，意同“吵架”），赵某回话说“是不认识的”，后驾车扬长而去。赵某作为纠集人，对事态的起因和发展起着控制和推动的作用，赵某没有嘱咐寻衅滋事的限度和范围，也没有阻止和制止寻衅滋事行为的发生和发展，更没有施救行为，所以需要对黄某的死亡承担责任，构成故意伤害罪。

（三）教唆实施寻衅滋事罪者的处理

教唆实施寻衅滋事犯罪行为者，是否应当对过限行为承担责任，是否应当由过限行为者单独对过限行为承担责任，同样应当遵循主客观一致的原则。上述案例中李某作为寻衅滋事的造意者、纠集者、组织者和领导者，对事态的起因和发展起着控制和推动的作用，李某没有嘱咐寻衅滋事的限度和范围，在寻衅滋事过程中包括张某猛击黄某头部过程中没有任何阻止和制止行为，事后也没有施救，可见李某和赵某一样主观上并不排斥，相反却放任伤害行为和伤害结果的发生，成立间接故意，构成故意伤害罪。

六、“罪名转化规则”运用之倡导

转化犯应具有法律条文明确规定，譬如《刑法》第 292 条聚众斗殴罪致人重伤或者死亡的情况直接规定为了故意伤害罪或者故意杀人罪。遗憾的是寻衅滋事罪没有该条规定，“罪名转化规则”就存在了适用空间和必要性，其两翼是主客观一致原则和罪责相适应原则，这其实在一定程度上也是避免使用寻衅滋事罪和防止寻衅滋事罪进一步“口袋化”的重要体现。有观点认为，应当提高寻衅滋事罪的刑罚力度，笔者认为不妥，因为情节特别恶劣或者后果特别严重的寻衅滋事犯罪完全可以使用“罪名转化规则”进行合理、有效规制。

有一适例：张某等三人在农贸市场看到高某在卖水蜜桃，拿了几个，高某要求付费，三人随即殴打高某并向其索要保护费，高某不给并扬言报警，三人恼羞成怒一起对其拳脚相加，导致其重伤。类似案例不胜枚举，如何处理也是诸说林立，主要有三种观点，第一种是成立寻衅滋事罪，第二种是成立故意伤害罪,第三种是上述两罪数罪并罚。我们认为,这个时候适用寻衅滋事罪五年以下有期徒刑的规定明显不具有合理性,定故意伤害罪能够做到罪责刑的有机统一,数罪并罚的话有违“禁止重复评价”和“一行为一评价”的原则。

“罪名转化规则”在寻衅滋事罪上的运用实质上就是倡导直接运用故意杀人罪和故意伤害罪等普通罪名,这和想象竞合犯以及转化犯是有区别的,从寻衅滋事罪的专门司法解释《关于办理寻衅滋事刑事案件适用法律若干问题的解释》不难判断出想象竞合犯的运用,司法解释在中国具有“准立法”的性质,司法实务不得不遵照执行,所以我们也只是一种“倡导”,倡导“罪名转化规则”的运用,毕竟该规则似乎更合理、更有说服力,也更直截了当一些。对于转化犯的问题,学界有较大争论,主要是围绕是否需要法律明文规定以及能否在非罪与罪之间进行转化,我们比较赞同陈兴良教授的观点,即转化犯必须根据法律规定,并且只解决罪数问题,而非罪向罪转化则不属于转化犯范畴。寻衅滋事过程中致人重伤或死亡在现行刑法里面没有像聚众斗殴罪等罪名作出特别规定,显然不能作为转化犯处理。

对于“罪名转换规则”,有论者对其进行了较为系统和深入的论述,但是其落脚点是在寻衅滋事罪的适用上,某种程度上是在为寻衅滋事罪寻找出路和借口,甚至是为其“开脱”。[①] 本书倡导的“罪名转化规则”和其恰好是逆向的,即在构成普通罪名时,优先适用普通罪名,即便是同时符合寻衅滋事罪犯罪构成的场合,原则上也不存在适用寻衅滋事罪的余地和可能。所以,本书主张的“罪名转化规则”不仅适用于寻衅滋事罪致人重伤以及死亡的情况(关于寻衅滋事过程中过失致人重伤或过失致人死亡的情况学界从来没有提及更不用说论及,或者说理所当然地认为构成故意伤害罪或者故意杀人罪,我们认为这是一个疏忽和遗漏。在寻衅滋事过程中过失致人重伤或死亡,本书根据“补充说”和避免“口袋化”的一贯立场,主张依然构成过失致人重伤罪或过失致人死亡罪,这是“罪名转化规则”的应有之义),而且适用于

---

① 聂立泽、胡洋:《寻衅滋事罪与故意伤害罪之关系新探》,载《政治与法律》2011 年第 3 期。该文主张的这般“罪名转换规则”受到了抨击和批评,有论者认为,其观点任意改变案件定性和罪名,有僭越罪刑法定之虞。参见张训:《口袋罪是视域下的寻衅滋事罪》,载《政治与法律》2013 年第 3 期。

处理寻衅滋事罪和一切普通罪名的关系处理。应当说,“罪名转化规则”具有重要的作用和意义,也将成为具体探讨寻衅滋事罪和有交叉或者竞合关系个罪关系处理的总纲和指导。

试图概括寻衅滋事罪和其他罪名界限的标准往往是徒劳的,因为常常使用“一般”的字眼,可是当案件并不“一般”而比较特殊时,概括出的区分标准就失去了原本的意义、价值、作用和机能。一个行为在能够区分界限时,固然应当认定为非此即彼或者非彼即此,同时尽可能避免使用寻衅滋事罪这个“口袋罪”。申言之,如果构成其他罪名,则适用其他的一般罪名,不满足其他罪名的适用标准又应处以刑罚的,才考虑启用寻衅滋事罪这个堵截式和兜底式“口袋”罪名。当然这是基本原则,允许的例外就是在一个案件确实符合几个犯罪构成,属于亦此亦彼的情形,确实需要在3~5年判处刑罚时,可根据想象竞合犯的原理,选择适用寻衅滋事罪,这是例外。适例就是随意殴打致四人以上轻伤,选择寻衅滋事罪判处4年左右比较合适。这个例外实质上和颇受批评和诟病的“量刑反制定罪”是有根本性区别的,“量刑反制定罪”往往意味着罪名定性错误,而我们倡导的例外情形实际上定罪和量刑两个方面高度协调并且正确适用。质言之,寻衅滋事罪基本法定刑最高为5年某种程度上也有些许的道理:一是寻衅滋事罪出于寻衅动机,比一般的犯罪在主观上更加恶劣;二是寻衅滋事罪不仅侵害个人利益而且侵犯社会法益;三是寻衅滋事罪以情节恶劣、严重或者造成严重混乱为要件,说明社会危害性较大。

至于寻衅滋事罪与存在交叉或者竞合关系具体个罪之关系处理,主要涉及与故意伤害罪、故意杀人罪的关系,与聚众斗殴罪的关系,与抢夺罪、抢劫罪、敲诈勒索罪的关系,与强迫交易罪的关系,与故意毁坏财物罪的关系,与侮辱罪的关系,以及与聚众扰乱社会秩序罪、聚众扰乱公共场所秩序、交通秩序罪的关系七个方面,具体案例等相关内容详见文末“附录”,即本书作者撰写的《江苏省南通市人民检察院关于寻衅滋事罪和组织、领导、参加黑社会性质组织罪等涉黑涉恶罪名的具体法律适用三十六解》,此处不再赘述。

第四节　用民事和行政责任转化限制寻衅滋事罪

对于寻衅滋事的三种责任形式之间的关系处理，笔者主张尽可能通过民事责任或者行政责任去消减刑事责任，并提倡寻衅滋事罪处理上试点引入和解制度。下文将分别从三种责任概述、刑事责任和民事责任关系、刑事责任行政责任关系三个方面对寻衅滋事罪“口袋”属性的限制予以论述和探讨。

一、寻衅滋事的三种责任

刑罚制裁具有强制性和最为严厉性，因为它与药效较大药物一样伴有副作用，决定以什么内容作为刑法的调整对象时，应审慎考察对某种行为是否须动用刑罚来抑制，而且对于轻微的违法行为，只需通过民事或行政手段进行解决，并无苛以刑罚之必要，是为刑法的谦抑性、补充性和断片性。[①] 寻衅滋事也一样，万不得已不应该轻易动用刑法，如果能够通过行政手段或者民事手段就可以解决和处理，就不应该再科处刑罚。

民事责任、行政责任和刑事责任的聚合，意指行为人的一个行为同时具备民事违法、行政违法以及刑事违法两种以上的特质和属性，涉及两种以上不同性质法律责任的情况。责任聚合可以分为责任竞合和责任重合两种情形，责任竞合意指某行为尽管同时符合不同的责任构成要件，但只追究其中一种法律责任的情形，责任重合是指一个行为同时触犯不同性质的法律规范，应当追究两种以上责任的情形。寻衅滋事三种责任的重合也偶有发生，比如辱骂型寻衅滋事行为，较为轻微的辱骂会侵犯他人的名誉权，仅需要承担民事责任，但是严重的辱骂行为可能会构成寻衅滋事罪，这个时候需要同时承担民事责任和刑事责任，也就发生了法律责任的重合问题。

根据我国《刑法》第 37 条，对于因为犯罪情节轻微而不需要判处刑罚的情形，可免予刑事处罚，但可根据案件不同情况，予以训诫或责令具结悔过、赔礼道歉、赔偿损失，或由主管部门给予行政处罚或行政处分。对于该条的

① ［日］西田典之：《日本刑法总论》（第 2 版），王昭武、刘明祥译，法律出版社 2013 年版，第 25 ~ 26页。

认识有两种观点，一种认识是属于民事责任和行政责任范畴，比如有论者认为刑事责任实现方式只包括定罪量刑和定罪免刑，《刑法》第37条规定的非刑罚方法是民事责任或者行政责任的性质，不属于刑事责任的实现方式。[①]另一种认识认为《刑法》第37条规定的是刑事责任的一种实现方式，即非刑罚方法。笔者赞同第二种认识，刑事责任与刑罚是存在区别，刑罚只不过是刑事责任的一种实现方式，并非唯一的实现方式，刑事责任实现方式包括刑罚、非刑罚方法、单纯有罪宣告，[②]而非刑罚处罚方法中的赔礼道歉和赔偿损失等措施尽管是民事责任、行政责任中较为常见实现责任方式，但该点不应当成为排斥和阻碍其成为刑事责任实现方式的原因。概言之，从责任性质角度看，我国《刑法》第37条所列举的各种处罚措施应该归为刑事责任的承担方式。故而，刑事责任的实现具备多样化特征，寻衅滋事犯罪亦不例外，承担刑事责任的方式亦应和寻衅滋事犯罪的复杂性相对应和适应，突出刑事责任和刑罚的异同，亦有助于社区矫正和刑事和解等理念的弘扬光大，有助于指导寻衅滋事罪各种非刑罚化的推广和努力，有助于推进寻衅滋事罪刑事责任实现方式向个别化和民主化的方向发展、挺进。

二、寻衅滋事刑事责任和民事责任的关系

寻衅滋事罪往往侵害了对方当事人的人身或者财产权利，行为人在承担刑事责任的同时也面临着民事责任的承担问题。两种责任是否可以相互转化，学界意见并不一致。主要存在三种观点：第一种观点主张可双向转化，从公法私法化与私法公法化的视角出发，认为民事责任有一定的惩罚性质，刑事责任也有一定的补偿功能，所以两者可以相互转化。[③] 第二种观点是刑事责任和民事责任隶属于不同法律部门，刑法和民法具有不同价值和功能，所以两者不能相互转化和替代。[④] 第三种观点是只能单向转化，[⑤]这也是本

---

① 敦宁：《论民事赔偿与刑事责任的实现》，载《山东警察学院学报》2014年第9期。

② 李晓明、李洪欣、陈姗姗著：《中国刑法基本原理》（第4版），法律出版社2013年版，第558页。

③ 张旭：《民事责任、行政责任和刑事责任——三者关系的梳理与探究》，载《吉林大学社会科学学报》2012年第2期。

④ 杨忠民：《刑事责任与民事责任不可转换——对一项司法解释的质疑》，载《法学研究》2002年第4期。

⑤ 李会彬：《刑事和解制度的理论基础新探——以刑、民事责任转化原理为视角》，载《法商研究》2015年第4期。

书所赞同的观点。刑事责任可转化为民事责任，是由于民事责任的承担意味着行为人受到了一定的惩罚，而被害人获得赔偿甚至达成谅解也是刑事责任裁量时的酌定情节，且最高人民法院《关于审理交通肇事刑事案件具体应用法律若干问题的解释》之中即有刑事责任转为民事责任的有关规定。但是，民事责任不能转化为刑事责任，不能因为拒绝承担民事责任或者无力承担民事责任，而加重刑事责任，不然将会破坏罪刑法定原则。在寻衅滋事犯罪的刑事附带民事案件中，被害人提出的精神损害补偿不会得到法院判决的支持和满足，但是行为人为了求得被害人的谅解或者体现自己悔罪的态度，存在尽量给予精神损害赔偿的可能性，此时精神损害赔偿可以认为就体现了对行为人的惩罚，所以刑事责任适当减轻也是应该和被允许的。

根据我国《刑法》第 61 条，决定犯罪分子刑罚时，应根据其犯罪的事实、性质、情节以及社会危害性，按照刑法相关规定判处，犯罪的事实以及性质决定了基本法定刑，而此处的情节特指量刑情节，此处的社会危害性不能只作狭义理解，即不能只包含主观恶性与客观危害，还应包含人身危险性，并且社会危害性由犯罪的事实、性质和量刑情节决定。结合寻衅滋事民事责任对量刑的影响，尽管民事赔偿等民事责任的承担不属于法定量刑情节，但是却属于酌定量刑情节，和人身危险性有很大关联，可以归入犯罪后的表现范畴。与此同时，需说明的是，虽然某个具体的寻衅滋事行为本身符合“情节恶劣”或者“情节严重”的程度，构成犯罪，但是根据罪后表现、一贯表现等因素，本书认为仍然有适用《刑法》第 37 条中“犯罪情节轻微”的余地和可能，此时不需要判处刑罚，因为总则中的情节轻微和分则中的情节恶劣评价内容、指标、重点并不一致，所以两者有可能被一个行为同时囊括和包含。

尽管民事责任通过协商得以解决能够促进加害方和被害方矛盾化解和各自利益最大化，但是在刑事诉讼过程中，民事责任尚未协商一致时，应当独立解决刑事责任，被害人可以通过独立提起民事诉讼予以解决，刑事裁判生效后，即使民事责任得以解决，亦不得作为发动抗诉或再审的原因。这并不意味民事责任不再对刑事责任有任何作用和影响，因为宣判后民事责任的妥善解决应当作为行刑过程中减刑和假释的重要参考，赔偿与否一定程度上也代表着犯罪人是否具有悔罪表现。同时，不能孤立地考察被害人是否谅解，比如说在均为任意损毁财物 2000 元的寻衅滋事两个案件中，第一个案件尽管加害人只赔偿了500元，被害人就予以了谅解；第二个案件中加害人虽然赔偿了2000元，但是被害人仍然“狮子大开口”不肯谅解，所以我们要对第二个案件中的加害人的悔罪态度方面给以充分肯定。“刑事责任和民事责任之间并不存在非此即彼的僵硬隔离”，[①]寻衅滋事概莫能外，刑事案件和民事案件存在模糊和暧昧的地带，举例而言，任意损毁损失2000元积极赔偿取得被害人谅解和任意损毁损失1990元拒绝赔偿，孰优孰劣一目了然，任意损毁价值1990元财物的情形固然不能入罪，但是在赔偿和获得谅解的2000元情况下，刑事责任转为民事责任存在必要性，寻衅滋事罪非罪化、轻罪化处理也成了刑事责任向民事责任转变的最好注脚。

对照《刑事诉讼法》第277条的规定，寻衅滋事罪显然不能归入当事人和解公诉案件诉讼程序的相关案件范畴。然而，本书认为，上述“和解”是狭义上的“和解”，从应然和实然的角度来讲，应当把寻衅滋事罪也纳入可以和解的范围。司法实务中，存在试点扩大和解范围的现象，即便是死刑案件，也存在大量适用和解制度的情况，蒋志如在2003年《法治研究》第4期发表的《死刑案件刑事和解“破立”之博弈解读——以S省M市中院239件一审刑案为视角》便是有力的说明。在美国等多个国家也有对重刑案件进行和解的立法，[②]日本于2007年和2011年分别确立了“刑事诉讼程序中民事和解制度”以及“刑事附带私诉制度”，[③]两项制度并没有对案件范围作出限定。当然和解不意味着免除刑事责任，但是和解对于寻衅滋事罪而言是具有重要意义的，值得大力提倡。

三、寻衅滋事刑事责任和行政责任的关系

刑事不法和行政不法的区分依赖于法益侵害程度的不同，[④]寻衅滋事刑法规范的模糊性也造成了相关的不同法律规范之间区隔性、衔接性和协调性不理想，这在寻衅滋事刑事责任和行政责任的关系上尤为突出和明显。另

---

① 孙勤：《刑事和解价值分析》，中国人民公安大学出版社2009年版，第93页。

② See Kristen F. Grunewald, PriyaNath, *Defense-Based Victim Outreach: Restorative Justice in Capital Cases Washington & Lee University School of Law*, Capital Defense Journal Spring, 2003.

③ 王云海：《日本的刑事责任、民事责任、行政责任的相互关系》，载《中国刑事法杂志》2014年第4期。

④ 孙国祥：《行政犯违法性判断的从属性和独立性研究》，载《法学家》2017年第1期。

外,如果已经对寻衅滋事行为进行治安处罚,后发现构罪,那么,治安处罚后能否追究刑事责任?如果追究刑事责任,行政拘留和行政罚款是否可以折抵?这类问题一样值得我们深入探究。凡是构成寻衅滋事犯罪的行为一定也是违反《治安管理处罚法》的行为,在寻衅滋事刑事责任和行政责任关系问题上主要有如下三种观点:一是进行并罚,实行并罚观点的理论根据是"质的区别说","质的区别说"认为,刑事责任和行政责任具有本质区别,并罚没有法律限制,应当并罚,不存在违反"一事不二罚"的情况。① 实行并罚的观点在国务院第310号令即《行政执法机关移送涉嫌犯罪案件的规定》之中似乎能够找到相关依据,精神实质是"行政执法机关可以先罚再移",目的主要是督促行政执法机关将涉嫌刑事犯罪案件移送司法部门,但是该规定并没有规定移送刑事犯罪案件后是否可以再行政处罚,但是我们可以推断,应该并不违反上述规定的目的和精神。而且有时单独依靠刑事责任的追究很难能起到打击违法犯罪的效果,需要依靠行政责任以及民事责任予以配合和补充。但是本书认为实行并罚还是有缺陷的,如前所述,实行并罚的理论基础是"质的区别说","质的区别说"只关注到"质",而没有关注"量","质"和"量"是相辅相成的,过于强调"质"而忽略"量"是不完整、不全面的。

二是主张刑事优先,该观点的理论基础是"量的区别说",认为刑事责任和民事责任没有本质区别,都是对违反秩序行为的处罚,只是处罚的程度不同。② 刑事优先的观点一定程度上能够解决以罚代刑的不良倾向,但是缺点是过于强调行政责任和刑事责任之间量的区别,认为刑事责任可以吸收行政责任的观点过于绝对,实不可取,有时难以彻底和全面消除违法行为带来的后果,可能继续引发新的违法犯罪。③ 比如,对生产、销售假冒伪劣商品的企业,尽管追究了刑事责任,但是不吊销或者不暂扣其营业执照,那么仍然有可能遗留实施危害社会秩序的同类违法行为的后遗症。再如,公务员寻衅滋事犯罪不仅被判处人身自由罚,而且相应的必须给以开除处分。

三是不重复处罚的观点,该观点是在吸收上面两种观点的优点和长处、克服它们的缺点和不足基础上提出来的。该观点主张:发现涉嫌犯罪移送刑

① 吴庚:《行政法之理论与实用》,中国人民大学出版社2005年版,第295页。

② 陈新民:《公法学札记》,中国政法大学出版社2001年版,第240页。

③ 张传毅、张丹:《试论行政违法与刑事犯罪的责任竞合》,载《山东审判》2010年第6期。

事立案侦查以后，行政机关不能再对同一违法行为予以有关财产权、人身权或者政治权利的行政处罚，但是仍然可以依法作出申诫罚或行为罚；法院作出有罪的判决，行政机关不能再作出和法院判决重复的关于财产权、人身权和政治权利的行政处罚，但是在不重复前提下仍然可以依法追究行政违法责任。[①] 不重复处罚的观点和主张实行并罚以及刑事优先的观点相比无疑有较大的进步。

但是，本书认为不重复评价的观点仍然不全面、不完美，本书主张以不重复处罚为原则，以重复处罚为例外。以寻衅滋事为例，因为很有可能行政机关已经作为一般违法案件作出处理，但是司法机关仍然有可能再作出关于财产权、人身权和政治权利的判决，只是这个时候，司法机关应当充分考虑行政机关的处罚情况，尽可能抑制寻衅滋事罪的适用和处罚（同一种类处罚也不是绝对禁止的，但是相互之间应当允许折抵，《行政处罚法》第 28 条作出有关规定：违法行为成立犯罪，法院判拘役或有期徒刑时，行政机关已对当事人行政拘留的，应依照法律折抵相应刑期。违法行为成立犯罪，法院判罚金时，行政机关已对当事人罚款的，应折抵相应罚金）。与此同时，法院的刑事判决也有可能不足以威慑违反犯罪者（比如金融犯罪的罚金过低，行政机关在判决之外再进行罚款确有必要，但是这必须有法律的明确规定），所以应当允许行政机关进行一定程度的重复惩罚。寻衅滋事罪基本犯不会判处罚金，情节加重犯有可能判处罚金，法院对基本犯的自由刑判决或者对情节加重犯的自由刑和罚金判决如果预期效果不够理想，法院可以和公安机关进行对接，由公安机关进行罚款，无论是出于经济惩戒还是对行为人进行挽救的目的，在最终量刑时需要对这一情况予以考虑，可以适当减轻刑罚，减轻寻衅滋事罪的刑罚实际上也是在限制寻衅滋事罪。在重复处罚的情况下，有三种处理模式可以视情而定：先罚后刑，刑中有罚，先刑后罚，对于寻衅滋事罪而言，同样是适用的。需要指出的是，在寻衅滋事罪免予刑事处罚的场合，是否都需要给予行政处罚，应当综合考量行为人主观恶性、社会危害等案件具体情况。

对于某些行为，《治安管理处罚法》规定了罚款以及行政拘留的处罚，而

---

① 杨科雄：《行政责任与刑事责任竞合的处理》，载《人民司法》2014 年第 9 期。

刑法在基本条款之中只规定了人身自由罚,没有规定罚金刑。譬如寻衅滋事,《治安管理处罚法》规定处以5日以上10日以下拘留,可并处500元以下罚款,情节较重时,处以10日以上15日以下拘留,可并处1000元以下罚款。而刑法对于寻衅滋事罪的四种行为类型有关刑罚规定是处5年以下有期徒刑、拘役或管制。然而在司法实务中可能会出现这样的情形:由于寻衅滋事被行政拘留并罚款,之后又因为同一行为被追究刑事责任,行政拘留可折抵刑期并无异议,然而罚款却不能折抵罚金,原因在于刑法对寻衅滋事罪没有规定罚金。法律未明文规定此种情形应如何处理,有观点认为其属于行政处罚不适当,应当由公安机关作出行政处罚决定变更,撤销罚款之行政处罚,并将罚款退还给被处罚人,否则就违背了罪刑相适应之刑法原则。本书认为这种思路是有问题的,因为公安机关进行罚款本身并没有错误,予以撤销一定程度上就意味着对治安处罚的否定,同时,罚款虽然无法抵扣罚金,但是完全可以成为量刑的因素,缴纳罚金就意味着行为人有悔改的态度,这应该成为酌定量刑的情节。

第五节　以"去口袋性"为目标消解分化寻衅滋事罪

中国当代刑法学家蔡枢衡曾有言曰"成文法国家的法律形式是条文,没有条文便不成其为法律"。① 因此,应当从条文作为原点和基础,只有条文设置合理、规范科学,才能树立正确的司法理念、确保法律实践有序进行。只有在立法理性回归,条文设置合理的基础上才有可能做到司法理念正确、法律实践规范。

一、成文法国家和地区对寻衅滋事犯罪的刑事法律规制

尽管国外没有"寻衅滋事罪"的名称,但是相同犯罪内容完全可能采用不同刑事罪名表达出来,这在成文法国家有迹可循,比如随意殴打他人的,在其他国家可能成立暴行罪,追逐、拦截、辱骂他人的,在其他国家可能会分

---

① 蔡枢衡:《中国法理自觉的发展》,清华大学出版社2005年版,第92页。

别成立暴行罪、非法拘禁罪和侮辱罪，强拿硬要、任意损毁、占用公私财物的，在其他国家可能会分别成立敲诈勒索罪、故意毁坏财物罪、盗窃罪等，公共场所起哄闹事的，在其他国家也会根据不同情形成立有关具体罪名。[①] 下文将对德国、日本等成文法国家或者地区的寻衅滋事犯罪立法作相关的考察，并总结提炼出值得我国借鉴的经验和启示。

（一）德国寻衅滋事犯罪的立法模式

1999 年《德国刑法典》第 125 条规定了破坏国家安宁罪，主要内容是作为正犯或者共犯公然地聚众，共同以妨害公共安全的方式实施下列行为，或者鼓动他人实施下列行为：（1）对人或者物实施暴力；（2）对人实施暴力威胁，处 3 年以下自由刑或者罚金。[②]《德国刑法典》第 126 条规定了以实施犯罪相威胁扰乱公共安宁罪，行为方式包括（1）以实施破坏国家安宁、杀人、灭绝种族、重伤罪、侵犯人身自由犯罪、抢劫、危害公共安全的重罪等犯罪相威胁，扰乱公共安宁的；（2）违背良知，伪称将要实施前述犯罪行为，足以扰乱公共安全，处 3 年以下自由刑或者罚金。

（二）日本寻衅滋事犯罪的刑法规制

日本刑法没有专门针对公共秩序犯罪的规定，相关犯罪行为散见于其他犯罪中予以规制和惩处。日本刑法规制寻衅滋事犯罪的条文主要有四条：第 106 条骚乱罪、第 208 条暴行罪、第 222 条胁迫罪和第 223 条强要罪，其中第 208 条暴行罪中的“暴行”，就是指对他人身体使用物理力量，不仅殴打、踢踹、用手按住他人肩膀使他人摔倒等造成伤害危险结果的行为，连一般的朝他人吐口水、扔杂物、推搡或者撒食盐等比较轻微连伤害未遂都够不上的有形力量的伤害行为，都是“暴行”。尽管诈术诱导或者精神虐待等情况会造成他人精神不安稳或者不愉悦，但是由于是单纯使用语言方式对他人精神产生影响，而非使用有形物理力量，所以不构成暴行罪。[③]《日本刑法》第 222 条第 1 款规定了胁迫罪，其中的“胁迫”是指告知对方能够使其产生恐惧的不利后果，虽然对方认识到了这种不利后果，但是不要求对方确实产生了恐

---

① 张明楷：《寻衅滋事罪探究》（上篇），载《政治与法律》2008 年第 1 期。

② 《德国刑法典》，徐久生、庄敬华译，中国方正出版社 2004 年版，第 72 页。

③ 黎宏：《日本刑法精义》，法律出版社 2008 年版，第 356、357 页。

惧心理。[①] 胁迫罪在没有产生实际危险时就有可能进行定罪惩罚，可见该罪名是抽象危险犯，其和恐吓罪属于同义，我国寻衅滋事罪中的“恐吓”在《刑法修正案（八）》中补充加以规定大概和借鉴学习日本胁迫罪有些关系。1974年《日本改正刑法草案》规定了公然猥亵行为罪、损坏财物罪等危害社会秩序的犯罪。另外，对于我国刑法中的“强拿硬要型”寻衅滋事罪，日本刑法中规定有强盗罪可以大抵与之对应。

（三）法国寻衅滋事犯罪的刑法规定

“流氓”一词，最早见于《法国刑法典》，但是该词当时含义与现代意义是有实质性区别的。1810年《法国刑法典》第270条规定“流氓或者无赖，系指既无一定的住所，又无生活资料，且经常无行业或者职业之人”，此处的“流氓”意思是流浪者。现代意义的流氓罪源自《苏联刑法典》，两者存在很大区别。1994年《法国刑法典》第431条规定，在公共道路或者公共场所，任何足以破坏公共秩序的人群聚集，均构成聚众滋事罪，[②]在省长、专员、市长或者其一名助理、负责公共安全的司法警察警官或者其他任何警察警官、佩戴职务徽标的人员发出警告，令其解散而无效之后，得动用公共力量驱散滋事聚众。[③]

（四）意大利寻衅滋事犯罪的规制方式

1931年生效《意大利刑法典》规定了殴打罪，内容为“殴打他人的，其殴打行为没有导致被殴打人身体或者精神上的伤害的，处以……”《意大利刑法典》规定了私人暴力罪“行为人使用暴力方式或者威胁的方式，强行逼迫他人做、容忍或者不做某事”。《意大利刑法典》还规定了损坏财物罪“毁坏、损耗、破坏他人动产或者不动产的，或者使之完全、部分不可用的……”[④]《意大利刑法典》规定“以实施危害公共安全的犯罪相威胁，或者以实施洗劫行为相威胁，在公众中引起恐惧的”，尽管该条置于“重罪分则部分”，但是仍然只规

---

① ［日］大谷实：《刑法讲义各论》，黎宏译，中国人民大学出版社2008年版，第78页。

② 参考原法条为 Constitue un attroupement tout rassemblement de personnes sur la voie publique ou dans un lieu public susceptible de troubler l’ordre public。

③ 参考原法条为 Un attroupement peut être dissipé par la force publique après deux sommations de se disperser restées sans effet adressées dans les conditions et selon les modalités prévues par l’article L. 211－9 du code de la sécurité intérieure。

④ 《最新意大利刑法典》，黄风译，法律出版社2007年版，第196页。

定“处以1年以下有期徒刑”。在《意大利刑法典》“违警罪分则部分”，规定了治安违警罪、有关安全保障的违警罪和有关公共秩序和安宁的违警罪等内容。

（五）我国台湾地区寻衅滋事犯罪的法律规制

早在1907年“台湾流浪者取缔条例”中就有“流氓”一词的规定，根据该条例第2条，“流氓”是指“无一定之住居且无生业，认为有妨碍公安且扰乱风俗之虞之本岛人”，应该说此时台湾地区的“流氓”一词基本和流浪汉是等义的。此后台湾地区对相关规范进行了大量修改、补充、完善，尤其是1996年出台的“检肃流氓条例”和“检肃流氓条例实施细则”彻底颠覆了“流氓”一词的含义，[①]根据这两个规范，“流氓”是指经常性仗势欺人或以暴力手段欺压善良民众并且年满18周岁的人，或者有破坏社会秩序、危害他人的健康、自由、财产习惯的不良组织、组织成员或者黑社会不良分子。对于流氓的处理分为两种情况，一种情况是针对一般流氓，是由直辖市警察分局、县市警察局书面告诫同时列册辅导；另一种情况是针对重大流氓或经告诫后屡教不改的流氓，由直辖市警察分局、县市警察局上级直属警察机关批准，可以不经过告诫直接通知其到案询问，并在24小时内移送至管辖法院治安法庭处理，管辖法院治安法庭裁定感训处分，同时触犯《刑法》的，管辖法院治安法庭作有罪判决。[②]

（六）成文法国家和地区寻衅滋事犯罪刑事法律特点和启示

大陆法系是指以罗马法为基础发展起来的一个完整法律体系的总称。以欧洲大陆的法国和德国为主体，另外还包括亚洲的日本、泰国等国，非洲的摩洛哥、突尼斯等国，美洲的美国路易斯安那州等地区。大陆法系国家和地区大部分寻衅滋事犯罪都贴上了“聚众”的标签，如果不是“聚众”，那么就不会构成寻衅滋事犯罪，寻衅滋事犯罪门槛的提高，起到了缩小犯罪圈的作用，地点限于公共场合，必须引起公共场所秩序混乱。寻衅滋事犯罪客体或者说侵害法益均是公共秩序或公共安全，都属于轻罪或者微罪的范畴。主观

---

① “检肃流氓条例”和“检肃流氓条例实施细则”兼具行政法和刑法，实体法和程序法的属性和特征。

② 何秉松：《中国有组织犯罪研究（第2卷）：台港澳黑社会犯罪研究》，群众出版社2009年版，第274～278页。

上均是故意。大陆法系国家将犯罪分为重罪、轻罪和轻微罪(或称作微罪),大陆法系国家寻衅滋事犯罪均属于轻罪或者微罪,规定了监禁刑或罚金刑,和我国寻衅滋事罪刑罚相比相对较轻,[①]刑期比较短,往往没有法定刑升格的情形,有时还可以直接选处罚金。之所以对寻衅滋事犯罪规定较轻的刑罚,主要原因在于寻衅滋事犯罪侵害的是公共秩序和社会法益,而大陆法系对个人法益的重视程度相对较高,也就是说大陆法系国家更加侧重于对个人法益的保护。

大陆法系国家和地区之所以特别强调刑法必须谦抑,是因为它们和我国的立法模式不同,采用的是单纯定性的模式,犯罪圈普遍较大,如乱贴小广告可能被定故意毁坏财物罪,盗窃一元钱也构成盗窃罪,相对应地,入刑起点也比较低。有观点建议参考日本做法,分解设立殴打罪或者暴行罪,笔者不敢苟同,因为我国刑法定罪模式必须具备罪量的要求,掌掴踢踹或者殴打他人,没有造成任何伤害结果,但还要定罪量刑,在我国不合时宜。但是借鉴德国等国家的做法,在刑法外构建和打造行政刑法和行政犯罪,笔者是非常赞同的。[②]《治安管理处罚法》素有"小刑法"之称,其中包含有大量人身自由罚的行政处罚,另外我国环境法、海关法等行政法律对人身自由罚也有所涉及。由于我国对犯罪采取"定性 + 定量"的立法模式,造成公众对罪与非罪的认识缺乏唯一的概念指引,违法和犯罪界限非常模糊,过去劳动教养制度一定程度上能够填补这个空缺。[③] 大陆法系很多国家的一元制裁体系与我国行政处罚和刑罚的二元制裁体系相比较,我国行政处罚和刑罚的界限存在模糊不清的问题,寻衅滋事罪最为突出,非常容易挤占行政处罚空间。切实可行的应对措施是短期内将行政处罚中的人身自由罚和财产罚司法化,长远看将所有财产罚,乃至将申诫罚、资格罚司法化,完全符合我国国情,有助于保障人权和提高我国法治化水平。所以,对于寻衅滋事一般违法行为建议纳入行政刑法规制的行政犯罪范畴,作为刑法外的寻衅滋事犯罪,与刑法内的寻衅滋事犯罪相呼应,刑法外的寻衅滋事犯罪根据行政犯罪一般原理,

---

① 英美法系国家寻衅滋事犯罪法定刑更轻,大陆法系国家寻衅滋事犯罪法定刑介于我国和英美法系国家之间。

② 参见李晓明:《行政刑法新论》,法律出版社 2014 年版,第 54 ~ 56 页。

③ 何群:《行政刑法视野中的人身自由罚》,载《检察日报》2016 年 4 月 21 日,第 3 版。

短期内将人身自由罚纳入人民法院司法程序，实行公安机关直诉制度，同时不列入刑事登记，当然，尽管讲短期但是估计也任重而道远，毕竟我国才处于法治国的初级阶段，至于福利国以及相对应的所有“罚”的司法化那是远景和规划。行政刑法产生和起源于行政国家，发展和完善于法治国家，成熟和辉煌于福利国家。① 毕竟，一个国家的行政刑法的类型、发展水平和其社会、经济、法治发展水平以及法律文化传统相契合。

二、寻衅滋事罪立法完善的方向和进路

由于立法设置了寻衅滋事罪而产生了寻衅滋事罪的理论和实践问题，寻衅滋事罪在司法适用中产生的理论和实践问题又促使对寻衅滋事罪进行立法上的修改和完善。② 目前司法实践中对寻衅滋事罪存在严重的客观归罪不良现象，这和立法上行为方式具有重合性、交叉性以及与行为“情节恶劣、情节严重”的模糊性有较大关联。③ 寻衅滋事罪一直无法挣脱“口袋罪”的牢笼，常常背负法治的“包袱”。即便是废除论主张者，也不是说要将寻衅滋事罪的所有行为方式都非罪化，所以学界一致认为需要对寻衅滋事罪进行改造和完善，进而消弭不当司法引起的种种混乱情况。

（一）限定寻衅滋事罪的动机

犯罪动机，是指刺激犯罪人实施犯罪行为实现犯罪目的的内心起因或者内心冲动。而犯罪目的是犯罪人通过实施犯罪行为意欲实现的内心目标和追求。犯罪目的作为犯罪成立要件有两种情况：一种是法律有明确规定的情形，比如《刑法》第 192 条集资诈骗罪和第 193 条贷款诈骗罪等罪名，均明确规定以非法占有为目的；另一种是法律没有明文规定的情形，比如第 264 条盗窃罪、第 266 条诈骗罪、第 277 条侵占罪、第 382 条贪污罪等，尽管刑法没有明确规定这些罪名是否需要特定的目的，但是学界和实务界认识比较统一，都认为必须满足非法占有的目的，否则就不能成立犯罪。动机一般不会影响定罪，但是立法将犯罪动机写进刑法条文中，就必然代表犯罪动机成了犯罪构成的组成部分，成了定罪必须考量的因素。不管犯罪动机有没

---

① 李晓明：《行政刑法学导论》，法律出版社 2003 年版，第 86 页。

② 孟庆华：《寻衅滋事罪的理论和实践》，人民出版社 2014 年版，第 353 页。

③ 张维、黄佳宇：《寻衅滋事罪司法困境之评析》，载《法学杂志》2011 年第 5 期。

有被写入刑法条文,都必然对量刑具有重要影响,发挥着酌定量刑情节的作用。

寻衅滋事罪刑法条文也没有对目的和动机作出规定,那么目的和动机是否还需要作为成立犯罪考察的内容,学界有一定的争议,实务界也认识不一。寻衅动机到底要不要写入寻衅滋事罪的刑法条文面临着两难的境地,如果在刑法中确立,将会导致其在司法实务中作为必须考量的因素,但是主观的东西又是那么捉摸不定,认定起来必定困难重重,将会导致寻衅滋事罪在司法实践中的可操作性比较差,适用范围也会变得很窄。但是,如果将寻衅动机仍然排除在外,又存在客观归罪的嫌疑和不利,而且也会大大降低寻衅滋事罪独立成罪的必要性。

主张动机"否定说"的学者也列举了很多理由认为在寻衅滋事罪中不应当添加动机和目的因素和成分,如认为流氓或者寻衅动机没有具体意义,说不清道不明,无法考察;没有流氓或者寻衅动机,也有可能侵犯寻衅滋事罪保护的法益;没有流氓或者寻衅动机,也可能区分罪与非罪、此罪与彼罪;不应当过分重视主观因素,认定犯罪应当以客观方面为基础;不要求犯罪动机,不意味着不要求主观故意;要求出于流氓或者寻衅动机导致很多案件不能得出妥当结论。① 但是如果没有流氓或者寻衅动机的制约,寻衅滋事罪和其他罪名的区别肯定难度加大,自身独立性也大大降低,和立法初衷背道而驰,致使自身存在的意义大打折扣。还有论者认为,既然一般犯罪并不要求特殊动机或目的,因此具有补充性质的寻衅滋事罪也不应当要求具备特殊动机,笔者不敢苟同,因为普通罪名并不要求特殊动机,但是作为补充罪名,如果不允许添加任何"原料"或者独特的内容,就不可能成为一个独立的罪名,也就和普通罪名无异,可见上述理由不攻自破,难以自圆其说。

笔者并不赞同对寻衅滋事罪动机持"否定说"的观点,基于历史解释(寻衅滋事罪从流氓罪分离出来,某种程度上必然会沾染和保留流氓罪的某些主观构成要素,尤其是流氓动机会继承和延续下来)和区分犯罪的双重考虑,②

---

① 张明楷:《寻衅滋事罪探究》,载《政治与法律》2008 年第 2 期;申建:《寻衅滋事罪和故意伤害罪之间的竞合关系》,载《公民与法》2015 年第 6 期;简爱:《寻衅滋事罪与敲诈勒索罪的界分与适用——以侯某"强拿硬要"案为例的分析》,载《云南大学学报(法学版)》2014 年第 1 期。

② 张腾龙:《寻衅滋事罪的法益及其展开》,载《牡丹江大学学报》2014 年第 4 期。

建议将寻衅动机写进刑法条文,[①]具体包括寻求精神刺激、发泄不良情绪、要威风、取乐等内容。[②] 这不仅有助于制止客观归罪的错误倾向,而且有利于申明寻衅滋事罪的目的和动机和其他很多罪名的不同之处,明确寻衅滋事罪的犯罪构成要件。因为,寻衅滋事罪要想独立成罪,就必须有独特的东西,除了"公共秩序"的法益外,很难再找到其他具有特殊性能够起到类型化的因素和要件,而且"公共秩序"本身就非常模糊,"公共秩序"法益的侵犯在很多其他章节的具体犯罪中也会受到侵犯。虽然主观的东西确实比较难以查证,但是任何一个犯罪都必须坚持主客观相一致的原则,都必须考察主观方面。加强证据收集和审查技艺,对寻衅滋事罪的目的和动机证据考察能力能够起到一定的提升作用。寻衅动机和"寻衅滋事"一脉相承,要确定是"寻衅滋事",就必须存在寻衅动机;如果确实没有寻衅动机,或者寻衅动机存疑,那就只能作出有利于行为人的认定,也就必须排除适用寻衅滋事罪,这是保障人权的需要,也是寻衅滋事罪限制和消减"口袋罪"属性的应有之义。

申言之,客观的超过要素是指客观构成要件要素不需要与之相对应的主观内容,比如《刑法》第 129 条丢失枪支不报罪,丢失枪支属于成立该罪的客观要素,但是丢失枪支不需要出于故意或者过失,因为可能是被偷或者被抢,所以属于客观的超过要素。与之相对应地,是主观的超过要素,是指主观构成要件要素不需要与之相对应的客观内容,比如目的犯和动机犯,目的犯可以分为成文的目的犯和不成文的目的犯,动机犯的适例是《刑法》第 399 条徇私枉法罪。[③] 结合前文所述,笔者认为,寻衅滋事罪是不成文的目的犯、动机犯,但是基于平息纷争、准确适用以及限制寻衅滋事罪的考虑,建议在刑法条文中明确规定该罪超过的主观要素。

另外,对于同为主观内容的罪过形态问题,笔者建议在刑法条文或者立

---

① 有论者主张将寻衅滋事罪的动机限定在"非正当精神刺激",原因有二,一是寻求精神刺激范围太广,包括正当精神刺激和非正当精神刺激,正当精神刺激无可否非;二是流氓动机范围太窄,不应当局限于流氓动机。参见谢治东、薛章原:《论寻衅滋事罪的边界》,载《山东警察学院学报》2015 年第 3 期。该观点貌似比较精确、合理,实际上"寻求刺激"必然是寻求非正当刺激,也就是应当作缩小解释,因为正当精神刺激不应当纳入刑法规制。然而,除了非正当精神刺激,发泄情绪和逞强耍狠也属于寻衅的范畴,也应当纳入寻衅滋事罪的动机考察范围。

② 王作富主编:《刑法分则实务研究》,中国方正出版社 2013 年版,第 1135 页。

③ 张明楷:《刑法分则的解释原理》(第 2 版),中国人民大学出版社 2011 年版,第 414 ~ 490 页。

法解释中明确规定为直接故意,原因在于如果是出于流氓或者寻衅动机,那么行为人势必会追求危害结果的发生,假若是对危害结果的发生持放任态度,那么就不会有流氓或者寻衅动机的存在以及满足。这样,在间接故意实施四种行为方式中一种或者数种时,基于直接故意的规定则可以直接排除寻衅滋事罪的适用。而且,直接故意的规定也对限缩寻衅滋事罪的"口袋"同样具有重要意义,同时也可以减少主观罪过方面理论探索和司法实务中的纷争。

(二)廓清模糊的描述用语

寻衅滋事罪的规定确实存在种种不如意的地方和问题,但是轻言废止也是草率的、不负责任的、不现实的,无异于"牙痛拔牙,头疼砍头",明智之举是不断改进和完善,循序渐进淡化逐步过渡到废除该罪。笔者认为,首先要做的就是要减少使用模糊用语,至少是要对模糊的描述用语进行廓清和界定。刑法明确性是一个理论原则,也是一个实践理想,首先是面向立法的,要求立法者制定一部明确的刑法典。从如何实现刑法明确性的角度来看,我国在立法思想上应当正确处理好明确和模糊的统一、粗疏和细密的平衡、稳定和变动的协调、现实和前瞻的结合这四组辩证关系。① "随意"、"任意"、"情节恶劣"、"情节严重"和"严重混乱"等用语极其模糊,一千个人恐怕会有一千种理解,而法律条文是法官裁判的依据所在,根据不明确的法律条文判案,结果不同在所难免,有违罪刑法定,不利于司法实践对该罪名的运用和认定。是故,当务之急是通过修改刑法或者发布立法解释,对上述涉及价值判断的用语予以明确化,为司法适用扫清障碍,增强可操作性,稳准狠打击各种寻衅滋事犯罪。

建议对"随意"和"任意"作出这样的规定:(1)"无事生非"是原则,比如随意殴打型寻衅滋事罪必须是行为人在实施殴打行为时毫无道理,无厘头地见人就打,即便行为人在实施该行为时认为自己是有理由、有原因的,但是根据公序良俗和一般观念并无道理;"借故生非"是例外,小题大做或者找碴就属于这种情形,也应当认定为"随意"或者"任意"。(2)对象上不特定是原则,比如随意殴打就是见人就打,不管是谁都打,没有明确和特定的目标群体,所以对象特定原则上应该排除"随意"或者"任意"的认定;但是对象特

① 杨剑波:《刑法明确性原则研究》,中国人民公安大学出版社 2010 年版,第 207 ~ 214 页。

定又是例外，也就是说也有可以认定为“随意”和“任意”的情形，借故生非、小题大做、故意找碴，就是这种情况。同时建议将2013年7月寻衅滋事罪司法解释中被害人过错的“除外责任条款”移入立法中。

寻衅滋事犯罪和寻衅滋事一般违法行为之间并不像楚河汉界那么一目了然，存在模糊地带，寻衅滋事的入罪标准应当尽最大努力做到明确化、科学化、规则化。寻衅滋事罪中的“情节严重”“情节恶劣”应该说是区分罪与非罪时的一个核心问题，这本身属于立法问题，应当在立法中予以规定，而不应当在司法解释中规定。有其他罪名的“严重情节”“情节恶劣”具体情形在刑法中予以了规定，存在厚此薄彼的情况和嫌疑，没有在立法中予以规定的一大缺陷就是在很长一段时间司法实践就像无头苍蝇，无所适从，需要等到立法完善或者至少司法解释出台，才相对明了，《刑法》第314条非法处置查封、扣押、冻结的财产罪，直到目前为止都没有作出相关的情节严重的规定，留下了一系列后遗症。现在寻衅滋事罪尽管有了司法解释，司法解释的效力前面已经讨论，单从具体内容来讲还有含有许多不确定的内容需要再次解释。建议将“情节恶劣”、“情节严重”和“造成严重混乱”统一为“情节严重”，减少道德评判，统一和规范用语，或者索性将上述用语取消，同时将有关寻衅滋事罪司法解释纳入刑法条文或者立法解释，对司法解释中不明确的内容加以完善和明确。

对于《刑法》第293条第1款第1项“随意殴打他人，情节恶劣的”，建议将“随意”去掉，将项前规定“有下列寻衅滋事行为之一，破坏社会秩序的，处五年以下有期徒刑、拘役或者管制”改为“对不特定人无故生非，或者对他人借故生非，实施下列寻衅滋事行为之一，破坏社会秩序的，处三年以下有期徒刑、拘役或者管制”。①鉴于殴打致使一人或者一人以上轻伤可以用故意伤害罪规制，所以建议将第1项改为“多次殴打他人、携带凶器殴打他人或者殴打他人致两人以上轻微伤的”。建议将第2项“追逐、拦截、辱骂、恐吓他人，情节恶劣的”改为“多次追逐、拦截、辱骂、恐吓他人、携带凶器追逐、拦截、辱骂、恐吓他人，或者追逐、拦截、辱骂、恐吓他人引起他人精神失常、自杀的”，建议将第三项“强拿硬要或者任意损毁、占用公私财物，情节严重的”

---

① 为什么要同时建议降低基本法定刑为“三年以下有期徒刑、拘役或者管制”，这是考虑到寻衅滋事罪具有补充性、模糊性、不确定性，以及前文所述法定刑刑法公众认同等诸方面内容。

改为"强拿硬要、损毁、占用公私财物达到三千元,多次强拿硬要、损毁、占用公私财物,携带凶器强拿硬要、损毁、占用公私财物,强拿硬要、损毁、占用公私财物引起他人精神失常、自杀的"。

新世纪至今二十几年,网络社会得到空前发展,如今已经由互联网1.0向2.0过渡,并且呈现两个代际变化,一是从"联"为主过渡到"互"为主,二是由"信息媒介"过渡到"生活平台"。网络的异化使得有效监管和治理网络空间违法犯罪行为具有了合理性、正当性和必要性。从网络社会的顶层设计角度展开刑事立法和刑事司法具有重大意义。① 而寻衅滋事罪的网络化是传统罪名有效应对网络犯罪的一种属性拓展、功能延伸和现实所迫。② 所以,对于"在公共场所起哄闹事,造成公共场所秩序严重混乱的",应当将网络空间纳入刑法条文,同时出于防止寻衅滋事罪的过度扩大,应当严格限制,必须造成现实公共场所秩序严重混乱。另外,对于人流量总体不大、但是也不属于私人占领空间诸如村委办等场所的定位建议明确化,不将其纳入公共场所范畴为宜。是故,建议将《刑法》第293条寻衅滋事罪第1款第4项改为"在网络空间或者在人流量较大、不属于私人占领的场所起哄闹事,严重破坏现实公共场所秩序的"。

另外,建议对寻衅滋事共同犯罪中的犯罪主体进行限缩。对于在该罪中起次要作用、辅助作用、一般作用的,参照聚众斗殴罪的刑法规定,不适宜作为犯罪处理,无论是从法律效果、社会效果的角度,还是司法实践通常处理角度均能够得到证成,只需要对首要分子和积极参加者进行刑事处罚即可。所以建议在四种基本行为方式后面增加一款"寻衅滋事共同犯罪,对首要分子和积极参加者进行刑事处罚",原本第二款的内容相应调整为第三款。

(三)基本法定刑增设"可以并处罚金"

罚金刑具有一定的优点,单处罚金可以避免犯罪人在监狱交叉感染,有

---

① 当然需要注意的是,"微博反腐"和"网络反腐"对反腐倡廉发挥着重要作用,有关部门应当高度重视、认真调查和及时处理,而不能随意认定其属于"起哄闹事",更不能不重视事实和证据不分青红皂白扣以网络型寻衅滋事罪的大帽子,避免寻衅滋事罪再次陷入"口袋罪"的旋涡。

② 赵秉志、彭新林主编:《寻衅滋事的罪与罚》,北京大学出版社2015年版,第100页。另外,2010年最高人民检察院、最高人民法院和公安部联合颁布了《关于办理网络赌博犯罪案件适用法律若干问题的意见》规定对网络空间赌博活动进行打击制裁和刑法规制,实际上网络空间赌博和传统赌博活动具有同质性,而且网上资金周转更加便捷、网资数额往往更大、危害更大、侦查难度也更大。

助于犯罪人的教育感化和回归社会,也有助于在错案的情况下便于纠正,罚金刑对犯罪人经济上予以制裁,剥夺其回归社会后赖以从事犯罪的物质能力,起到威慑犯罪和预防犯罪的作用。而且在世界范围内,罚金刑也非常占优势,观念上,刑罚体系的中心是自由刑,但是在实际运用中,罚金刑已经成为刑罚体系的中心,比如德国、日本、瑞士近些年罚金刑适用率均高达85%以上。[①]《刑法修正案(八)》在寻衅滋事罪条文第2款规定了罚金刑,无疑是一种进步,有观点认为这增加了犯罪人经济成本,有利于对受害人直接经济补偿,前面一句是正确的,后面一句有问题,因为罚金是上交国库的,和赔偿不能相提并论。[②] 但是《刑法修正案(八)》是不彻底的,因为在寻衅滋事罪基本款并没有罚金的相关规定。

可能也会有人认为寻衅滋事人员一般都是经济贫困的人,如果再对他们处以罚金是否雪上加霜,反而不利于对他们的教育改造。笔者认为这种观点是不准确的,原因主要有:(1)寻衅滋事人员并非都是经济贫困的,至少可以说他们大多数都是具有自食其力的能力的;(2)寻衅滋事犯罪并非都必须判处罚金,"可以并处罚金"意味着可以并处,也可以不并处,可以视情而定,根据具体属于四种行为类型中的哪一种情形定夺;(3)处罚金同样需要考虑到犯罪分子的实际经济情况和负担能力,如果要求经济窘迫者承担高额罚金,确实不利于教育改造,对于有一定经济能力者,罚金过少,则不会感受到经济处罚,起不到惩戒作用;(4)法院判决时需要规定罚金缴纳期限,并明确一次缴纳还是分期缴纳,这样,对于无力一次缴纳的,可以限定时间分期缴纳,这样既兼顾到犯罪分子的实际履行能力,不让他们感受到过大的压力和负担,体现法律的温情,又能够让犯罪分子在一定时间内感到阵痛,起到制裁、惩罚、教育、警示、提醒的效果,使他们明白再次寻衅滋事犯罪得不偿失,否则将会付出沉重代价的道理,体现刑法的严厉。

在寻衅滋事罪基本款里增添罚金的内容,笔者认为还有如下几个原因和优势:(1)从"口袋罪"限制和消减的角度讲,刑罚的限制和消减也是一种重要内容,罚金代替或者分担一部分自由刑,同样也是寻衅滋事罪限制和消减的一个表现。(2)寻衅滋事犯罪社会危害性较大,同时侵犯了社会管理秩序

---

① 张明楷编:《外国刑法纲要》(第2版),清华大学出版社2007年版,第390~391页。
② 孟庆华:《寻衅滋事罪的理论和实践》,人民出版社2014年版,第386页。

和他人人身、财产等权利的双重法益，如果可以对寻衅滋事犯罪分子处以罚金刑，能够严厉打击该类犯罪，使他们在经济上占不到便宜，遏制他们的嚣张气焰和肆无忌惮。[①] (3)和刑法立法整体也是协调的，现行刑法有大约150个罪名规定了罚金，主要集中在财产犯罪、侵犯市场经济秩序犯罪、贪污贿赂犯罪以及妨害社会管理秩序犯罪等，寻衅滋事罪属于妨害社会管理秩序犯罪。无论是刑法分则第6章妨害社会管理秩序犯罪91个条文，还是该章第一节扰乱社会秩序罪28个条文，均有一半左右规定了罚金刑。在寻衅滋事罪基本法定刑规定罚金刑，和该节中罪名仍然协调，不存在矛盾之处。(4)寻衅滋事罪关联的刑法法条以及《治安管理处罚法》关联条文都有相关规定。[②] 抢劫罪、抢夺罪、敲诈勒索罪、故意毁坏财物罪等条文都规定了罚金刑，《治安管理处罚法》第26条也规定了罚款，寻衅滋事罪立法应当和上述规定衔接起来。另外，寻衅滋事罪条文第2款情节加重犯条款设置了罚金刑，似乎没有任何理由在基本犯条款里不增加罚金刑内容，亦即寻衅滋事罪内部在罚金刑问题上也亟待统一、衔接和协调。(5)有利于和国际接轨，德国破坏国家安宁罪和以实施犯罪相威胁扰乱公共安宁罪，日本暴行罪、胁迫罪和强要罪，等等，都配置了罚金刑，我国寻衅滋事立法也应当顺应国际潮流，对罚金刑有所体现和倚重。

罚金刑的规定有三种类型，一是无限额罚金制，不规定最高额和最低额，现行刑法有80余个罪名有此种设置；二是限额罚金制，上下限均有规定，现行刑法有20余个罪名有此种设置；三是倍比罚金制，按照一定基数的倍数或者百分比确定，基数主要是非法所得、营业额和销售额。寻衅滋事罪的罚金适宜选用限额罚金制，根据寻衅滋事罪社会危害性配置合适范围的罚金刑，同时限制法官自由裁量权。目前全国就业人员平均工资大约5万，这可以作为寻衅滋事罪罚金刑的最高限额，《治安处罚法》最高罚款额是1000元，这可以作为寻衅滋事罪罚金刑的最低限额，这个幅度是比较理想和科学的。

(四)设立致人重伤或者死亡时的转化犯条款

我国寻衅滋事罪没有对寻衅滋事致人重伤或者死亡如何处理作出规定，

---

① 《寻衅滋事罪是否增设罚金刑》，载法律快车网，http://www.lawtime.cn/info/zhian/zacfrlggzx/201309122813094.html。

② 魏娜：《论寻衅滋事罪的若干问题》，黑龙江大学2012年硕士学位论文，第37页。

尽管限缩“口袋罪”立场能够得出我们理想的结论,但是如果能够作出统一的规定,也许能够结束理论界和实务界在这个问题上的争论。目前有三种方式可以选择,第一种选择是完善立法,这种解决方式是彻底的、完美的,毕竟寻衅滋事犯罪不一定比聚众斗殴犯罪轻,危害性不见得比聚众斗殴罪小,聚众斗殴罪都作出了转化犯的特别规定,寻衅滋事罪有理由、有必要,也能够作出与聚众斗殴罪类似的规定。第二种选择是进行立法解释或者司法解释,但是这毕竟是无奈的、不得已的、临时性的选择,既然能够选择立法解决的方式,那就应当优先考虑进行立法修改,毕竟立法解释和司法解释有其固有的局限性。何况,立法解释和司法解释不应该用来解决立法缺陷问题,无权对刑法没有规定的内容加以扩充解释,寻衅滋事致人重伤或者死亡属于刑法应当予以规定而没有规定的情况。第三种选择是公布指导性案例,这种方式也是权宜之计,因为其本身不具有普遍约束力,仅仅是办案的一个参考,但是根据最高人民检察院《关于案例指导工作的规定》,如果不遵照执行指导性案例,需要书面提出意见,报经检察长或者检察委员会决定,这就极大地约束了检察官的手脚。

笔者认为,寻衅滋事罪应当和聚众斗殴罪进行对接,因为聚众斗殴罪也是从流氓罪分解出来的,在聚众斗殴犯罪过程中致人重伤或者死亡,由于聚众斗殴罪法定刑无法覆盖致人死亡和致人重伤的结果,规定了转化罪的特别条款定故意伤害罪或者故意杀人罪,显然寻衅滋事犯罪过程中也有可能造成重伤或者死亡的结果,寻衅滋事罪的法定刑也不能覆盖死亡或者重伤的结果,所以建议也增加一条特别条款,①定故意伤害罪或者故意杀人罪,为司法适用提供明确依据,结束和避免纷争。目前条款没有作出相关规定实乃疏漏,法律空白亟待填补。

转化犯必须由刑法明文规定,转化犯形式上是出于避免二次评价、重复评价和经济性的考虑,实质上是由于几种行为侵害的法益具有相同性或者类似性。② 在我国《刑法》中转化犯的规定共有 8 处 10 个罪名,分别是《刑法》第 238 条非法拘禁罪、第 241 条收买被拐卖的妇女、儿童罪、第 247 条刑讯逼

---

① 增加“寻衅滋事,致人重伤、死亡的,依照本法第二百三十四条、第二百三十二条的规定定罪处罚”的规定,作为寻衅滋事罪刑法条文第 5 款内容。

② 张明楷:《刑法分则的解释原理》(第 2 版),中国人民大学出版社 2011 年版,第 632 ~633 页。

供罪和暴力取证罪、第248条虐待被监管人员罪、第253条私自开拆、隐匿、毁弃邮件、电报罪、第269条转化型抢劫罪、第292条聚众斗殴罪、第333条非法组织卖血罪和强迫卖血罪，寻衅滋事过程中不论是导致重伤还是造成死亡，和上述聚众斗殴罪等罪名都属于性质、程度相当的犯罪，在出现"致人重伤、死亡"结果时，自然可以也应当作出和上述罪名类似的规定。除了具有保持一致性、协调性等益处外，这样规定还可以方便司法人员快捷办理案件，提高司法人员工作效率，减少案件定性难度和困扰，降低违反禁止重复评价原则和侵犯人权的风险。

转化犯针对的是一个行为还是两个行为是有争议的，如有论者认为转化犯将不符合特定罪名构成要件的行为按照该罪名处理，是法律拟制，①该观点实际上就默认了转化犯仅仅是一个行为。有论者认为转化犯是指行为人在实施某一较轻的犯罪时，由于连带的行为又触犯了另一较重的犯罪，因而法律规定以较重的犯罪论处，②该观点认为转化犯针对的是两个行为。笔者认为转化犯包含了对一个行为或者几个行为的规定，是一种概括的规定，比如寻衅滋事罪，只要是在寻衅滋事过程中致人重伤或者死亡，可以不论寻衅滋事和致人伤亡是一个行为还是两个行为，只要有转化犯的法律规定，就可以定故意伤害罪或者故意杀人罪，这样转化犯的优点就更加鲜明了，即不需要区分到底是一个行为还是几个行为，而且这种区分时常有很大难度。

因而，在寻衅滋事罪中增加"寻衅滋事，致人重伤、死亡的，依照本法第二百三十四条、第二百三十二条的规定定罪处罚"的规定，作为寻衅滋事罪刑法条文第4款内容，切实可行，而且具有重要意义。其一，有助于避免重复评价。寻衅滋事过程中，如果造成两人轻微伤，则构成寻衅滋事罪情节恶劣，如果造成重伤或者死亡，若将重伤或者死亡的结果既评价为寻衅滋事罪的情节恶劣，又评价为故意伤害罪或者故意杀人罪的客观方面，那么，非常明显的是重伤或者死亡在寻衅滋事罪和故意伤害罪或者故意杀人罪中进行了两次评价，实为不妥。其二，有助于法律制度实现统一，同样属于妨害社会管理秩序罪中的扰乱公共秩序罪范畴，而且同宗共祖于流氓罪，既然聚众

---

① 陈文昊：《转化犯的二元价值探讨——以罪刑均衡原则为视野》，载《成都理工大学学报（社会科学版）》2016年第5期。

② 汤晓慰：《寻衅滋事罪司法适用探析》，载《人民检察》2002年第8期。

斗殴罪规定了转化犯条款，寻衅滋事罪也应当保持一致，实现刑法结构和司法理念协调统一，也避免和聚众斗殴罪处理路径甚至处理结果不同的矛盾和尴尬。其三，有助于贯彻落实罪刑相适应原则。① 寻衅滋事过程中产生重伤或者死亡的结果，重伤和死亡实际上是寻衅滋事行为的自然延续，如果将寻衅滋事罪和故意伤害罪或者故意杀人罪进行并罚，会造成司法不公，违反和践踏罪刑相适应原则。

如果对寻衅滋事罪在刑法中作出转化犯的规定，那么是否寻衅滋事过程中致人重伤都定故意伤害罪，致人死亡都定故意杀人罪。笔者认为可以参考聚众斗殴罪的有关争论，亦即聚众斗殴过程中，致人重伤是否都定故意伤害罪，致人死亡是否都定故意杀人罪。针对此论题，有两种观点，一是“结果说”，只看结果不问主观，即主张致人重伤就定故意伤害罪，致人死亡就定故意杀人罪；二是“要素说”，坚持主客观一致的原则，认为不仅要考察客观结果，还要查清当事人主观上到底是伤害的故意还是杀人的故意。② 应当说“要素说”是主流观点，笔者赞同该说，因为如果明明是故意伤害但是说成故意杀人明显不妥，反之亦然，否则就是对罪刑法定和主客观相一致原则的违背。所以，尽管是特别规定，但是特别规定并不排斥对主观的重视和考察，而且笔者认为该特别规定的前提是故意，不然也不能转化，故意在没有反证的情况下允许推定。③ 同时，如果聚众斗殴已经结束另起犯意实施故意伤害或者故意杀人的，同样不适用转化条款，应当数罪并罚，这同样适用于寻衅滋事罪。另外，在寻衅滋事共同犯罪的场合，出现重伤或者死亡的结果，如何对行为人定罪？在聚众斗殴罪中，存在“全部转化说”和“部分转化说”两种观点，前者认为聚众斗殴是一个整体，相互影响、相互支持、相互加功，所以在致人重伤或者死亡的场合，应当全部转化，④后者认为只对直接致害人

---

① 陈东、付继博：《寻衅滋事转化定罪的现实困境与解决思路》，载张毅主编《理论研究探索专集》，方志出版社 2008 年版，第 144 页。

② 《聚众斗殴罪致人死亡是否一律认定为故意杀人罪》，载百度文库，http://wenku.baidu.com/view/ccf3f7166c175f0e7cd13780.html；张琴：《关于聚众斗殴致人死亡案件的定性分析》，载《人民公安报》2014 年 7 月 24 日，第 8 版。

③ 刘之雄：《聚众斗殴致人重伤、死亡的刑法适用——以立法推定为视角的分析》，载《湖北警官学院学报》2016 年第 3 期。

④ 殷芳保：《如何确定聚众斗殴致人重伤死亡转化犯的范围》，载《检察日报》2010 年 8 月 30 日，第 3 版。

定故意伤害罪或者故意杀人罪，对其他人员仍然定聚众斗殴罪。[①] 笔者认为，这两种观点都片面化、绝对化，应当坚持主客观相一致的原则，综合各种情况具体分析，结合首要分子和积极参加者的主观故意、有无吩咐限度和范围、是否在场、有无阻止、有无施救等方面，得出全部转化还是部分转化的恰当结论。[②] 在寻衅滋事罪专门设置转化犯规定时，上述理论同样适用于寻衅滋事罪，不再重复和赘述。

还有一个值得探讨的问题就是转化犯规定、注意条款和拟制条款又是什么关系呢？笔者认为，转化犯规定包括注意条款和拟制条款两种类型，转化犯第一大特征就是法定性，亦即刑法条文作出明确规定，而注意条款和拟制条款之所以称为条款那自然也是为刑法所规定了的。然而，认为注意条款和拟制条款组成了转化犯是不正确的观点，因为，转化犯通常涉及罪数问题的争论，并不是所有注意条款都和罪数有关联，比如，《刑法》第 156 条规定，与走私罪犯同谋，为其提供帮助的，以共同犯罪论处，显然该注意条款没有涉及罪数问题，所以不是转化犯规定。同时，转化犯不包括罪与非罪之间的转化，但是拟制条款除了包括数罪和一罪之间的拟制（如《刑法》第 269 条转化型抢劫罪）、此罪与彼罪之间的拟制（如《刑法》第 267 条携带凶器抢夺的定抢劫罪），还包括罪与非罪之间的拟制，[③]适例就是《刑法》第 362 条规定在公安机关查处卖淫嫖娼时为违法犯罪分子通风报信，根据《刑法》第 310 条窝藏、包庇罪处罚，事实上，卖淫嫖娼并非都构成犯罪，所以实质上和窝藏、包庇罪刑法条文中"明知是有罪的人"是有出入的。所以，在寻衅滋事罪增加设置"寻衅滋事，致人重伤、死亡的，依照本法第二百三十四条、第二百三十二条的规定定罪处罚"，尽管有争议，但是根据上述分析以及笔者自身的主张和立场，笔者认为该条规定将和聚众斗殴罪条文第 2 款一样，是转化犯规定，也是注意条款，而非拟制条款。另外，江苏省高级人民法院、省人民检察院、公安厅于 2002 年联合下发的《关于办理涉枪涉爆、聚众斗殴案件有关意见》中规定，聚众斗殴致人重伤或者死亡，适用故意杀人罪还是故意伤害罪，不

---

① 章翠红、沈忠、张平：《聚众斗殴致人重伤、死亡应如何转化定罪》，载《商场现代化》2012 年 9 月。

② 赵志强、焦文彦：《聚众斗殴罪转化犯的共犯不必然构成故意伤害罪》，载《人民法院报》2014 年 6 月 11 日，第 6 版；王安胜：《聚众斗殴致人重伤的应如何定罪》，载《中国检察官》2012 年第 1 期。

③ 李振林、林清红：《转化犯和法律拟制之关系辨析》，载《铁道警察学院学报》2015 年第 1 期。

能简单以结果认定，如果是杀人的故意，即使只造成重伤，仍然定故意杀人罪，如果是伤害的故意，即便造成死亡，但是仍然应当定故意伤害罪。不难看出，该意见显然坚持了注意条款的立场和态度，笔者观点和其完全吻合和一致。

（五）增加“本法另有规定的，根据其他规定”的款项

2013 年 7 月最高人民法院、最高人民检察院《关于办理寻衅滋事刑事案件适用法律若干问题的解释》第 7 条规定“实施寻衅滋事行为，同时符合寻衅滋事罪和故意杀人罪、故意伤害罪、故意毁坏财物罪、敲诈勒索罪、抢夺罪、抢劫罪等罪的构成要件的，依照处罚较重的犯罪定罪处罚”。2013 年 9 月最高人民法院、最高人民检察院《关于办理利用信息网络实施诽谤等刑事案件适用法律若干问题的解释》第 5 条规定“利用信息网络辱骂、恐吓他人，情节恶劣，破坏社会秩序的，依照刑法第二百九十三条第一款第（二）项的规定，以寻衅滋事罪定罪处罚。编造虚假信息，或者明知是编造的虚假信息，在信息网络上散布，或者组织、指使人员在信息网络上散布，起哄闹事，造成公共秩序严重混乱的，依照刑法第二百九十三条第一款第（四）项的规定，以寻衅滋事罪定罪处罚”，①第 9 条规定“利用信息网络实施诽谤、寻衅滋事、敲诈勒索、非法经营犯罪，同时又构成刑法第二百二十一条规定的损害商业信誉、商品声誉罪，第二百七十八条规定的煽动暴力抗拒法律实施罪，第二百九十一条之一规定的编造、故意传播虚假恐怖信息罪等犯罪的，依照处罚较重的规定定罪处罚”。

可见，在一个行为同时触犯了寻衅滋事罪和其他一般罪名时，这两个司法解释规定从一重罪处罚，②但是这两个规定都是有问题的，尽管符合想象竞合犯的一般法理，但是刑法条文并没有寻衅滋事罪与其他犯罪竞合相关的条文，也就是说不具备司法解释的基础，而且没有考虑到寻衅滋事罪是一个特殊的“口袋罪”。因为寻衅滋事罪具有补充性、堵漏性和兜底性，其他罪名能够调整即适用其他罪名，其他罪名的犯罪构成不能满足，又具有社会危害性和应受

① 与寻衅滋事罪刑法条文对接的是第 1 款第 2 项中的“辱骂”和“恐吓”行为，以及第 4 项中的“起哄闹事”行为。秦火火（网名，原名秦志晖）制造“铁道部天价赔偿外籍旅客”以及“张海迪、杨澜等有外国国籍”等谣言而“名噪一时”，2014 年 4 月北京市朝阳区人民法院对其以触犯寻衅滋事罪第 1 款第 4 项规定，判处有期徒刑 3 年。

② 上述第二个司法解释在有关网络辱骂、起哄闹事等问题上，甚至有优先适用寻衅滋事罪的倾向和迹象。

刑罚处罚性时，方才考虑使用寻衅滋事罪这个“口袋”罪名，从刑事立法上明确寻衅滋事罪的兜底性质和补充地位，必将对口袋罪的限制利用大有裨益。所以为了避免纷争和方便适用，同时限制寻衅滋事罪的扩张，建议在寻衅滋事罪刑法条文加上“本法另有规定的，根据其他规定”，作为第五款的规定。

（六）采用渐变式处理方法进行分解合并，最终摒弃

当下中国寻衅滋事罪暂时不能废除，因为其能够起到查漏补缺和严密法网的作用。但是为了防止寻衅滋事罪“口袋化”不良倾向，短期内，适宜对寻衅滋事罪进行适用上的克制和立法上的改造，进行软化、弱化处理，长久看，可以逐渐将该罪中的某些行为方式分化规定到故意伤害罪、侮辱罪、抢劫罪、故意毁坏公私财物罪、聚众扰乱公共场所秩序罪等其他普通罪名中，对情节较轻的行为，则留待《治安管理处罚法》或者其他规范予以调整和处置。

有论者认为，寻衅滋事罪的补充性质造就了其模糊性，如果寻衅滋事罪明白无误，没有任何模糊性用语，那么结果只有两种，一种是完全成为一个新罪名，和其他罪名没有竞合和交叉；另一种结果是和其他相关罪名重复，不会起到补充和辅助的作用。[①] 笔者对该观点表示赞同，进而本着标本兼治、既要治标更要治本、短期治标长期治本的立场和态度主张：循序渐进对寻衅滋事罪进行分离、分解、分化，最终废除寻衅滋事罪，将寻衅滋事罪这个“口袋罪”最终淹没在我国法制历史长河里，而最终废除寻衅滋事罪的理由主要有：刑法目的（保护法益的前提是明确法益）和罪刑法定原则的要求；避免“口袋罪”流弊的呼唤；人权保障和法治现代化的必然。

有论者围绕刑事立法在寻衅滋事罪和其他罪名关系上提出了很好的指导性意见，认为要想尽快消除寻衅滋事罪沦为口袋罪被裹挟的各种因素和障碍，从而克服寻衅滋事罪可能成为“法治国”的缺点，就必须进行大刀阔斧、釜底抽薪式修正，增加诸如完善罪名体系、降低其他普通罪名门槛、提高其他普通罪名法定刑等内容。[②] 笔者认为首先可以将任意损毁财物剔除出去，我国《刑法》第 275 条规定了故意毁坏财物罪，分为两个档次，第一个档次是数额较大或者有其他严重情节，判 3 年以下有期徒刑；第二个档次是法定刑升格，也就是在数额巨大或者有其他特别严重情节时，判处 3 ~ 7 年有期徒

① 王勇：《寻衅滋事罪问题研究》，中共中央党校 2015 年硕士学位论文，第 6 ~ 7 页。

② 赵秉志、彭新林主编：《寻衅滋事的罪与罚》，北京大学出版社 2015 年版，第 76 ~ 77 页。

刑。可见，故意毁坏财物罪除了有数额的规定，还有情节严重和情节特别严重的规定，尽管任意损毁财物可能没有达到故意毁坏财物罪5000元的数额较大的要求，但是因为流氓或者寻衅动机和侵犯公共秩序等情节，仍然可以认为符合故意毁坏财物罪中的情节严重情形，纳入故意毁坏财物罪中具有可行性和必要性。反对者认为寻衅滋事罪最高可以判10年，故意毁坏财物罪只能判7年，不能将任意损毁财物行为从寻衅滋事罪中剔除出去，笔者认为限制"口袋罪"是需要付出代价的，而且什么情况下判处10年有期徒刑是很模糊的，也是很少的，判处7年有期徒刑不会轻纵犯罪。

对于其他几种情形，笔者的主张分述如下：(1)对于"随意殴打他人的"，如果造成被害人轻伤、重伤或者死亡的结果，归入过失致人死亡、过失致人重伤、故意伤害罪或者故意杀人罪等罪名中调整；其他情况依照《治安管理处罚法》第43条处理。(2)对于"追逐、拦截、辱骂、恐吓他人的"，如果追逐、拦截后非法剥夺他人自由，按照非法拘禁罪处理，辱骂实际上是一种侮辱行为，如果辱骂是以暴力或者其他方法公然进行，且情节严重的话，按照侮辱罪来处罚；①参照德国的胁迫罪、意大利和法国的威胁罪、日本的恐吓罪，在刑法中另外增设恐吓罪，当然，如果恐吓以非法占有为目的并且数额较大，那么就构成敲诈勒索罪，如果恐吓造成他人精神失常或者自杀，那就构成故意伤害罪；其他情况原则上交由《治安管理处罚法》第26条或者42条处理。(3)对于"强拿硬要"的行为，可以分情形归入抢劫罪、抢夺罪、敲诈勒索罪相关法条以及《治安管理处罚法》第26条进行规制，对于"占用"也可以归入故意毁坏财物罪、挪用公款罪、挪用资金罪相关法条和《治安管理处罚法》第26条予以规制②。(4)对于"在公共场所起哄闹事的"行为，如果聚众扰乱公共场所秩序情节严重的，定聚众扰乱公共场所秩序罪；其他情节较轻的情况下，根据《治安管理处罚法》第23条处理。对于既不构成犯罪，也不成立《治安管理处罚法》一般违法行为的情形，则留待民事法律或者道德规范去调整。

---

① 梁剑、叶良芳：《寻衅滋事罪立法规定质疑》，载《政治与法律》2003年第6期。

② "占用"公私财物，是指改变公私财物的用途，亦即侵犯公私财物的占有使用收益权的行为。对于侵犯财物的占有使用收益权，有挪用公款犯罪和挪用资金犯罪两种类型，挪用公款犯罪的对象是公款和救灾、抢险、扶贫等款物，挪用资金犯罪的对象为公司、企业或者其他非国有单位的资金，所以"占用"型寻衅滋事罪独立性并不强，完全没有犯罪化的必要。

第七章　传统口袋罪之非常难以判断的玩忽职守罪

玩忽职守犯罪是一种“不进腰包”的犯罪，与公共权力密切关联，玩忽职守罪专门针对昏官、庸官，其危害性与贪官、奸官相比有过之而无不及。譬如，重大事故发生导致多人伤亡，人的生命是至高无上和无价的，生命乃最大人权，其危害性至少不亚于官员贪污受贿几十万、几百万乃至几千万，而且，人的生命失去了就无法挽回，但是贪腐的资金很多时候能够得到追赃挽损。再如，玩忽职守行为造成的巨额经济损失也是这种情况，也常常是无法挽回，最终只能由国家、公司企业本身乃至被害人自己埋单。应当说，这是一个非常重要的罪名，但是问题颇多，在立法上存在诸多流弊，比如客观内容不够明确、违反职责不够清晰、重大损失标准不够明了，司法解释不断扩大主体范围（尤其是协助人员和临时工也被囊括进来）。司法实践中，因果关系判定较难，常常发生本该使用其他罪名的案件却适用了玩忽职守罪、本该不构成犯罪的案件也被科以玩忽职守罪等情形。如此种种，玩忽职守罪始终未能改变口袋罪的命运，只不过由 1979 年《刑法》中的一个旧口袋罪演变为 1997 年《刑法》中一个典型的传统口袋罪。上述一些列举出的问题长期困扰着实务界，玩忽职守出入人罪的现象并不鲜见。本书建议从立法和司法两个方面着手，有效化解玩忽职守罪滥用或者不正确适用的现象，防止玩忽职守罪的“口袋化”倾向和其“口袋”的任意扩张。

第一节　玩忽职守罪概述

对于玩忽职守罪在刑法中的变革和发展进行考察,有助于对其口袋罪属性的发展脉络了然于胸。而对于玩忽职守罪的内涵进行厘清,有助于打牢考察玩忽职守罪口袋罪相关问题的基础。概言之,对玩忽职守罪的沿革和界定进行探讨,是研究玩忽职守罪“口袋化”倾向问题的逻辑起点。

一、玩忽职守罪的刑法沿革

我国玩忽职守罪的相关规定可以追根溯源至1979年《刑法》,根据该法第187条的规定,国家工作人员因为玩忽职守导致公共财产、国家或者人民利益遭到重大损失时,处5年以下有期徒刑或拘役。该条规定的缺陷主要有主体范围过宽、“玩忽职守”含混不清、所含内容过于抽象和庞杂、包含滥用职权犯罪、同时包含故意和过失两种罪过形态等,成为1979年《刑法》中与流氓罪和非法经营罪“齐名”的三大旧口袋罪之一。在当时的司法实践中,由于类推制度的同时存在和助力,玩忽职守罪口袋化倾向不断加剧。1997年《刑法》作出重大调整和完善,类推制度得以废除,并在第397条之中规定:“国家机关工作人员滥用职权或玩忽职守,导致公共财产、国家或者人民利益遭到重大损失时,处三年以下有期徒刑或拘役,情节特别严重时,处三年以上七年以下有期徒刑,本法另行有相关规定的,依照相关规定。”可见,主体范围予以了限缩,框定在了国家机关工作人员,有了滥用职权罪的设定,而且,1997年《刑法》连同此后我国陆续通过的刑法修正案规定了10多个特别的玩忽职守犯罪罪名,如过失泄露国家秘密罪、执行判决裁定失职罪、国家机关工作人员签订履行合同失职被骗罪、环境监管失职罪、传染病防治失职罪、食品监管渎职罪以及动植物检疫失职罪等。玩忽职守罪无疑取得了巨大的进步和质的飞跃,然而,玩忽职守罪仍然难逃口袋罪的命运,只是由一个大的口袋罪变为了一个小的口袋罪而已。

二、玩忽职守罪的概念厘定

对于玩忽职守罪的界定,学界的争论主要集中在行为方式的不同表述上，有学者主张玩忽职守是指严重不负责任，不履行或不正确履行职责；[①]有学者认为主张玩忽职守是指严重不负责任，不履行或不认真履行职责；[②]还有学者主张直接使用“玩忽职守”的表述。[③] 本书认为以上三种观点均有不足，第一种观点主要缺点在于“不正确履行职责”应该和滥用职权罪相适应，用在玩忽职守罪上不准确；第二种观点中“严重不负责任”显属语言不够精练，和“不履行或者不认真履行职责”意思基本相同，亦即存在文义重复的问题，建议予以删除；第三种观点没有能够解释什么是玩忽职守，较为模糊。故而，本书认为，玩忽职守意指国家机关工作人员不认真履行或不履行职责，导致公共财产、国家或者人民利益受到重大损失的行为。进一步而言，玩忽职守罪包含作为的玩忽职守和不作为的玩忽职守两种类型，作为的玩忽职守和概念中的“不履行职责”相对应，是指应当履行，也有能力履行，但是却没有履行，或者部分未履行，从而导致重大损失的发生。而不作为的玩忽职守和“不认真履行职责”相对应，是指尽管行为人有一定的身体动静，但是不当履行，或者过当履行，或者迟延履行，从而造成重大损失的发生。

第二节　玩忽职守罪“口袋化”的表征及缘由

玩忽职守罪口袋罪属性的根源在于立法的模糊规定，对于“玩忽职守”缺乏明确界定，“重大损失”的标准并不明晰，另外，立法解释和司法解释也助推了玩忽职守罪的“口袋化”，玩忽职守罪主体范围无限扩大，对有关内容的解释并不十分到位和彻底，未能“定分止争”，司法实践中，因果关系判断的困难延及玩忽职守罪，故意偷梁换柱用玩忽职守罪代替其他罪名者有之，技艺不精导致混淆罪和非罪或者此罪和彼罪的亦有之。鉴于口袋化表现和原因是一个问题的两个方面，有时难以截然分开，在玩忽职守罪中同样如此，故下文将此两个方面综合论述。

---

① 高铭暄、马克昌主编：《刑法学》，北京大学出版社 2011 年版，第 645 页；张光辉：《玩忽职守存在间接故意罪过形态》，载《检察日报》2014 年 8 月 20 日，第 3 版。

② 刘宪权：《刑法学》（第 3 版），上海人民出版社 2012 年版，第 837 页。

③ 张明楷：《刑法学》（第 4 版），法律出版社 2011 年版，第 1095 页。

一、玩忽职守罪的职责内容不够清晰

根据文义解释,职责是指担任一定职务的人需要处理和负责的工作事宜,并对相关工作事宜承担相应责任,此种字面理解显然无法适应纷繁复杂的社会现象和司法实践需要。[①] 基于此,学界一般将职责分为法定职责与临时职责,法定职责固然来源于立法明确规定,而临时职责主要源于上级意志,比如聘任合同或者上级命令,尽管做了如此这般分类,缺陷仍然显而易见,因为此种分类在司法实践中的指导性和操作性均不强,存在泛化理解的问题。由此,又产生了"岗位说"、"职务说"和"签字说"等观点。"岗位说"主张以所从事的岗位定职责,该说缺陷在于将不在编的合同工也纳入玩忽职守罪规制范围,因为合同工仅仅居于从属和辅助地位,合同工所做工作无论如何不应纳入从事公务活动的范畴,同时现实中一人多岗的情况并不鲜见,所以岗位行为和实施行为两者的主体并不总是一致。"职务说"提倡以所担任的职务定职责,该说的不足在于对法定职责视而不见,往往片面地将职务履行作为判断是否构成玩忽职守罪的唯一标尺,忽视了某个人居于某个职务并不当然代表着其具有相应的职责。"签字说"坚持以签字定职责,该说的最大问题在于现实中签字往往涉及多个不同级别单位多个不同级别领导,其往往只是程序性地签字,若把全部签字人员均纳入追责范围,可能会陷入"法也责众"的泥淖,玩忽职守罪口袋化倾向由此进一步加剧。概言之,"岗位说"、"职务说"和"签字说"都存在"硬伤",均违反了罪责自负和责任主义的原则,实不可取。同时,还有将职业操守和形象规范作为职责依据的错误观点,职业操守和形象规范只应当划入道德规定的范畴,与工作职责没有直接关涉。

二、玩忽职守罪重大损失的标准不够明晰

有关玩忽职守罪的刑法条文明确规定玩忽职守罪应符合导致公共财产、国家或者人民利益受到重大损失的条件,是否造成"重大损失"自然成为是否构罪的一个重要标准,遗憾的是在刑法条文里面并未明确规定"重大损

---

① 贾健、徐合义、彭辉:《玩忽职守罪中的职责界分应予明确》,载《合肥晚报》2017 年 7 月 24 日,第 4 版。

失”的具体标准。最高人民法院和最高人民检察院于2012年联合发布了《关于办理渎职刑事案件适用法律若干问题的解释(一)》,该解释分别从人员伤亡、经济损失、“恶劣社会影响”以及“其他造成公共财产、国家或者人民利益遭受重大损失的情形”等四个方面对“重大损失”的具体标准作了描述和规定,然而,“恶劣社会影响”作为非经济损失,表述极其抽象、概括和模糊,“其他造成公共财产、国家或者人民利益遭受重大损失的情形”语焉不详,形成了司法解释中的兜底条款,这两个方面情形的标准存在被随意扩大适用的巨大风险。对于“重大损失”是否包含非经济损失,主要有三种不同的观点和学说,第一种是“一元说”,该说认为玩忽职守罪的重大损失只包括经济损失,不包括非经济损失,第二种是“二元说”,该说认为玩忽职守罪的重大损失除了包括经济损失,还包括非经济损失,第三种是“三元说”,该说认为除了直接经济损失、非经济损失,还包括经济损失和非经济损失的综合评判。同时,对于重大损失除了直接经济损失,是否包括间接经济损失,亦有争议。重大损失标准的不明确和理解的不统一,非常容易造成同案不同判,也非常容易造成玩忽职守罪的进一步“口袋化”。

三、玩忽职守罪的主体不断扩大

1997年《刑法》将玩忽职守罪的主体限定为国家机关工作人员,该限制使行使公权力的事业单位工作人员成为制度的空白和漏洞。针对该点,最高人民法院以及最高人民检察院先后制定了多个司法解释,对玩忽职守罪进行扩展,如规定合同制民警也属于玩忽职守罪规制范围。[①] 这些规定一定意义上对玩忽职守罪主体范围较为狭窄问题有所克服,但是,最高人民法院的做法也颇受质疑,不少学者认为司法解释拓宽玩忽职守罪主体范围侵蚀了立法权,严重违背罪刑法定和禁止类推原则。

基于上述质疑,2002年全国人民代表大会常务委员会制定和公布了《关于〈中华人民共和国刑法〉第九章渎职罪主体适用问题的解释》,将在根据法律或者法规规定行使国家行政管理职权之组织之中从事公务的人员、在受到国家机关委托代表国家机关行使职权的组织之中从事公务的人员、虽然没有

---

① 详细内容见《关于合同制民警能否成为玩忽职守罪主体问题的批复》和《关于工人等非监管机关在编监管人员私放在押人员行为和失职致使在押人员脱逃行为适用法律问题的解释》等。

列进国家机关人员编制却在国家机关之中从事公务的人员等“三类人员”囊括进玩忽职守罪的调整范围。最高人民检察院于2006年颁布的《关于渎职侵权犯罪案件立案标准的规定》对国家机关工作人员的内涵进行了明确，即国家机关工作人员意指国家机关之中从事公务的人员，包括在各个级别国家权力机关、行政机关、司法机关以及军事机关之中从事公务的人员，同时规定了与“三类人员”完全一致的人员范围，该规定还明确指出在乡镇以上的中国共产党机关或者人民政协机关之中从事公务的人员视作国家机关工作人员。

全国人民代表大会常务委员会于2002年制定的《关于〈中华人民共和国刑法〉第九章渎职罪主体适用问题的解释》和最高人民检察院于2006年公布的《关于渎职侵权犯罪案件立案标准的规定》有着某种意义的历史进步性，在玩忽职守罪的适用主体问题上看似对学界争论性问题给予了一定的回应和明确，实际上扩大了玩忽职守罪的主体范围。① 尤其是对于虽然不具有国家机关编制，但是被聘用从事公务的人员，没有选择形式的“身份论”，而体现实质的“公务论”的态度和立场，对于被授权或者被委托行使国家行政管理职权之单位组织人员，摒弃“形式论”立场，转向实质的“职能论”，都对刑法规定的渎职罪主体予以了扩大。于是乎，玩忽职守罪的主体范围无限扩大，变得无边无际。

四、玩忽职守罪的主观罪过仍然存在争议

与玩忽职守罪的主观罪过形态有关的争议一直没有停止，没有因为1997年《刑法》中专门设立滥用职权罪而平息。目前还有不少学者认为滥用职权罪、玩忽职守罪属于复合罪过，也就是说两者均既可出于故意，亦可出于过失，并进一步指出玩忽职守可能是间接故意，从而认为玩忽职守罪主观罪过既可是故意亦可是过失，主要基于这么两点理由：一是玩忽职守罪中的“玩”有玩弄的意蕴，而玩弄往往是出于故意；二是若不承认玩忽职守罪包括故意的主观罪过形态，则故意心态支配下的玩忽职守行为将有可能得不到规制和惩罚，有可能会放纵犯罪。② 另外是“过失说”，持该说的理由主要有：玩

---

① 苏彩霞：《刑法解释的立场和方法》，法律出版社2016年版，第25～26页。

② 转引自陈夏琳：《玩忽职守罪口袋化倾向及其应对》，中国政法大学2018年硕士学位论文，第12～13页。

忽职守罪和滥用职权罪相分立,一个是过失,一个故意;若玩忽职守罪既包含故意,亦包含过失,不符合刑法理论的基本原理;“玩忽”本身就有不经意、不认真的意思,和过失大致等同;国外刑法和理论也认为玩忽职守罪只能是过失,如俄罗斯和泰国等;[①]玩忽职守罪属于结果犯,结果犯系过失型渎职罪的典型和常规形式,[②]过失犯只能是结果犯,从这个角度看,主张玩忽职守罪的主观方面系过失至少与结果犯不存在理论上矛盾;立法的原意亦是把玩忽职守罪以过失犯作出建构的,根据是1963年的《关于补充修改刑法(初稿)的情况和意见的报告》,该报告提出,该次修改增设了玩忽职守罪,对情节恶劣或者后果严重的责任事故和严重玩忽职守等过失犯罪,我们按照工业70条的规定以及各方面的意见进行了追究刑事责任的规定。只不过情势需要,后来将故意心态支配下的滥用职权行为囊括进来一并规制,但是1997年《刑法》已经对该问题予以了纠正,所以应当正本溯源,还原玩忽职守罪的“本来面目”即过失罪过形态。

五、认定玩忽职守罪因果关系困难重重

因果关系是联系犯罪事实和刑事责任的桥梁和纽带,不能认定行为和危害结果的因果关系,行为人就不需要对危害结果承担刑事责任,因果关系不仅会影响定罪,而且可能会影响量刑。因果关系认定标准模糊不利于统一司法实践,导致宽严不一,因果关系认定范围过窄,不利于保护公共财产、国家和人民利益,不利于敦促国家机关工作人员积极履职,而范围过大的话,容易导致打击面过广,同时使玩忽职守罪的“口袋”二次扩张。玩忽职守罪是否成立因果关系,有“肯定说”与“否定说”两种观点和学说。[③]“否定说”的观点认为过失行为只是条件,并非原因,危害结果的发生往往存在其他直接介入因素。本书认为这个观点是站不住脚的,因为,危害结果发生的主要原因有可能是过失职务行为,过失渎职犯罪的前提是特定的职务义务,故而,过失职务行为与危害结果间的因果关系一样系认定玩忽职守的应有之义,这也是罪责自负原则对玩忽职守罪的基本要求。对于玩忽职守罪因果关系的

① 蒋小燕、王安异:《渎职罪比较研究》,中国人民公安大学出版社2004年版,第202~204页。
② 张光辉:《玩忽职守存在间接故意罪过形态》,载《检察日报》2014年8月20日,第3版。
③ 李晓明、李洪欣、陈姗姗:《中国刑法基本原理》(第4版),法律出版社2013年版,第321页。

学说，条件说、因果关系中断说以及相当因果关系说在大陆法系国家占据主要地位，双层因果关系说在英美法系国家属于通说，我国受苏联的影响，在很长一段时间里坚持必然偶然因果关系说。[①] 时至今日，国内对上述学说仍有不同的学者主张，形成了若干个战地和阵营。

条件说。也称为“等价说”，持有这种观点的学者认为每个对于危害结果发生起着决定作用的条件都具有同等价值，从逻辑上而言，致使危害结果发生的不可或缺的条件均为原因。亦即“无 A 即无 B”的情况下，就形成因果关系。该学说具有重大缺陷，将理论上的因果关系和刑法上的因果关系等同，无限扩大了因果关系以及处罚的范围，过于苛刻，而且，根据这个观点，职务行为人的父母也应当被追求刑责，这无疑是荒诞不经的。

因果关系中断说。持该观点的学者认为，在因果关系进行的过程之中，发生了异常的、独立的其他行为，该行为直接促成危害结果的发生，此时，职务行为人的不负责任与危害结果因果关系发生阻却，不构成因果关系，行为人不需要对危害结果承担刑事责任。该理论表面上对条件说进行了一些修正和调整，但是仍然是有问题的，按照条件说本应当是具有因果关系，但是在这里又否认因果关系，出尔反尔，自相矛盾，而且在司法实践中判断何为独立何为异常是非常困难的。亦正如日本刑法学家木村龟二所说的那样，刑法中的因果关系，是存在还是不存在的问题，不能形成中断的意义。

相当因果关系说。此种观点认为，在危害结果的若干个条件中，某个条件足够引发危害结果时就构成因果关系。在此种学说下又可以区分为主观说、客观说以及折中说。主观说过分缩小玩忽职守罪的因果关系，客观说过分扩大因果关系，折中说中一般人社会经验殊难判断，而且，根据这几个观点得出的结论往往也不统一，甚至是完全矛盾和相反。另外，相当因果关系说之“相当性”饱含伦理和道德的判断，和行为无价值有了较高程度的亲近性。举一个案例就能够说明，某区房管局产权科干部王某在核发某校产权证的工作中，不认真履行职责，将设计用途应为“非住宅”的产权证错发为设计用途为“住宅”的产权证，校方负责人据此将房屋出售。两年后，该校所在区域动迁，拆迁部门不得不以高出房产数百倍的价格予以补偿，造成重大损

---

① 陈兴良：《教义刑法学》，中国人民大学出版社 2014 年版，第 241 ~ 243 页；杨晓含：《玩忽职守罪司法认定问题研究》，西南科技大学 2020 年硕士学位论文，第 13 ~ 14 页。

失。按照主观说，主要是站在职务行为人的立场，甲某无法认识到之后的拆迁补偿，职务行为与损害结果不具有因果关系，不构成玩忽职守罪；按照客观说，主要是站在法官的立场，只要甲某有预见拆迁补偿的可能，即不可否认其行为和危害结果之间的因果关系，则构成玩忽职守罪；按照折中说，主要是从一般人的社会经验出发，如果行为时一般人都预知此地将拆迁补偿，则甲某行为与结果间有因果关系，否则不存在因果关系。

双层因果关系说。该说认为玩忽职守罪因果关系包含事实上因果关系以及法律上因果关系，并不是所有事实上因果关系都能够成为法律上的因果关系，必须根据一定的标准对事实上的因果关系进行筛选，筛选出的法律上的因果关系才可能成为刑法上因果关系。对于怎样确定玩忽职守罪法律上的因果关系，该说又细化为近因说和预见说两种见解。近因说认为，介入行为如果是独立的或者非异常的或者是高度盖然性的，则存在法律上的因果关系，此见解缺陷在于其标准和界限极其模糊，不易把握，主观性强，弹性太大，容易出现偏差，有可能被司法部门利用来徇私和徇情。预见说则认为，应当以职务行为人主观认识为评判的标准来选择事实上的因果关系作为法律上的因果关系，预见说的弊端在于完全主观化，彻底以主观代替客观，将主观上的罪过彻底等同于法律上的因果关系，对客观因素不管不顾，根本不考虑客观上的原因力，是经不起思辨和推敲的。

必然偶然因果关系说。必然因果关系是指内在的、本质的、必然的因果关系，偶然的因果关系是指外在的、现象的、非必然性的因果关系。必然偶然因果关系说主张，必然因果关系以及偶然因果关系均属于刑法中因果关系。把刑法上因果关系区别为必然因果关系以及偶然因果关系，长期来看系我国刑法理论之中的传统观点，占领着通说的地位。必然偶然因果关系说并没有为玩忽职守罪的因果关系判断提供一个具有较强可操作性的标准，故而该理论亦存在问题和缺陷。此外，著名法学家储槐植教授还提出一个半因果关系理论，主张刑法上的因果关系包含必然因果关系以及概率相对较高的偶然因果关系，亦即主张高度盖然性的偶然因果关系为刑法上因果关系。该主张把高概率的条件视为了原因，没有揭示刑法上因果关系的本质和根本内容，与条件说在实质上仍然无异，存在自身不可避免的弊端。

监督过失说。监督者负有相应注意义务，作为责任人，如若存有过失行为,并导致重大损失,那么就应当从该重大损失出发,倒查和追究监督者的刑事责任。该说貌似为玩忽职守罪量身定做了判断因果关系的特定方法,似乎具有较强的针对性,然而,该学说中所指称的监督过失是否包含了管理过失存在疑问,监督者的注意义务也含混不清,同时根据该说管理者的监督者也有可能被追责,容易引发监督者的恐慌,容易造成玩忽职守罪的无限不当扩大运用,这样就不难理解为什么会产生玩忽职守罪有关的追责错案。

六、玩忽职守罪此罪和彼罪的区别难度较大

玩忽职守罪和其他罪名之间较难区分的问题也对玩忽职守罪的“口袋化”有推波助澜作用,这体现在两个方面。一方面是玩忽职守罪和其他特殊渎职罪名之间的关系,1997 年《刑法》为了消减玩忽职守罪的“口袋”属性,将一部分特殊主体的特定行为从玩忽职守罪中分解出来,大大减轻了玩忽职守罪的负担和容量,玩忽职守罪的“小口袋化”非常显著。新问题是如何区分玩忽职守罪和 1997 年《刑法》分解出的 10 余个特殊渎职罪名,一般认为他们之间是法条竞合犯的关系,本书也表示赞同。但是在一个特殊主体实施某个特定行为可能涉嫌某个特殊渎职罪名时,因为个别要件的缺失或者个别证据的瑕疵,这个时候有学者主张可以退而求其次转而适用玩忽职守罪,并援引了 2013 年最高人民法院、最高人民检察院公布的《关于办理渎职刑事案件适用法律若干问题的解释(一)》之第 2 条第 2 款,亦即国家机关工作人员滥用职权或玩忽职守,由于没有徇私舞弊等情况,不符合刑法分则第 9 章第 398 条至第 419 条之规定,但是依照法律构成第 397 条所规定犯罪的,以滥用职权罪或玩忽职守罪追究刑事责任等相关内容作为其所持观点的重要支撑,而且在司法实践中不乏其例。本书不敢苟同,某种意义上该司法解释是“恶根”所在,其将法条竞合犯的原理进行了反向操作,有违“特别法优于一般法”法理,[①]本该出罪处理,却运用玩忽职守罪规制,促进了玩忽职守罪的“口袋化”。

另一方面是玩忽职守罪和滥用职权罪的关系,1997 年《刑法》将玩忽职守罪和滥用职权罪在罪名上做到了分立,实现了法律上的“分而治之”,两者

① 所谓“特别法优于一般法”,是指刑法有一般规定的,根据一般规定处理,但是刑法有特殊规定的,按照特殊规定处理。

之间貌似泾渭分明，一个主观上是故意，另一个主观上是过失，行为方式上也不同，一般认为滥用职权罪行为方式为逾越了职权，违反或者未按照法律处理、决定其没有权力处理、决定的事项，或违反相关规定处理公务。然而，实则不然，各个行为方式之间的界限实际上极其模糊，譬如不认真履行职责与违反或未依据法律处理、决定其无权处理、决定的事项间很难毅然决然地说两者不存在交叉和竞合。而在司法实践中，玩忽职守罪往往成为滥用职权罪的兜底条款，尤其是在对两者进行综合评价的时候。在一般玩忽职守因果关系和一般滥用职权因果关系叠加如何处理问题上，有肯定说和否定说两种观点。[①] 比如说某甲同时玩忽职守和滥用职权，因为玩忽职守给国家造成经济损失 18 万元，因为滥用职权给国家造成经济损失 20 万元，根据 2012 年最高人民法院、最高人民检察院司法解释，国家机关工作人员滥用职权或玩忽职守导致经济损失 30 万元以上时，才认定为"重大损失"，分开评价两个行为，是不能成立犯罪的。但是有论者主张可以将 20 万元滥用职权就低评价为玩忽职守，进而进行入罪处理，笔者一度也曾经赞同这样的主张。[②] 但是，让人忧思的是，如此这般重叠评价，长此以往玩忽职守罪必将不堪重负，"口袋化"进程将大大加速。

七、办案思维固化加剧玩忽职守罪"口袋化"

司法实践中，司法机关办案人员思维固化现象严重，在玩忽职守罪的处理上尤为明显，在思维固化的影响和驱使下，对玩忽职守罪的"口袋性"运用无以复加，对玩忽职守罪的"口袋化"起着直接而又重大的作用，而思维的固化主要体现在责任追究倒查思维、诉辩之间交易思维、量刑反制定罪思维等。[③] 对于责任追究思维，一旦发生重大事故，造成重大损失，就会去查这个工程或者项目是谁签字的，是否履行监督检查职责，在检查之后发现了未纠正的是滥用职权，未检查或者检查后因为不认真没有发现问题的是玩忽职守。于是乎，职责分工的界定和因果关系的认定被搁置一边，以结果论罪使

---

① 张明楷：《刑法学》(第 4 版)，法律出版社 2011 年版，第 1097 页。

② 陈小炜、殷妮、张鑫、马春艳：《玩忽职守罪的因果关系法律问题研究》，载《北华大学学报(社会科学版)》2015 年第 4 期。

③ 陈夏琳：《玩忽职守罪口袋化倾向及其应对》，中国政法大学 2018 年硕士学位论文，第 12 ~ 13 页。

玩忽职守罪得以扩大适用，是否触碰刑法完全靠碰运气，玩忽职守罪陷入“刑不可知，威不可测”的境地。

关于诉辩之间交易思维，对于诸如食品安全渎职、环境监管失职等行为，如果科以相应的特殊罪名，由于食品和环境等问题的特别重要性，犯罪嫌疑人可能面临较为严重的刑罚，但是只要行为人态度好，认罪悔罪，积极配合办案，司法机关也会给予行为人一定的福利，以玩忽职守罪处理，要么不起诉，要么免予刑事处罚，要么判处缓刑，尤其是根据相关法律规定在不起诉和免予刑处的情况下还能保留公职和饭碗。

至于量刑反制定罪思维，在这种思维的主导下，司法机关往往先判断行为人应当判处的刑期，根据刑期的长短再选择一个合适的罪名，这种思维的弊端是违反了刑法的基本原理，定罪和量刑的顺序被颠倒了过来。比如国家机关工作人员和拆迁户勾结骗取拆迁补偿款，为了实现低刑期、轻处理，就有对国家机关工作人员适用玩忽职守罪的情况，而放弃了本应适用的滥用职权罪、贪污罪或者受贿罪等罪名。① 这种操作在司法实践中被“屡试不爽”，甚至“备受青睐”，表面上似乎更加实用和更能实现正义。然而殊不知准确定性才能准确量刑，估推量刑反而容易导致不公平和非正义，而且，更为关键的是，量刑反制定罪思维模式下，玩忽职守罪很受推崇，自身的模糊性极易得以应用，无疑大大推进了其“口袋化”。

另外，我国司法机关对地方党政机关具有比较强的依附性，司法机关坚持党的领导，也很容易被曲解和异化为地方党委对司法工作的不正当干预。因为我国司法机关产生于同级人民代表大会，向其汇报工作、对其负责，而且司法机关工作又和地方利益密切相关，所以同级人民代表大会不可能不重视和不关注。地方司法机关的人财物往往受制于地方政府，由地方财政划拨，这种情况下地方司法机关往往对地方政府的“耳提面命”和各项指示乃至个案干预乐于接受并付诸实施。于是，在一些玩忽职守案件中，地方党委政府可能会对司法机关进行干预，让某个直接责任人员或者其他相关人员接受刑事处罚，进而引发玩忽职守罪“口袋化”危机。

---

① 身份犯和非身份犯内外勾结骗取国家财产，如何定罪处罚，理论界有争议，但是无论如何也没有适用玩忽职守罪的主张和空间，但是实践中却屡屡发生。

第三节　立法上削弱和消减玩忽职守罪

一、明确规定玩忽职守罪的职责范围

对于玩忽职守罪中的职责,本书认为应具备如下属性和特质:一是法定性,也就是说职责必须由立法设定,不是来源于立法的义务设定不能被认定为职责,否则和法治相违背;二是专属性,也就是说职责应当专属于特定人员,即某个特定的国家机关工作人员,只有精准定位到某个人,才能实现准确定位打击的目标;三是公益性,也就是说职责的履行旨在服务于国家、社会和集体,是为了实现国家、社会以及集体的利益,并非个人利益。

宪法、法律、行政法规属于刑法规定的“国家规定”,它们设置的一些义务理所当然可以成为玩忽职守罪职责的来源,然而,部门规章、地方性法规、地方性规章、自治条例以及单行条例能否成为本罪职责的依据和来源应当根据具体问题作出具体分析。如果属于在宪法、法律或者行政法规的框架内容下的细化和补充,同样也能够认为是玩忽职守罪的职责来源,因为在我国部门规章、地方性法规和地方性规章广泛存在,否认它们的职责创设权限不理性、也不现实,但是如果它们创设的职责和宪法、法律、行政法规存在矛盾和抵触,那么就应当被排除出玩忽职守罪职责的范围。

根据《公务员法》第 20 条,各国家机关根据确定的职能、规格、职数、编制限额以及结构比例,进行本国家机关公务员具体职位的设置,并确定各职位工作职责以及任职资格条件,故而,国家机关可依据国情、机关惯例、职业惯例以及实际需要作出内部决定,为本单位内部国家机关工作人员设定工作职责。同时我们应当明确内部决定成为玩忽职守职责的依据,必须同时满足以下几个条件:一是内部决定必须是成文的形式,不成文的内部决定必须排除;二是内部决定只能是法定职责的细化和补充,存在矛盾和抵触的必须排除;三是内部决定必须具有预测可能性,一般人不可能预见到的必须排除。

概言之,本书主张在刑法或者立法解释中明确规定玩忽职守罪的职责内容必须源于宪法、法律、行政法规,或者应当来自部门规章、地方性法规、地方性规章、自治条例以及单行条例对宪法、法律、行政法规的补充和细化,或

者必须源于国家机关根据国情、职业惯例、机关惯例以及实际需要对法定职责补充细化的具有预见可能性的成文内部决定。这样方能正本清源,科学合理确定职责依据范围,避免因为职责范围不清而任意解释和不当扩大适用玩忽职守罪。

二、将间接损失排除出玩忽职守罪评价范围

对于造成公共财产、国家以及人民利益受到重大损失中的“重大损失”要件,诚如前文所述,“三元说”主张和提倡物质性损失、非物质性损失以及物质性损失与非物质性损失综合判断这么三种情形作为“重大损失”的入罪标准,本书总体赞同“三元说”的观点。同时,本书认为人身损失、财产损失和恶劣社会影响等其他重大后果这么三种情形作为评价是否达到“重大损失”的标准,更加科学、明确,更具可操作性,并且比较容易和最高人民法院、最高人民检察院于2012年联合公布的《关于办理渎职刑事案件适用法律若干问题的解释(一)》形成对接,只是本书主张将这几条标准移植嫁接到刑法条文中,或者至少是立法解释中。不得不承认,“恶劣社会影响等其他重大后果”也是一个“口袋”,但是这是不得已而为之,旨在对人身和财产以外的重大损失形成兜底,只不过建议在刑罚或者立法解释中将“恶劣社会影响等其他重大后果”的有关情形例举和列明,比如恶性上访事件和民众群体事件等。进言之,“重大损失”除包含直接损失之外是否还包含间接损失,学界亦存在不小争议,实践中各司法机关也认识和做法不一,本书不赞同将间接损失纳入“重大损失”评判范畴,因为间接损失的范围并不明确,容易陷入因案而异和无边无际,造成司法不公和玩忽职守罪的无限扩张。所以,本书主张只能将直接损失作为玩忽职守罪的入罪标准,至于间接损失则只能作为酌定的量刑情节。

三、玩忽职守罪的主体限定为国家机关工作人员

建议控制玩忽职守罪的主体范围,将其严格规定为国家机关工作人员。也许会有人担忧把玩忽职守罪的主体只限定于国家机关工作人员,会不会存在法律漏洞乃至“漏网之鱼”,本书认为该顾虑完全没有必要,由于我国《刑法》分则第3章第3节之“妨碍对公司、企业的管理秩序罪”中明文规定了国

有公司、企业、事业单位工作人员失职罪，可以通过改造该罪名来严密法网，建议将该罪名改为非国家机关工作人员失职罪。① 将国家机关工作人员和其他国家工作人员区别对待是有道理的，国家赋予国家机关工作人员的权力或者权利都是其他人员无法比拟的，相对应地，国家机关工作人员就应当承担更重的责任和使命，在触犯法律时应当比其他人员承担更重的刑事责任和刑事处罚，这也符合权责一致的原则。在立法上将玩忽职守罪的主体明确规定和限定为国家机关工作人员，有利于消除司法上的重重疑虑和无所适从，也有利于在司法环节防止“口袋化”不良倾向的产生。

基于以上主张和分析，合同工等无编制人员显然应当排除在玩忽职守罪范围之外，合同工没有行政编制，从事的工作仅仅具有辅助性，仅仅是对国家机关工作人员的辅助和配合，合同工的行为不能认定为公务行为，对合同工的管理具有内部性，“公务说”也无法套用到合同工身上，如果合同工违反工作要求造成重大损失，则应考察国家机关工作人员是否有监督管理的过失，若答案为肯定的则应对国家机关工作人员追责，不能滥用玩忽职守罪。② 进一步而言，本书主张将法官、检察官排除出玩忽职守罪的主体范围，刑法中也有明文规定，建立法官、检察官豁免制度，旨在激活和保障法官、检察官独立行使职权，增强职业荣誉感，当然前提是法官、检察官的职务行为和冤假错案并非故意制造成，更非徇私枉法导致。豁免制度只是相对豁免，不是绝对豁免，需配套以法官和检察官之惩戒制度，目前我国正在探索实行法官和检察官惩戒制度，对法官或者检察官的实体和程序司法错误给予纪律处分和政务处分，同时设置申诉等救济保障机制，这是一种有益的尝试，也对玩忽职守罪“口袋性”的消减大有裨益。

四、将玩忽职守罪主观方面明确规定为过失

对于玩忽职守罪主观罪过样态，本书不敢苟同“过失和间接故意说”的观点，相反比较赞同通说“过失说”的观点，并建议在刑法中明文予以规定。

---

① 需要注意的是，本书建议的非国家机关工作人员失职罪调整的范围，并不包括非国家工作人员没有被授权、被委托行使国家行政管理职权的场合。

② 如此这般可以反过来倒逼国家机关工作人员不随意委托，不随便将权力交给聘用人员行使，促使国家机关工作人员更加勤政。参见徐亚楠：《论玩忽职守罪的司法泛化与匡正》，大连海事大学2016年硕士学位论文，第16页。

滥用职权主观上是故意没有争议，玩忽职守罪属于过失正好与之相对应，通说的观点符合立法原意和罪名罪过形式单一性的刑法原理，同时“玩忽”是一个词，不容拆解，[①]因而，理应和作为故意犯罪的滥用职权罪处于并行无交叉的格局和状态。建议在刑法条文中明确规定玩忽职守罪的过失罪过形态，这符合刑事立法罪过形态明确化要求，而且能够从立法的源头上杜绝将故意行为装入玩忽职守罪中。而且，如果允许玩忽职守罪可以持过失心态，那么就存在和滥用职权罪重复设计的问题。同时基于主观恶性相对较低，建议对玩忽职守罪和滥用职权罪分别作出不同的法定刑规定，这和罪责刑相适应的原则相契合。申言之，建议将玩忽职守罪与滥用职权罪分开规定，采取一罪一条或者一罪一款的条文模式，另设独立条款专门规定玩忽职守罪，因为这种设置比较符合设立独立罪名的一般做法和科学规律，体现相互之间的区别，避免混淆不清。

明确的立法将成为正确司法的向导，将玩忽职守罪明文规定为过失形态，可以使故意形态支配下的犯罪行为直接排除出玩忽职守罪的适用。举例而言，某国土局产权处“一把手”甲，在审批房地产抵押登记中，在其同学不能提供房屋产权原件，只能提供复印资料，不符合条件的情形下，要求经办人乙办理，乙明知不符合规定，但迫于压力，只好出具了拟同意办理的意见，交甲签署了同意办理的意见，并为其办理了抵押登记，后甲同学凭借该抵押登记，向多家银行贷款，后因无法偿还贷款逃至国外，造成贷款损失800多万元。有观点认为甲和乙的行为和结果成立决定型和被决定型复杂因果关系，应当定玩忽职守罪，但应当对乙从轻或者减轻处罚。[②] 本书认为，两人主观上是间接故意，放任结果发生，应当定滥用职权罪，并且属于徇私舞弊型滥用职权罪，若忽略了主观上是否故意这一点，讨论玩忽职守罪其他问题便成了无源之水无本之木，变得没有意义。

---

① 参见王作富、刘树德主编：《刑法分则专题研究》，中国人民大学出版社2013年版，第499页。另外，也有论者举例说故意伤害罪同时包含了故意和过失两种心态，故而认为玩忽职守罪也并非不可以，这种理解和认识存在偏差，因为故意伤害罪本质上仍然是故意伤害罪，因为实施相关行为是故意心态下完成的，只不过对结果一般持过失心态，这和一个罪名能否存在两种罪过形态不是同一回事，不可相提并论。

② 董兆玲：《玩忽职守罪因果关系初探》，载《政法学刊》2008年第1期。

五、增加设置罚金刑和资格刑

我国玩忽职守罪刑法的设置存在过于单一的弊病，刑法只规定了拘役和法定刑，只着眼于事后追究，对于事前预防和阻止拦截玩忽职守犯罪的发生效果不彰。通观世界各国立法，关于玩忽职守犯罪除规定了自由刑外，还设立了罚金刑以及资格刑。本书认为当务之急就是顺应世界潮流，根据刑罚多元化的趋势，在玩忽职守罪之中率先设置罚金刑以及资格刑。详言之，玩忽职守犯罪案件往往存在量刑畸轻的弊病，而且多数案件被判处缓刑，罚金刑被写入玩忽职守罪刑法条文后，法院可以根据玩忽职守犯罪案件具体情况，单处或者并处罚金，这无疑给行为人强大的震慑，这种效果缓刑是无法比拟的。设置资格刑的目的是预防行为人再犯，在我国国家机关工作人员一旦被判处刑罚就会被永久取消录用资格，但是这并不意味着资格刑就没有设置的必要性，至少在目前的刑事法律和相关解释框架范围内，玩忽职守罪主体并不限于国家机关工作人员，所以在玩忽职守罪刑法条文中设置资格刑亦有必要。应当看到，玩忽职守罪有时会侵犯国家公共秩序甚至国家安全，所以也应当设置剥夺政治权利的资格刑，司法机关可以根据案件的具体情况决定是否适用以及如何适用。这里，我们也有必要厘清资格刑、禁止令和职业禁止的关系，资格刑属于独立刑种，既可以单独适用，也可以附加适用，但是禁止令和职业禁止只具有附随性质，只可以附随适用。禁止令必须附随于缓刑进行适用，职业禁止应当符合利用职业便利实施犯罪的情形和场合，而且执行的起始日为刑罚执行完毕之日或者假释之日。总而言之，在刑法条文中增加设置罚金刑和资格刑实属形势所需，对于玩忽职守罪消减和抑制善莫大焉。

第四节　司法上紧缩和限制玩忽职守罪

一、玩忽职守罪因果关系客观归责理论的提倡

对于玩忽职守罪因果关系的判断，前述各种学说都有其自身难以克服的弊病，而且得出的结论也大相径庭，重新进行优化和抉择形成统一的标准成为迫切需要，客观归责理论不失为一个理性的选择，具有理论和实践上双重

优势。客观归责理论最早是在 20 世纪 70 年代由德国著名刑法学家罗克辛提出,包括两大层次三大要点,缺一不可。第一个大层次是因果层次,这与条件说没有本质区别,这个层次属于归因判断,亦属于事实判断。第二个大层次是客观归责层次,属于价值判断,这个层次又包含了三大要点:一是制造出刑法上不被允许之危险,假如未制造危险,或者制造了被允许的危险,或者实施了被视为没有制造风险的风险降低行为,这三种情形都应当予以排除;二是实现了此种危险,而危害结果应属注意规范保护目的范围内,亦即应为职务行为人所触犯规范所反对;三是属构成要件效力范围,若是被害人自我答责或第三人负责领域,该两种情形不属构成要件的效力范围。

客观归责理论完全符合逻辑,经得起思辨考验,也比较的精密细致,不会出现近因说等观点标准模糊以及相当因果关系说等见解内部自相矛盾的情形。客观归责理论清晰区别了归因和归责,既解决了条件说的简单化处理方法,也弥补了相当因果说企图一役毕其功之不足,又凭借法益侵害来判断是否制造和实现了不被容许的威胁,可操作性强,理论和实务上的优势兼而有之。[①] 结果无价值论目前在中国处于主流思想,客观归责理论同样符合结果无价值立场,与结果无价值理论有着天然契合性,避免了主观主义包括行为无价值的任意性、含混性和不确定性。有论者曰,客观归责理论于学理而言系非常精确之命题,在司法实践之中系解决无数争议问题的钥匙。[②] 本书认为,这种评价是中肯的、恰如其分的,而非言过其实,夸夸其谈。司法实务之中可以凭借客观归责理论客观公正处理玩忽职守犯罪问题,能够让人让己心服口服。因为客观归责理论暗含着入罪和出罪这两个功能,通过实现不被允许危险以及构成要件效力对玩忽职守罪进行约束和紧缩,客观上会排除一部分行为入罪。下面这个例子就是很好的说明:某市锅炉检验研究所工作人员甲,在承担检验以及验收某浴室热水锅炉任务时,没有经过认真检查,仍在检验报告中允许该锅炉运行。之后,该锅炉主把常压热水锅炉改装成承压锅炉,结果造成锅炉爆炸,导致重大伤亡事故以及财产损失。甲的行为尽管制造了不被法律所允许的危险,但最终结果的发生并非行为人所制造的危险的

---

① 李勇:《结果无价值论的实践性展开》,中国民主法制出版社 2013 年版,第 66 页。

② [德]许迺曼:《关于客观归责》,陈志辉译,载许玉秀等主编:《不移不惑献身法与正义——许迺曼教授刑事法论文选辑》,台北,新学林出版股份有限公司 2006 年版,第 565 页。

实现，依照客观归责理论，并不能够评价为玩忽职守罪因果关系成立，因此危害结果不可归责于甲，亦即损害结果的发生不在注意规范保护目的范围之内。

二、正确处理玩忽职守罪与其他相关罪名的关系

司法实践中，应当严格掌握和认定玩忽职守罪的犯罪构成要件，杜绝将不构罪的行为科以玩忽职守罪，防止玩忽职守罪主体、罪过、行为方式和因果关系等方面的随意扩大，同时还必须妥善处理好玩忽职守罪和特殊玩忽职守犯罪、滥用职权罪等罪名的关系。① 一是有关普通玩忽职守罪和特殊渎职犯罪的关系处理。如果一个行为不符合特殊渎职犯罪的成立要件时，应当严格执行刑法的规定，充分尊重特殊渎职犯罪的立法初衷，而不应当为了所谓的不轻纵犯罪，再折回适用玩忽职守罪，这是由特殊法与一般法的关系原理所决定的，否则就有可能落入口袋罪的窠臼。二是玩忽职守罪和滥用职权罪之间的关系如何处理。刑法把玩忽职守罪与滥用职权罪分而设之，根源在于两者的主观罪过和危害行为存在较大差异，应当分别予以惩罚，而不能合并归责。"上帝的归上帝，凯撒的归凯撒"，应当在准确厘清玩忽职守罪和滥用职权罪的基础上，精准区分适用，而不能随意转化。玩忽职守罪不是滥用职权罪的补充罪名，也不是滥用职权罪的辅助罪名，更不是滥用职权罪的兜底罪名，在某个行为不符合滥用职权罪的入罪标准时，不应当将滥用职权行为就低认定为玩忽职守罪进行叠加累计，从而实现定罪量刑的目的，这样是对玩忽职守罪的不当、扩张适用。

三、规范玩忽职守罪司法办案行为

玩忽职守罪立法完善尚不足以解决其所有口袋罪问题，司法实践的改进也应当纳入其中，做到双管齐下，齐头并进。在具体司法实务中，扭转追责习惯性思维，树立和坚持无罪推定，切实保障人权和自由。同时，司法机关和党政机关的关系也亟待结构性重塑，实现摆脱依附和独立公正，对于玩忽职守罪口袋化问题的解决会产生极大的积极作用和效应。

---

① 徐亚楠：《论玩忽职守罪的司法泛化与匡正》，大连海事大学2016年硕士学位论文，第37页。

（一）转变追责思维

刑法学界有一个为大家公认的法则，即布莱克斯通提出的重要原则，原文的相关表述为“It’s better that ten guilty persons escape than one innocent suffer”，意思为宁可让十个有罪之人逃脱，也不让一个无辜的人受到冤枉，司法人员应摒弃有罪推定思维。[①]“刑罚的有效性完全取决于惩罚给罪犯心理留下的印象”，如果是为了“平民愤”“给交代”对某个国家机关工作人员定罪追责，那么国家机关工作人员心里并不会服气，对刑罚势必会产生敌对情绪，甚至会引发其对社会的敌视和仇恨。[②]司法机关应当摒弃有罪推定思维，尤其是不能将无罪证明推到被告身上，防止先入为主的思维定式，排除“被告人进门三分罪”的观念，不然，当被告人无法证明自己无罪时就会被判处有罪，造成玩忽职守罪的扩张和泛化适用。司法机关应当克服有恶必罚思维。成文法固然有其局限性，有些条文因为使用简单罪状导致高度概括，从而沦为口袋罪，司法机关在“有恶不能罚”时往往转向这类罪名，司法人员在实践适用中应尽可能不肆意扩大概念外延，尤其对玩忽职守罪，否则会加剧其口袋化倾向。司法机关应当秉持人权保障思维，打击国家机关工作人员玩忽职守行为可以促使公职人员敬业勤勉，但是如果对诸如工作失误等行为任意打压，就会适得其反，一味强调社会秩序，对个体人权视而不见，就容易造成玩忽职守罪的泛化运用和肆意扩张。

（二）降低党政依附

党的领导是中国特色社会主义事业健康迅速发展的根本保证，司法工作概莫能外，坚持党的领导是人民意志的选择，是司法权力运行机制得以完善的根本前提。历次司法改革中，如何处理党政机关和司法机关的关系，一直是重要的课题。笔者认为，首先，禁止党政机关对个案的不当干预，党的领导应当主要在思想、政治和组织上，不然就会损害司法工作的独立、公正、权威，个案正义也成为空谈。其次，实现人、财、物垂直统管，在去地方化上做出不懈努力和尝试，最大化减少司法机关对当地政府的依附，玩忽职守犯罪案件必须依法办理，而不能受制于地方政府，不能被地方政府“牵着鼻子

---

① Daniel Epps, *The Consequences of Erro r in Criminal Justice*, 128 Harvard Law Review. 1065 (2015).

② 《履职失当≠玩忽职守》，载《廉政瞭望》2012 年第 9 期。

走”。最后，坚持人大的宏观监督，法律监督、单向监督和事后监督构成了人大对司法机关监督的所有内容。然而，实践中，人大的监督权力却呈现不断扩张趋势，甚至对案件的实体办理产生了不良影响，所以，应当切实防止人大对个案的不当干预，玩忽职守罪的定罪量刑和相关刑事程序人大无权干涉其中。

第八章　新型口袋罪的限缩和控制

以危险方法危害公共安全罪、破坏计算机信息系统罪、巨额财产来源不明罪以及组织、领导、参加黑社会性质组织罪属于新型口袋罪,新型口袋罪的产生和扩大主要与司法随意性、任意性,以及司法能力和水平密切相关。对于司法实践中的口袋罪现象应当对症下药,对司法活动进行规范和限制,同时也要严防司法机关创造出新的“口袋”罪名。

第一节　新型口袋罪和传统口袋罪的关系

新型口袋罪和传统口袋罪共同构成了口袋罪的“组合拳”,虽然两者之间的关系是一个容易被忽视的命题,但是却不代表这个问题不重要,恰恰相反,厘清它们之间的异同和利弊,有利于学界、立法界、实务界包括民众做到理性和区别对待,有利于我们在明晰异同中确定方向和重点。只有在此基础上结合各个口袋罪的禀性和特征,逐一击破,趋利避害,才能在紧缩上述七个口袋罪问题上真正做到目标明确、有的放矢,措施有力,确保成效。

一、新型口袋罪与传统口袋罪的相同之处

所有口袋罪的“口袋性”根源都在立法。寻衅滋事罪条文如果没有众多如“随意”“任意”“严重混乱”等需要价值判

断的词语,如果行为类型没有那么“丰富多彩”,那么寻衅滋事罪就难以成为口袋罪。非法经营罪如果没有空白罪状和堵截条款,也难以成为口袋罪。玩忽职守罪如果内容没有那么庞杂,主观罪过以及主体范围能够规定清楚,则不会是口袋罪。以危险方法危害公共安全罪中包含了“其他危险方法”的语词,破坏计算系信息系统罪包含了“后果严重”和“计算机信息系统”的表述,组织、领导、参加黑社会性质组织罪中有多个饱含感情色彩的词句和数罪并罚的相关规定,巨额财产来源不明罪的举证要求较低、惩罚程度较轻,这些在某种程度上为新型口袋罪的生根、发芽以及壮大埋下了“祸根”。

七个口袋罪的“口袋化”都有司法助推的作用。非法经营罪中“违反国家规定”完全可以按照刑法总则第96条的规定,“其他严重扰乱市场秩序的非法经营行为”应与所列举的行为具有等质性和同等危害性,这两条底线没有坚守,非法经营罪“口袋性”必然凸显,“口袋化”现象必然加剧。对寻衅滋事罪中的“随意”等词语随意理解,不优先适用其他普通罪名甚至将寻衅滋事罪作为首选,寻衅滋事罪必然不断“口袋化”。玩忽职守罪对因果关系等事项的判断标准松弛,司法技艺不足,导致“口袋化”现象暴露无遗。以危险方法危害公共安全罪片面追求打击力度和效果,组织、领导、参加黑社会性质组织罪在司法实践中一味追求“打早”“打小”,破坏计算机信息系统罪中的“计算系信息系统”和“后果严重”被扩大化解释,巨额财产来源不明罪往往由于司法人员不作为或者乱作为被广泛运用。可见,在七个口袋罪的“口袋化”上司法机关均“功不可没”,相关问题通过司法人员办案、审案、断案全部直接显露出来。

口袋罪的“口袋化”倾向都在大肆扩大和蔓延。非法经营罪行为方式还在不断扩充,非法从事资金结算业务、提供删帖服务等行为都是后来通过刑法修订或者出台司法解释加进来的。寻衅滋事罪中的“恐吓”和情节加重犯亦为通过刑法修正案增设之内容。玩忽职守罪中的主体范围的扩大源于司法解释的颁布,因果关系判断标准不明必然加剧“口袋化”进程。扩大运用以危险方法危害公共安全罪可以迎合人民群众的意向。组织、领导、参加黑社会性质组织罪的广泛超规运用,能够把黑社会性质组织乃至黑社会消灭在萌芽状态以及满足“重刑主义”需要。破坏计算机信息系统罪似乎能够将所有和计算机有关的犯罪网罗其中。巨额财产来源不明罪可以减轻证明负担和责任甚至能够轻而易举实现徇私枉法。所有这些任其泛滥,口袋罪的“口袋化”倾向和趋势必将加速凸显。

口袋罪容易造成民众的诸多困扰,不利于掌握和遵守。比如非法经营罪,众多的“国家规定”已经“乱花迷人眼”,司法解释、国家部委规定、地方规定能否都成为非法经营罪之法源,“其他严重扰乱市场秩序的非法经营行为”究竟包含多少内容等问题让人迷惑和烦恼。譬如寻衅滋事罪,刑法条文中的“任意”、“随意”、“严重混乱”、“情节恶劣”以及“情节严重”着实让人难以揣摩其准确含义。比如玩忽职守罪,是否所有的不负责任行为都构成渎职,都有可能构成玩忽职守罪,对于重大损失因果关系链条到底有多长众说纷纭。再如,都是生产、销售有毒、有害食品的案件,情节基本相同,什么原因有的被认定为生产、销售有毒、有害食品,有的被评价为以危险方法危害公共安全罪。还有,都是团伙敲诈勒索,案情相似,为什么有的被定为敲诈勒索罪,有的却被定为组织、领导、参加黑社会性质组织罪。都是通过计算机信息系统实施诈骗或者盗窃,情节大同小异,为什么有的被定为诈骗罪或者盗窃罪,有的却被定为破坏计算机信息系统罪。以上种种,实际上说明口袋罪对人权具有较大的破坏力、摧毁力和侵蚀力,是对公民自由的严重侵犯。司法工作者都难以弄懂、弄通、弄透,对于普通民众而言,难度系数可想而知。

二、新型口袋罪与传统口袋罪的不同之处

各个罪名之所以成为口袋罪的具体原因不尽相同。传统口袋罪形成的原因主要在于立法,寻衅滋事罪口袋化的主要原因是行为类型过多、用语模糊、罪和非罪此罪和彼罪之间的界限不清,非法经营罪口袋化的主要原因在于空白罪状和堵截条款(堵截条款典型的表述为“其他”,对兜底条款的解释必须遵循同类规则,只包含未列举的同类情况,不包括不同类情形,而寻衅滋事罪的堵截罪名属性标志不是“其他”,而是寻衅滋事四种行为方式的概括性和抽象性,这与一般堵截性罪名的标志“其他”有着“异曲同工之妙”),玩忽职守罪口袋化的主要原因是容量大、因果关系判断难、主观罪过含糊。新型口袋罪形成的主要原因是司法,以危险方法危害公共安全罪把很多不具备和放火、决水、爆炸、投毒同质性和同等危害性的行为也规制进来,破坏计

算系信息系统罪将许多根本就不属于“计算机信息系统”以及计算机信息系统仅仅是犯罪工具应当成立其他罪名的有关行为囊括入内，组织、领导、参加黑社会性质组织罪对不成立犯罪的行为“合并规责”，对构成一般犯罪的行为“转移归责”，巨额财产来源不明罪因为司法机关惰性或者徇私从而得以滥用。传统口袋罪具有历史性和沿袭性，“骨子里”就渗透和包含着口袋罪的基因，新型口袋罪具有更直接的社会现实性，和我国国情以及司法状况密不可分。

口袋罪各自侵害之法益不相同。非法经营罪侵害的法益为市场管理秩序，寻衅滋事罪侵害的是社会生活秩序以及人际交往规则，玩忽职守罪侵害的法益为国家机关工作人员职务行为之正当性。以危险方法危害公共安全罪侵害之法益为公共安全，破坏计算系信息系统罪侵害的法益是计算机信息系统安全，组织、领导、参加黑社会性质组织罪侵害的法益是社会管理秩序，①巨额财产来源不明罪侵害的法益是司法机关正常活动。从上述各自法益具体内容可以看出，口袋罪保护的利益或者秩序范围都非常广，在所属各章或者各节中都具有“兜底性”和“堵截性”特质，或者至少可以说包括和涵射的内容非常广博，是其他一般非“口袋”罪名所无法比拟和超越的。

各口袋罪在与有竞合关系罪名处理的原则和方法上有所差异。本书认为所有口袋罪中最为典型的应该是寻衅滋事罪，其亟待弱化和消解，所以对其定位为“补充性辅助地位说”，并且主张优先适用其他罪名，只有在其他普通罪名都不能适用的情况下，才应考虑是否符合寻衅滋事罪犯罪构成以及适用寻衅滋事罪定罪量刑是否相对科学。非法经营罪口袋罪的典型意义一定程度上也不亚于寻衅滋事罪，然而因为我国实行社会主义市场经济体制，市场经营行为并未完全放开，所以非法经营罪仍然有“用武之地”，只是在某个行为同时触碰非法经营罪和侵犯知识产权犯罪、生产销售伪劣产品罪等普通罪名时，则应根据想象竞合犯原理实行从一重处罚。玩忽职守罪在与其他罪名竞合时，往往根据法条竞合犯的原理适用特殊罪名。破坏计算机信息系统罪尽管是一个犯罪行为通过破坏计算系信息系统得以实施，但是仍然定盗窃、诈骗、贪污等普通罪名，与寻衅滋事罪不同的是，该处理方式得到了立法

---

① 王作富主编：《刑法分则实务研究》，中国方正出版社 2013 年版，第 1139 页。

的确认。组织、领导、参加黑社会性质组织罪比较特殊,在一个行为同时触犯该罪名以及抢劫、杀人、放火等罪名时必须数罪并罚,尽管违反重复评价原则,但是毕竟是法律确认和规定的,必须严格遵守,目的大概是严厉打击和震慑各种形式组织、领导、参加黑社会性质组织犯罪。巨额财产来源不明罪则是在巨额财产查不清、道不明的情况下得以适用,如果确定属于通过贪污、受贿、盗窃、挪用等方式而获得赃款赃物,自然不再适用巨额财产来源不明罪。

各口袋罪立法完善的侧重点不同。非法经营罪的完善方式是对其中的各种行为方式要么剥离出来增加确定程度较高的若干罪名,要么进行非罪化、除罪化,最终废除该罪名。寻衅滋事罪的立法完善主要就是要把和其他罪名有竞合关系的行为方式逐渐分解和剔除出去,最终废止。玩忽职守罪应当对其主体、罪过形式以及因果关系认定标准予以明确规定。以危险方法危害公共安全罪的完善建议是对“其他危险方法”在刑法中明确予以列举。组织、领导、参加黑社会性质组织罪的完善方式主要是模糊用语明确化,去除数罪并罚立法规定。破坏计算机信息系统罪建议增加罚金刑和资格刑,通过立法阻却和减少破坏计算机信息系统犯罪的发生。巨额财产来源不明罪除了建议增加罚金刑和资格刑,同时建议将“可以责令该国家工作人员说明来源”之中的“可以”改为“应当”,尽量查明真实情况,减少该罪名的适用。

第二节 以危险方法危害公共安全罪越来越显现口袋罪特征

以危险方法危害公共安全罪由于刑法对其罪状的规定缺乏对行为本身自然性质的描述,导致其经常作为兜底性罪名滥用。[①] 以危险方法危害公共安全罪在立法中本应是《刑法》第 114 条和第 115 条的兜底罪名,但是在司法实践中由于条文具有一定的模糊性而被误解和异化,逐渐成为刑法分则第 2 章乃至整个刑法分则的兜底罪名,成为一个正在崛起的新口袋罪(基于与

① 付晓雅:《以危险方法危害公共安全罪的形态辨析》,载《法学》2014 年第 10 期。

罪刑法定原则之明确性要求相去较远,建议在时机成熟之时对以危险方法危害公共安全罪进行罪名分设及改造)。1997 年《刑法》修订后,本罪的外延限制越来越宽松,适用越来越频繁,从而成了口袋罪。[①] 可见本罪口袋罪属性主要是司法实践的产物,同时也有立法的因素在其中。以危险方法危害公共安全罪的起刑点比较低,尚未造成严重后果也有可能判处刑罚,造成严重后果的最高刑罚为死刑,以危险方法危害公共安全罪满足着人们非理性的重刑主义呼声和要求。

一、立法和“三解释两意见”均起着对“口袋化”推波助澜的作用

以危险方法危害公共安全罪的扩张和异化在有关司法解释和通知中可以觅得踪迹,颇受质疑和批判。2000 年最高人民法院《关于审理破坏野生动物资源刑事案件具体应用法律若干问题的解释》第 7 条规定:“使用爆炸、投毒、设置电网等危险方法破坏野生动物资源,构成非法猎捕、杀害珍贵、濒危野生动物罪或者非法狩猎罪,同时构成刑法第一百一十四条或者第一百一十五条规定之罪的,依照处罚较重的规定定罪处罚。”2001 年最高人民法院、最高人民检察院《关于办理组织和利用邪教组织犯罪案件具体应用法律若干问题的解释(二)》第 10 条规定:“邪教组织人员以自焚、自爆或者其他危险方法危害公共安全的,分别按照刑法第一百一十四条、第一百一十五条第一款以危险方法危害公共安全罪等规定定罪处罚。”2003 年最高人民法院、最高人民检察院《关于办理妨害预防、控制突发传染病疫情等灾害的刑事案件具体应用法律若干问题的解释》第 1 条规定:“故意传播突发传染病病原体,危害公共安全的,依照刑法第一百一十四条、第一百一十五条第一款的规定按照以危险方法危害公共安全罪定罪处罚。”2020 年最高人民法院、最高人民检察院、公安部、司法部《关于依法惩治妨害新型冠状病毒感染肺炎疫情防控违法犯罪的意见》规定:“故意传播新型冠状病毒感染肺炎病原体,具有下列情形之一,危害公共安全的,依照刑法第一百一十四条、第一百一十五条第一款的规定,以以危险方法危害公共安全罪定罪处罚:1. 已经确诊的新型冠状病毒感染肺炎病人、病原携带者,拒绝隔离治疗或者隔离期未满擅自

---

① 陈兴良:《口袋罪的法教义学分析:以以危险方法危害公共安全罪为例》,载《政治与法律》2013 年第 3 期;陈烨:《食品安全犯罪的罪名认定问题研究》,载《北方法学》2016 年第 2 期。

脱离隔离治疗，并进入公共场所或者公共交通工具的；2. 新型冠状病毒感染肺炎疑似病人拒绝隔离治疗或者隔离期未满擅自脱离隔离治疗，并进入公共场所或者公共交通工具，造成新型冠状病毒传播的。"2009 年最高人民法院发布《关于醉酒驾车犯罪法律适用问题的意见》要求"行为人明知酒后驾车违法、醉酒驾车会危害公共安全，却无视法律醉酒驾车，特别是在肇事后继续驾车冲撞，造成重大伤亡，说明行为人主观上对持续发生的危害结果持放任态度，具有危害公共安全的故意。对此类醉酒驾车造成重大伤亡的，应依法以以危险方法危害公共安全罪定罪"。① 以上"三解释两意见"在司法实践中起着普遍指导和约束的意义，也在无形之中起到促进以危险方法危害公共安全罪"口袋化"的作用。

二、以危险方法危害公共安全罪的法益之争

对于以危险方法危害公共安全罪侵害的法益，学界有多种观点，莫衷一是。第一种观点认为其侵害的是不特定人的生命、身体、财产；第二种观点认为被侵害法益是多数人的生命、身体、财产；第三种观点认为该罪名侵害了不特定多数人的生命、身体、财产；第四种观点认为其侵害的是不特定人或者多数人的生命、身体、财产；第五种观点认为其侵害的是不特定多数人的生命、身体，单独财产重大损失不应该属于以危险方法危害公共安全罪规制的对象；②第六种观点认为被侵害法益还包括社会生活的安宁；第七种观点认为被侵害法益属于复合法益，既包括社会法益，还包括生命、身体或者财产等个人法益。本书赞同第三种观点，即以危险方法危害公共安全罪侵害的法益是不特定多数人的生命、身体或者财产，并认为以危险方法危害公共安全罪不属于复合法益犯，属于单一客体，是单法益犯。有论者如是论证该罪名侵害法益不属于复合法益的结论：公共安全和生命、身体或者财产之间是整体和部分的关系，将公共安全作为客体就是为了扩大保护范围。③ 本书

① 将一切醉酒驾车造成重大人员伤亡的行为都定为以危险方法危害公共安全罪，恐怕并不妥当，和刑法规定以及有关法理相冲突，司法机关适用上述司法解释时应当克制冲动保持清醒和理性。

② 高艳东：《谨慎判定"以危险方法危害公共安全罪"的危险相当性——兼析具体危险犯的可罚性标准》，载《中国刑事法杂志》2006 年第 5 期。该文认为如果涉及公私财产重大损失，应当以交通肇事罪或者故意毁坏财物罪规制。

③ 付晓雅：《以危险方法危害公共安全罪的形态辨析》，载《法学》2014 年第 10 期。

不敢苟同其原因分析，因为侵害一个特定人的生命、身体或者财产无论如何是不可能构成以危险方法危害公共安全罪的，将公共安全作为客体并不是为了扩大保护范围，相反是为了缩小打击范围，仅仅对于特别严重的行为科以以危险方法危害公共安全罪重罪严刑打击，仅仅保护更高层次的生命安全和财产安全。《刑法》第 114 条规定的是危险犯，第 115 条规定的是实害犯，两者都“实际侵犯”了公共安全，只是侵犯程度不同而已。质言之，《刑法》第 114 条和第 115 条规定的情况也可以理解为基本犯和情节加重犯的关系，产生具体危险也就“实际侵犯”了公共安全，也就成立犯罪既遂，产生了实害结果，是对“实际侵害”的升级，成立情节加重犯，[①]一般实害结果从重处罚，严重实害结果加重处罚。“不特定”并非单纯事先不可能确定某个被害人，而是指有可能向多数发展，如果不可能向多数发展则不可能成立以危险方法危害公共安全罪。[②] 比如，行为人抱着“砸到谁是谁”的心理从高空扔出一块砖头，砸中一个居民导致其重伤，这种情况下因为不可能向多数发展，就不能认定为“不特定”，也就不能认定为以危险方法危害公共安全罪。

三、对几类有关以危险方法危害公共安全罪案件定性的分析

碰瓷行为不应该成立以危险方法危害公共安全罪，主观上行为人是出于非法占有财产的故意，对于公共安全的主观态度是过失，属于过于自信的过失，一般是出于预见到会发生重大人身伤亡或者财产损失，但是轻信能够避免，因为主观是针对结果的，而非针对行为的，客观上，一般发生在生活区或者较为偏僻的地方，行为人一般会掌握好分寸，只造成轻微的刮擦，不具有杀伤力和破坏性，所以碰瓷行为适宜定为诈骗罪或者敲诈勒索罪。如果在车流量较大的重要路段碰瓷发生重大事故，则有可能成立过失以危险方法危害

---

① 付晓雅：《以危险方法危害公共安全罪的形态辨析》，载《法学》2014 年第 10 期。同时其认为产生抽象危险也就“侵害”了公共安全，产生抽象危险的原因有工具不能犯、对象不能犯等。对于以危险方法危害公共安全罪是否存在未遂状态，学界有争议（比如有观点认为该危险犯既有既遂，也有未遂，参见赵开年、黄维智、叶锐：《浅析孙伟铭以危险方法危害公共安全罪案》，载《中国刑事法杂志》2010 年第 5 期），本书认为关键是行为无价值的立场还是结果无价值的立场，本书持结果无价值的立场，所以不赞同以危险方法危害公共安全罪存在未遂状态的观点，也就是认为以危险方法危害公共安全造成的抽象危险并不值得处罚。

② 张明楷：《论以危险方法危害公共安全罪——扩大适用的成因与限制适用的规则》，载《国家检察官学院学报》2012 年第 4 期。

公共安全罪。

危险驾驶罪中追逐竞驶的情况属于具体危险犯,需要结合个案实际达到"情节恶劣",醉驾的情况亦即酒驾达到80mg/100ml属于抽象危险犯,不需要结合案件具体情况即可做出判断。在追逐竞驶和醉驾的场合,如果没有发生危险结果,一般而言本身危险程度和放火罪、爆炸罪和投放危险物质罪无法相提并论,那么只能定为危险驾驶罪,同时,根据罪刑法定原则不能认定为交通肇事罪,更不能认定为以危险方法危害公共安全罪。

追逐竞驶和醉驾如果发生危害结果,一般应当成立交通肇事罪,对于交通违法行为行为人主观上是明知的,对于严重后果属于重大过失,符合交通肇事罪的犯罪构成。只有行为人在追逐竞驶和醉驾时积极追求或者放任危害结果发生,同时危险驾驶行为危险程度与放火罪、爆炸罪和投放危险物质罪具有相当性和同质性,才可以考虑适用以危险方法危害公共安全罪。孙某铭案件中,①孙某铭对违反交通安全管理法是积极追求的,但是对结果并非追求和放任,对结果的态度应该属于过失,也就是说,孙某铭是排斥严重危害结果发生的,在对结果属于过失的情况下认定为以危险方法危害公共安全罪是有待商榷的。

对于盗窃窨井盖的行为,也有按照以危险方法危害公共安全罪处理的实际案例。② 有论者认为,盗窃窨井盖主观上是对非法占有窨井盖的积极追求,对公共安全的侵害是放任的,所以可以定以危险方法危害公共安全罪,但是,根据刑法理论,间接故意必须以危害结果发生作为成立条件,盗窃窨井盖实际上基本都不会有危害结果发生,所以盗窃窨井盖定以危险方法危害公共安全罪是有问题的。从解释学的角度讲,对于"方法"(或者"手段")的

① 2008年,孙某铭醉酒后无证驾驶别克车送父母去成都火车站,后又继续驾车沿成龙路前往龙泉驿区,在成龙路上先从后面撞上正常行驶的一辆比亚迪轿车尾部,事故发生以后,孙某铭为逃避处罚不顾公共安全,立即高速驾车逃逸,并以超过130码的速度向右绕行强行超车后又向左迅速绕回,越过中心双实线,猛烈冲撞对面正常行驶的4辆轿车,致4人死亡,1人重伤,财产损失5万余元。2009年,一审法院以危险方法危害公共安全罪判处死刑,二审法院以属于间接故意等理由改判其无期徒刑。该案围绕此罪与彼罪引发热议。(如有学者专门撰文支持该案属于间接故意的观点,参见赵开年、黄维智、叶锐:《浅析孙伟铭以危险方法危害公共安全罪案》,载《中国刑事法杂志》2010年第5期。)

② 更有甚者,将一些达不到盗窃罪数额较大标准的行为囊括进以危险方法危害公共安全罪中,实际上是司法犯罪化的表现。盗窃消防栓铜芯和盗窃窨井盖具有相似性,也有认定为以危险方法危害公共安全罪的实际案例。

理解，一类是在“方法”之前没有修饰词的，比如《刑法》第 236 条强奸罪的规定：“以暴力、胁迫或者其他手段强奸妇女的，处三年以上十年以下有期徒刑。奸淫不满十四周岁的幼女的，以强奸论，从重处罚；”另一类是在“方法”之前有修饰词的，比如以危险方法危害公共安全罪“其他危险方法”的表述，这种情况下，应当和前面列举的行为具有同类性和相当性，在性质上，具有和爆炸、放火、投放危险物质同类的高度危险性，在程度上，具有和爆炸、放火、投放危险物质同等的危险状态，而使用相对和平的盗窃、诈骗方式是不应当纳入“其他危险方法”范围中的。另外，即使发生严重后果，行为人主观上对危害结果也仅仅是疏忽大意的过失或者过于自信的过失，而不能以危害结果径直倒推出放任故意的结论，所以盗窃窨井盖一般应当以盗窃罪处理比较合适，只是严重后果可以作为“其他严重情节”或者“其他特别严重情节”加重处罚。当然，盗窃道路上正在使用的窨井盖，根据我国《刑法》第 116 条和第 119 条的规定，则有可能构成破坏交通设施罪。

生产、销售有毒有害食品的行为，最典型的就是 2008 年的“三鹿奶粉”事件，负责生产、销售含有非食品原料三聚氰胺的“蛋白粉”（利用检测漏洞在原奶中添加三聚氰胺增加蛋白质含量通过检测成为行业内潜规则）的张玉军等四人被认定为以危险方法危害公共安全罪，其中张玉军被判处死刑，在原奶中添加蛋白质的奶站负责人被认定为生产、销售有毒、有害食品罪，三鹿集团主要负责人被认定为生产、销售伪劣产品罪。张玉军等四人被认定为以危险方法危害公共安全罪值得商榷，因为客观上，生产销售蛋白质产生危害结果不具有直接性和骤然性，不具有和放火、决水、爆炸、投放危险物质那样相当的危险性，其行为需要和不法奶站负责人的添加行为相结合，而且只有在制成奶粉时才产生危害结果的实际危险性。主观上，其四人对于危害结果及程度并没有认识，甚至其中有行为人子女也是食用该种奶粉，也就是说没有积极追求或者放任严重危害生命、身体结果的发生。对于危害食品安全犯罪，片面追求“以重罪重刑制裁”的倾向值得警醒，对食品犯罪从严惩处并不否定宽严相济尤其是罪刑法定原则，颁发的所谓指导性案例并非强制和要求完全效仿，基于法律效果和社会效果的统一，客观上也应当宽严相济。①

---

① 李兰英、周微：《论惩治危害食品安全犯罪的刑事政策》，载《中国刑事法杂志》2013 年第 3 期。

故而，认定为以危险方法危害公共安全罪是不妥当的，张玉军等四人和具体添加行为人应当是共同犯罪的关系，属于帮助犯和实行犯“连锁共犯”的情形，应当成立生产、销售有毒有害食品罪。

对于非物质性损害案件，比如“肖永灵投放虚假炭疽杆菌案”，2010 年肖永灵将家中粉末状干燥剂分两个信封分别寄给上海市政府某领导和上海电视台某工作人员，造成被寄对象和周围人精神恐慌，肖永灵被认定为以危险方法危害公共安全罪，判处 4 年有期徒刑。实际上，至少有三点理由可以推断该判决是不恰当的：其一，危险方法显然和爆炸、放火和投放危险物质不具有相当性；其二，以危险方法危害公共安全罪必须具有人身、生命或者财产这三种物质损害的危险，精神损害危险必须排除；其三，判决后 1 个月内，全国人民代表大会常务委员会 2001 年公布的《刑法修正案（三）》确定投放虚假危险物质罪说明和反证该案的判决不符合罪刑法定。是故，该案中的客观行为并不属于“危险方法”，以危险方法危害公共安全罪的罪名套用在该案上，显然并不合适。

四、以危险方法危害公共安全罪的司法实践要点

司法实践中常常发生将没有侵犯公共安全的其他犯罪以以危险方法危害公共安全罪处理的情况，也常常发生将侵犯公共安全的其他犯罪以以危险方法危害公共安全罪处理的情况，[①]甚至还存在对根本不构成犯罪的行为但是却以以危险方法危害公共安全罪处理的情况。[②] 以危险方法危害公共安全罪成为口袋罪之后逐渐暴戾恣睢，和“乱世用重典”的思想观念以及片面曲解“宽严相济”政策密切相关。宽严相济刑事政策是从对严打理性反思的基础上发展而来，今天我们更加应当强调和突出“从宽”的一面，扭转以前打

---

① 在符合其他危害公共安全罪名的情况下，应当按照特殊法条应当优先于普通法条的原则，适用特别的危害公共安全罪名。

② 典型的案例有在高速公路扔石子、开煤气自杀等行为被以以危险方法危害公共安全罪处理的情况。具体案例如甲在公共汽车上扒窃，被被害人发现，被害人妻子要报警，甲立即跑到驾驶员身边要求停车，驾驶员称等警察来了再说，甲强行猛踩刹车，快速行驶的公交车骤停，某乘客撞到扶手上鼻梁骨骨折，鉴定为轻伤，甲某被认定为以危险方法危害公共安全罪。该案最重要的问题在于在平稳道路上急踩刹车的行为，不应该拔高到《刑法》第 114 条和第 115 条中的“危险方法”的程度。另外有些案例，尽管是以放火方法或者爆炸方法，但是达不到放火罪和爆炸罪的标准，认定其对公共安全有威胁定以危险方法危害公共安全罪显然是不当的。

击面泛化的不正常现象。对社会效果的误读导致了重刑倾向,为了迎合民意和社会效果在重刑倾向下作出的重刑判决又反过来进一步助长重刑倾向的蔓延。“宽严相济”不应当只强调严,法律因为其正当性而具有合法性,政策因为合法性而具有正当性,不能够由于罪状的抽象性而将某些行为硬塞进以危险方法危害公共安全罪规制的范围。重刑倾向是对社会非理性心理的迎合和满足,罪刑法定原则理应是适用以危险方法危害公共安全罪的唯一圭臬,以危险方法危害公共安全罪只处罚社会危害性极大的社会越轨行为,应当遵守严格解释和刑法谦抑的原则,适用时应当慎之又慎。将抽象危险行为作为一般违法行为完全可以运用治安管理处罚法等法规予以规制,刑罚的有效性不在于严苛,而在于违法行为都会没有遗漏地得到制裁。

以危险方法危害公共安全罪仅仅是《刑法》第 114 条、第 115 条的兜底罪名,并非刑法分则第 2 章的兜底罪名,更非整个刑法分则的兜底罪名。不能为了迎合非理性的民意生搬硬套适用以危险方法危害公共安全罪。现今存在这么一个误区即认为社会法益总是高于个人法益,如将故意杀人行为定位以危险方法危害公共安全罪,殊不知社会法益是由个人法益组成,社会法益存在诸多限制。比如,抢劫罪中“以暴力、胁迫或其他方法抢劫公私财物的行为”的“其他方法”也是有限制的,就是必须达到不能反抗、不敢反抗、不知反抗的程度,在世界范围内直接以“其他”作为罪状内容的罪名是非常少见的。这司法实践中极易导致法官产生不同认识,进而造成同案不同判现象屡屡发生,公民因为无法预见所以无所适从不知所措。从刑法体系上来看,以危险方法危害公共安全罪置于刑法分则第 2 章前两条,从法定刑上看,配置的刑期较重,最高可以达到死刑,所以以危险方法危害公共安全罪应当是一种非常严重的犯罪,必须和放火罪、爆炸罪以及投放危险物质罪具有相当性,并且做出同样的限定才符合罪责相当的原则。一般的“危险方法”和“危害公共安全”并非以危险方法危害公共安全罪的本质特征,因为普通的危险方法不是足以震动国民法秩序安全感的重罪,譬如携带管制刀具进入公共场所以及交通肇事等行为虽然“危害公共安全”,但是与《刑法》第 114 条和第 115 条的“危险方法”不可等量齐观,存在天壤之别。① 危险方法必须具有紧

① 高艳东:《谨慎判定“以危险方法危害公共安全罪”的危险相当性——兼析具体危险犯的可罚性标准》,载《中国刑事法杂志》2006 年第 5 期。

迫性、杀伤力、破坏性、骤然性、直接性、现实可能性和不可控制性等特点,比如站在天桥向步行街人群扔小石子、骑自行车冲向人群、向人群中扔鞭炮而非炸弹都是不可能符合以危险方法危害公共安全罪中的“危险方法”的。“危险方法”本身越来越具有“口袋化”嫌疑,以后果类推“危险方法”以及罪名的案例举不胜举,不少犯罪也确实造成不特定多数人生命、身体、财产严重损害,比如生产、销售有毒有害食品罪、生产、销售假药罪,劫持航空器罪、破坏交通设施罪,这些犯罪手段是否恶劣、情节是否恶劣只影响量刑,而与定性无涉。[①] 以结果倒推罪名就是非罪刑法定的表现,不能过于强调结果的危害性和严重性,而忽略行为的相当性和同质性。“危险方法”不能无节制扩大,最起码不能突破实质解释,否则评价危险方法的标准只有一条,那就是将危害结果的危险性的重要性变得无限放大、无边无际,显然不合适。危险方法必须和放火、爆炸、投放危险物质等方法具有同质性和相当性,同时足以造成致人重伤、死亡或者公私财产重大损失的后果,只不过因为其他因素,有时可能没有实际发生。

针对司法实践中经常出现的偏差,笔者认为,在现阶段应当做到:(1)克服量刑反制定罪和片面追求群众意向的司法乱象。[②] 比如三鹿奶粉事件中对部分被告人本来应当定性为生产、销售有毒有害食品罪,但是在舆论压力和群众期待下,适用重刑先入为主,法院最终将其定性为以危险方法危害公共安全罪,再如,2011 年销售瘦肉精事件,对被告人刘襄放弃本应适用的非法经营罪,转向选用以危险方法危害公共安全罪,这会导致法院恣意判决的放纵和扩散以及普通民众对刑法规范预测能力的降低。[③] (2)全面、正确把握犯罪的特征和侵害的法益,防止口袋罪无端蔓延。根据我国《刑法》第 13 条的规定以及传统刑法理论,犯罪的特征包括社会危害性、刑事违法性和应受刑罚处罚性,社会危害性广受批判,因为社会危害性是模糊不清的,难以

---

① 孙万怀:《以危险方法危害公共安全罪何以成为口袋罪》,载《现代法学》2010 年第 5 期。

② 参见崔志伟:《口袋罪适用之限制与实行行为定型化之提倡——基于以危险方法危害公共安全罪的视角》,载《湖北经济学院学报》2016 年第 4 期。该文提出司法人员将社会效果奉为圭臬,为了回应公众重罚的诉求,本能地根据重刑的需要暂且搁置罪刑法定的形式理性,转向弹性较大的重罪名定罪处罚,是为“量刑反制定罪”。

③ 可谓放弃一个传统口袋罪,转向一个新的口袋罪,放弃一个轻的口袋罪,转向一个重的口袋罪,危害尤烈,后患无穷。

准确判断和界定，所以，尽管刑法规定社会危害性是第一位，刑事违法性和应受刑罚处罚性分别位居第二位和第三位，但是在司法实务中必须综合考量，而不能囿于或者止于社会危害性的判断。否则，容易在社会危害中心主义刑法观下过于强调实质价值，忽视形式理性，而将醉驾、飙车、碰瓷、偷窨井盖乃至生产销售有毒有害食品等行为都一股脑装入“其他危险方法”。“其他危险方法”必须和放火、决水、爆炸、投放危险物质具有相当性，对公共安全法益的破坏具有骤然性和杀伤力，①这也是同类解释规则的应有之义。有论者提出了“危险方法”的“二元制”判断标准，将“危险性”的定性分析和“极端暴力性”的定量分析相结合具有一定的参考意义和价值。② 比如艾滋病人扎针传播性病的行为，不具有骤然性，并非一次性完成，而是通过多次扎针行为反复实施完成，所以应当考虑适用故意伤害罪。再如，饲养狼狗等行为，本来属于行政法律规制的范畴，无论如何也不应该入罪的，但是作为以危险方法危害公共安全罪进行定罪量刑却在现实中发生了，何其吊诡，不可思议。(3)具体情况具体对待，防止张冠李戴。不同情境和背景下，同一行为会触犯不同刑法规定，所以要防止将构成其他犯罪的行为统摄其中。比如同样是盗窃窨井盖的行为，如果是道路上的窨井盖，那就应当根据穷尽原则排除适用以危险方法危害公共安全罪，而直接适用具有明文规定的破坏交通设施罪，如果是道路以外公共场所窨井盖，那就涉嫌以危险方法危害公共安全罪，如果是专盗隐蔽场所诸如封闭庭院里窨井盖，那就涉嫌盗窃罪。

第三节 破坏计算机信息系统罪属于新型口袋罪

随着互联网的普及和科学技术的日新月异，新兴技术带给人们便利的同时，网络犯罪也呈现不断增长的态势，而且，破坏计算机信息系统罪在司法

---

① 有论者认为只要一个行为足以危害公共安全，那么这种犯罪行为当然就可以被解释为“危险方法”，参见陈烨：《食品安全犯罪的罪名认定问题研究》，载《北方法学》2016 年第 2 期。对此本书不敢苟同，因为危害公共安全只是其一，同时还必须满足急迫性、杀伤性、骤然性、破坏性等条件。

② 陈晨：《以危险方法危害公共安全罪中危险方法的“二元制”判断》，载《国家检察官学院学报》2014 年第 4 期。

实务中也频频遭受滥用。[①] 破坏计算机信息系统罪口袋罪属性的赋予和产生主要源于司法，由于司法工作者囿于水平、不善钻研，怕字当头、畏惧钻研，或者消极懈怠、不勤钻研，想当然地认为破坏计算机信息系统罪映射所有和计算机关联的犯罪，很多案件按照破坏计算机信息系统罪进行处理虽然歪打正着没有发生谬误，但是事实上存在大量与计算机相关的犯罪行为应当以其他罪名处理的情形，容易产生定性不当类型的错案。所以对破坏计算机信息系统罪等罪名"口袋性"的限制途径只有克服司法惯性、惰性和随意性，这并非一日之功，故而任重而道远。为了防止和制止破坏计算机信息系统罪"口袋化"，正确理解该罪犯罪构成，严格掌握"计算机信息系统"和"后果严重"的范围，立法上增加罚金刑和资格刑的配置都是切实可行的消减措施和方法。

一、破坏计算机信息系统罪的犯罪构成

破坏计算系信息系统罪的客体是计算机信息系统安全，换句话说该类犯罪侵害的法益应该是计算机信息系统安全。破坏计算机信息系统的客观方面有三种表现形式，一是破坏计算机信息系统功能，导致计算机信息系统不能正常运行，后果严重，此种情形仅限于破坏和计算机信息系统正常运行以及计算机信息系统安全有关的文件和程序。二是对计算机信息系统中存储、处理或者传输的数据和应用程序进行删除、修改、增加、干扰，后果严重，此种情形仅发生于和计算机信息系统正常运行以及计算机信息系统安全无关的文件和程序，如自己制作的文档、下载的资料、有关音乐或者视频以及自行安装的程序或者软件[②]三是故意制作、传播计算机病毒等破坏性程序，影响计算机系统正常运行，后果严重，如2006年的"熊猫烧香"病毒，一夜之间造成约百万台计算机遭受破坏和感染，损失逾千

① 对和谐化进程的研究而言，计算机刑法由于网络犯罪跨区域性、技术化本质以及包罗万象等特点，成为一个极有趣的话题。参见[德]乌尔里希·齐白：《全球风险社会与信息社会中的刑法：二十一世纪刑法模式的转换》，周遵友、江溯等译，中国法制出版社2012年版，第298、299页。

② 比如，2016年颇受关注的"山东篡改高考志愿案"，被告人最终被以破坏计算机信息系统罪判处8个月有期徒刑，引发不小的争议，争议的焦点一为是否有可能成立侵犯公民个人信息罪或者侵犯通信自由罪，焦点二为是否属于破坏了计算机信息系统，焦点三为是否属于后果严重。对于第二个焦点，笔者认为属于破坏计算机信息系统，也就是上面所说的第二种类型。

万元。三种客观方式都必须是作为方式,不作为方式排除在本罪以外(比如计算机管理人员发现计算机系统数据或者程序遭受重大威胁,却放任不管,不采取任何补救措施,造成严重结果发生,不适用本罪)。本罪的犯罪对象是计算机信息系统,根据《计算机信息系统安全保护条例》,计算机信息系统必须是联网系统,包括广域网和局域网,手机不能够成为计算机信息系统。[①] 破坏计算机信息系统罪的主体是16周岁以上具有刑事责任能力的自然人,且该罪不可能成立单位犯罪。即使是"计算机神童"不满16周岁,也不能入罪。造成损失不大的,不能认定为后果严重。破坏计算机信息系统主观上必须是故意,过失不构成本罪,比如制造"良性病毒",本意是搞恶作剧、开玩笑或者做营销广告,但是发生了应当预见没有预见,或者已经预见但是轻信可以避免,或者根本没有办法预见的严重后果,自然不符合本罪的主观要件。

二、破坏计算机信息系统罪"口袋化"的现实表现

司法实践中,对破坏计算机信息系统罪名的"偏好"、扩大对"计算机信息系统"范围和人为降低"后果严重"标准的解释,都使得破坏计算机信息系统罪具有极强的适应力,呈现"口袋化"趋势,主要体现在将本应认定为其他罪名的行为认定为破坏计算机信息系统罪或者将破坏计算机信息系统罪和其他罪名数罪并罚。公安机关刑拘罪名、检察机关批准逮捕罪名、法院最终认定罪名和辩护人意见在破坏计算机信息系统犯罪案件中常常不一致,[②]这也反映出破坏计算机信息系统罪比较模糊和特殊,容易被误解和异化,尤其是在侦查阶段,"口袋化"现象尤为明显。通过实施破坏计算机信息系统达到盗窃、诈骗、贪污、挪用公款、窃取国家秘密或者敲诈勒索目的的,如果同时构成破坏计算机信息系统罪和盗窃罪、诈骗罪或者敲诈勒索罪,应该如何

---

① 最高人民检察院2017年公布的指导案例"曾兴亮、王玉生破坏计算机信息系统案"(检例第35号),要旨为"智能手机终端应当认定为刑法保护的计算机信息系统,锁定智能手机导致不能使用的行为可认定为破坏计算机信息系统",必须承认该处理方式将严重社会危害行为规制进来,堵塞了刑法的漏洞,有值得肯定的一面,然而,将手机终端纳入计算机信息系统,无疑极大地扩大了计算机信息系统的范围,从而也加剧了破坏计算机信息系统罪的"口袋化"。

② 俞小海:《破坏计算机信息系统罪之司法实践分析与规范含义重构》,载《交大法学》2015年第3期。

处理颇有争议。如甲从事防火墙经营，使用黑客软件对A公司服务器进行攻击，导致A公司用户无法登录，然后主动联系A公司推销防火墙，A公司支付3万元租用甲的防火墙，期满后A公司不再租用甲防火墙，甲再次对A公司服务器进行攻击，导致A公司网页无法打开，损失30余万元。再如甲通过远程修改证券营业部计算机信息系统中的数据，引发股票价格异常上涨，自己和朋友一起抛售获利7000多元，证券营业部损失近300万元，同时侵犯了破坏计算机信息系统罪和《刑法》第182条操纵证券交易价格罪。对于该类案件有吸收犯、想象竞合犯、牵连犯、数罪并罚、按照其他罪名处罚等观点，按照其他罪名处罚属于少数观点。

司法实践中经常出现将行为对象或者行为方式并不符合破坏计算机信息系统罪构成要件的行为不恰当评价为破坏计算机信息系统罪。比如破坏手机、测试器、测试仪等物品或者设备系统的行为，笔者认为这类行为不适宜评价为破坏计算机信息系统罪，因为手机、测试器、测试仪等和计算机不能画等号，不能够偷换概念。比如帮助消除驾驶违章或者添加户口信息的行为，该行为往往不会导致计算机信息系统不能正常运行，而且实际上行为人对计算机数据或者应用程序的增加或者修改可以通过专业检查发现痕迹和破绽，仍然可以删除不应该添加的户口信息，仍然可以对违章行为罚款，并不必然造成损失。再如，网上删帖行为，充其量有可能涉嫌非法控制计算机信息系统罪，要评价为破坏计算机信息系统并且后果严重是非常牵强的。①

将本不属于后果严重的行为认定为“后果严重”，进而认定为破坏计算机信息系统罪并不鲜见。如甲利用其事先从客户端获取的江苏省普通高中会考办公室IP地址、账号和密码，从苏州市某中学信息中心办公室其个人使用的计算机上，先后两次使用Leapftp软件非法登录江苏省中小学生信息技术等级考试网站，执行删除文件命令，删除了100个江苏省中小学生信息技术等级考试考生成绩的RST文件，造成85所学校近万名考生的成绩被删除。后经江苏省普通高中会考办公室组织各考点将备份文件重新上传，方将

---

① 删帖本身存在能否适用破坏计算机信息系统罪的罪名适用争议，删帖并营利的，根据2013年最高人民法院、最高人民检察院公布的《关于办理利用信息网络实施诽谤等刑事案件适用法律若干问题的解释》，一定条件下可以适用非法经营罪，笔者在非法经营罪一章已经详细论述。

数据恢复。法院最终以破坏计算机信息系统罪判处甲6个月有期徒刑,并适用缓刑。甲某行为并没有造成什么经济损失,删除的数据均存在备份,对计算机信息系统安全的侵害是存疑的,认为属于"后果严重"和认定为破坏计算机信息系统罪似乎并不充分。

三、防范破坏计算机信息系统罪"口袋化"的举措

对于破坏计算机信息系统罪侵害的法益,客观上存在一些争议,有观点认为是国家对计算机信息系统进行管理的社会秩序,[①]有观点认为是计算机系统的安全运行管理制度和计算机信息系统的所有人与合法用户的合法权益,[②]还有观点认为破坏计算机信息系统罪侵害的法益是公共安全而不仅是社会管理秩序。[③] 本书立足于破坏计算机信息系统罪所属刑法章节,认为该罪侵害法益应当是计算机信息系统安全,过于扩大或者缩小均不合适,因为这是防范破坏计算机信息系统罪"口袋化"的逻辑起点。破坏计算机信息系统罪的犯罪对象是计算机信息系统功能或计算机信息系统中存储、处理或者传输的数据和应用程序,破坏计算机信息系统罪的犯罪对象和侵犯法益是区别于利用计算机实施的金融诈骗、盗窃、贪污、挪用公款、职务侵占、窃取国家秘密等犯罪最为重要的标准。有一实际案例:周某是网吧的网管,他利用手中掌握的电脑知识,与收银员徐某勾结,从计算机后台修改金额,借此侵吞顾客充值时支付的现金两万余元,检察机关以涉嫌破坏计算机信息系统罪提起公诉。案件中周某、徐某行为属于典型的职务侵占罪,但是由于计算机和网络因素介入,使司法机关忽视行为本身性质而直接适用破坏计算机信息系统罪。

破坏计算机信息系统罪是结果犯,如果理解成危险犯,与立法相抵触,会加剧该罪名进一步"口袋化"。有论者认为破坏计算机信息系统罪是危险犯,并举例说计算机病毒潜伏期比较长,行为人一实施有关行为就被相关部门发现,因为没有造成严重后果,只能给予行政处罚,等以后再发生严

---

① 邢永杰:《破坏计算机信息系统罪疑难问题探析》,载《社会科学家》2010年第7期。

② 高铭暄、马克昌主编:《刑法学》(第5版),北京大学出版社2011年版,第537页。

③ 周超:《破坏计算机信息系统罪若干问题研究》,华东政法大学2011年硕士学位论文,第16页。

重后果时，不能再追究刑事责任，如果追究就属于一事二罚，所以主张破坏计算机信息系统罪是危险犯，主张在未发生严重后果时以犯罪未遂处理。[①] 本书不赞同该观点，因为刑法条文“白纸黑字”，明确要求造成“严重后果”，所以破坏计算机信息系统罪只能是结果犯，上述论者举的例子很好解决，在行政处罚时如果能够及时阻止病毒扩张以及严重后果的发生，那就不需要追究刑事责任，如果不能阻止最终发生了严重后果，就仍然需要追究刑事责任，只不过行政拘留可以折抵刑期，行政罚款可以作为量刑酌定情节。

通过实施破坏计算机信息系统达到盗窃、诈骗、贪污、挪用公款、窃取国家秘密或者敲诈勒索等目的的，适用盗窃、诈骗、贪污、挪用公款、窃取国家秘密或者敲诈勒索等罪名，这也是有法律依据的（但是，既不构成破坏计算机信息系统罪又不构成其他犯罪，那就只能定无罪。比如，甲为帮朋友炒股搞内幕资料而非法入侵某证券公司电脑系统，拷贝了客户账号、资金余额等详细资料，破坏了用户数据的安全性和完整性。甲某被抓获，后被无罪释放。这一最终处理决定是正确的，因为既达不到破坏计算机信息系统罪的“严重后果”，也无法满足侵犯商业秘密罪的“造成重大损失”）。根据我国《刑法》第287条规定：“利用计算机实施金融诈骗、盗窃、贪污、挪用公款、窃取国家秘密或者其他犯罪的，依照本法有关规定定罪处罚。”这也就意味着通过破坏计算机信息系统达到其他目的的应当一律按照其他一般罪名处理，排除破坏计算机信息系统罪这个口袋罪的适用。

破坏计算机信息系统罪在保障计算机网络安全方面确实发挥着重要作用，但是不能“包治百病”和“包打天下”，不能够为了图便利将许多达不到严重后果的行为或者本应该构成其他犯罪的行为统统囊括进来。当然，破坏计算机信息系统后临时起意盗窃、贪污或者实施其他犯罪活动的，就应当数罪并罚，实施某种犯罪以后，为了毁灭证据，又实施了破坏计算机信息系统的行为，也应当数罪并罚。破坏计算机信息系统是否造成对公共安全法益的侵犯将决定是否优先适用危害公共安全类罪名。例如，行为人侵入控制轨道交通调度的计算机信息系统，篡改其功能、程序，干扰系统正常运行，导致列车

---

① 柳珺、王贵东：《关于破坏计算机信息系统罪的几个问题》，载《河北法学》2002年第1期。

颠覆的行为，显然就属于危害公共安全犯罪，应以破坏交通设施罪来认定。但是，如果行为人实施的相关破坏行为，不足以危害公共安全的，就应当仅以破坏计算机信息系统罪论处。

进言之，应当正确处理破坏计算机信息系统罪和非法侵入计算机信息系统罪的关系。两者在对象、行为、结果方面存在区别，非法侵入计算机信息系统罪的对象局限于国家事务、国防建设、尖端科学技术领域的计算机信息系统，而且是行为犯，不需要发生一定的结果。但是，如果非法侵入该类计算机信息系统，又实施了破坏该类计算机信息系统，且后果严重的，那就应该构成牵连犯，是方法和目的的关系，从一重罪处罚，如果后果达不到严重程度，那就只成立非法侵入计算机信息系统罪。

如果行为人使用暴力行为对计算机设备本身进行破坏，定破坏计算机信息系统罪就不合适了，应当根据该计算机信息系统的物理设备服务对象和范围来定性。若利用非计算机信息技术手段破坏的计算机物理设备服务于公共安全，则可以认定为破坏电力设备罪、破坏广播电视设施、公用电信设施罪、破坏交通工具罪、破坏交通设施罪等，而且以危害公共安全犯罪进行定罪更有利于预防和打击这类严重危害不特定多数人的违法行为。如果被故意破坏的计算机信息系统物理设备仅用于普通个人或单位且不影响公共安全，则可根据犯罪主观内容、行为方式、实际损失等内容进行定性，比如认定为盗窃罪、故意毁坏财物罪、破坏生产经营罪等。①

立法方面，建议设立审理计算机犯罪的专门法院或者专门法庭，安排专业化人员进行专业化审理，提高计算机犯罪定罪量刑的水平和准确性。另外，破坏计算机信息系统罪增加单位犯罪的规定，以及增加罚金刑和资格刑的规定，都是非常必要的。② 因为单位实施破坏计算机信息系统造成严重后果的情况越来越多，目前刑法无法规制，如果和自然人犯罪同样进行规制就是错误地理解和适用刑法，但是不予规制又是对犯罪的放纵，造成了两难的境地。增加罚金刑以及剥夺从事计算机职业或者活动的资格，可以有效惩罚

---

① 周超：《破坏计算机信息系统罪若干问题研究》，华东政法大学 2011 年硕士学位论文，第 18 页。

② 丁力：《刍议“破坏计算机信息系统罪”立法探讨》，载《甘肃行政学院学报》2006 年第 3 期；李骋：《破坏计算机信息系统罪条文的疏漏与完善》，载《天津职业院校联合学报》2009 年第 3 期。

犯罪和预防犯罪。[1] 而且，德国、日本、美国、英国等国家计算机犯罪都有罚金方面的规定，对在缓刑或者假释期间剥夺犯罪分子上网资格的判例也不少，如拥有“地狱黑客”之称的美国头号黑客凯文·米特尼克在获刑缓刑期间就被规定不得使用电脑、调制解调器、软件、手机等器材。[2] 凡此种种，都对我国有一定的参考和借鉴价值。

第四节 组织、领导、参加黑社会性质组织罪正在嬗变为口袋罪

组织、领导、参加黑社会性质组织罪是1997年新规定的罪名，近年来有被扩大化适用甚至滥用的迹象和情况，逐渐成为一个新的口袋罪，原因是多方面的，包括立法的模糊[虽然2011年《刑法修正案(八)》对行为无价值的浓厚色彩有所克服，但是并不彻底，不彻底性体现在“为非作恶”“称霸一方”等行为无价值性质的词语上，容易造成司法认定的困难]、司法解释的不统一、刑事政策的误读、司法实践的青睐等。本着明确化和限制适用的原则和态度，本书拟作如下探讨。

一、立法上“口袋化”倾向和对策

“形成较稳定的犯罪组织，人数较多，有明确的组织者、领导者，骨干成员基本固定”是组织、领导、参加黑社会性质组织罪必须具备的组织条件或者特征，其中规定的“人数较多”的表述是非常模糊的，按照一般理解，三人以上即为人数较多，但是从“地下组织”到“称霸一方”，无疑需要人数达到一般规模，建议更改和明确为十人以上。不然，如果人数要求和一般犯罪集团相同，要体现组织、领导、参加黑社会性质组织罪是一种特殊的、高级别的集团犯罪，组织特征必然大大减弱，同时也容易造成组织、领导、参加黑社会性

---

① 应当充分和灵活运用从业禁止制度和禁止令，而两者既相互区别，又相互配合、相互衔接、相互补充。参见李兰英、曾荣胜：《论从业禁止制度在公害犯罪中的适用》，载《厦门大学学报(哲学社会科学版)》2017年第1期。

② 周超：《破坏计算机信息系统罪若干问题研究》，华东政法大学2011年硕士学位论文，第30页。

质组织罪的模糊性甚至滥用。

“以暴力、威胁或者其他手段，有组织地多次进行违法犯罪活动，为非作恶，欺压、残害群众”是组织、领导、参加黑社会性质组织罪的行为条件或者特征，其中“违法犯罪活动”是有歧义的，学界有诸多争论，有认为单纯违法行为也可以成立该罪的观点，[①]有认为至少必须从事一次犯罪活动即可以成立该罪的观点，[②]也有建议废除行为条件的观点，亦即主张黑社会性质组织不需要有任何违法或者犯罪行为也可以成立该犯罪。本书建议将“违法犯罪活动”修改为“犯罪活动”，亦即删除“违法”二字，在明确化减少争议的同时对犯罪圈的缩小有所裨益。行为是否需要具有暴力性，也是有争议的，有观点认为如果非法控制没有通过暴力来实现，就不可以认定为黑社会性质组织，[③]本书认为其是应然状态，因为没有暴力手段就能够认定其为或者被认定为黑社会性质组织从情理上不太能够让人接受，有些荒唐，但是根据刑法条文的文义解释应该包括非暴力手段，只是这个规定需要进行修改，至多保留以暴力相威胁的内容。另外，我国目前虽并没像西方“黑手党”、“山口组”、犯罪“辛迪加”那样的黑社会组织，却已经存在黑社会雏形的组织，是犯罪集团向黑社会组织过渡的中间形式。[④] 在对黑社会性质组织特征和性质的描述上，我国法律采取的是诸如“为非作恶，欺压、残害群众”等充满文学色彩的语言，说明立法机关对什么是黑社会也没有十分的把握。[⑤] 这些表述既缺乏刑法的实质意义，同时有失法律用语的规范性和严谨性，完全没有保留的必要性。

“有组织地通过违法犯罪活动或者其他手段获取经济利益，具有一定的经济实力，以支持该组织的活动”是组织、领导、参加黑社会性质组织罪的经济条件或者特征，可是多少金额才能算是“具有一定的经济实力”是非常模

---

① 何龙：《参加黑社会性质组织罪若干问题疑难问题探析》，载《中国检察官》2012 年第 11 期；陈勇：《黑社会性质组织的特征和组织、领导、参加黑社会性质组织罪》，载《当代法学论坛》2010 年第 3 辑。

② 陈建清、胡学相：《我国黑社会性质组织犯罪立法之检讨》，载《法商研究》2013 年第 6 期；张卫兵：《论黑社会性质组织的构成要素》，载《中国审判》2010 年第 12 期。

③ 罗明海：《我国有组织犯罪刑事治理检讨与对策》，武汉大学 2013 年博士学位论文，第 126 页；刘思：《组织、领导、参加黑社会性质组织罪研究》，黑龙江大学 2011 年硕士学位论文，第 9 页。

④ 黄祖毅：《试论组织、领导、参加黑社会性质组织罪的几个问题》，载《公安大学学报（社会科学版）》1999 年第 6 期。

⑤ 李丽：《如何界定组织、领导、参加黑社会性质组织罪》，载《社科纵横》2011 年 9 月。

糊的，黑社会经济组织固然是为了追逐经济利益而犯罪，凭借着获得的经济利益作为支撑，并且不断发展和壮大，但是经济实力是一个容易变化的因素，如果在查证某一犯罪时，该组织正好处于经济迅速下滑阶段甚至出现负债，这种情况下根据经济实力不足进行出罪化处理显然是不合适的，而且经济实力的查证比较困难。[①] 所以经济实力充其量只能作为参考因素，将经济实力的条件从立法中删除可以获得一劳永逸的效果。

"通过实施违法犯罪活动，或者利用国家工作人员的包庇或者纵容，称霸一方，在一定区域或者行业内，形成非法控制或者重大影响，严重破坏经济、社会生活秩序"是组织、领导、参加黑社会性质组织罪的影响力条件或特征，但是"一定区域"是多大范围，一条街一个村能否算是"一定区域"，一定行业是否需要垄断一个行业，如果运输中控制一条线路能否认定为控制一定行业，是否包括非法行业。这些都非常变动不安，立法上应当做出相应的回应和明确。通说认为非法控制是组织、领导、参加黑社会性质组织罪的一个重要条件和特征，[②]本书认为需要注意的是，如果没有达到非法控制仅仅满足形成重大影响的要求，同样是符合组织、领导、参加黑社会性质组织罪条件和特征的，所以为了明确起见，建议把"形成非法控制"改为"形成非法控制或者可能形成非法控制"。同时需要注意的是，和黑社会相比，黑社会性质组织对社会的非法控制程度是有所不同的，其只是对社会非法控制的初级形态。[③]

根据我国《刑法》第 294 条第 3 款规定，犯组织、领导、参加黑社会性质组织罪又有其他犯罪行为的，依照数罪并罚的规定处罚。这个规定也有问题，因为其违反了重复评级的原则，其他犯罪行为在组织、领导、参加黑社会性质组织罪的定性时已经评价了一次，被确定为其他犯罪的具体罪名进而数罪并罚时又评价了一次。一个行为触犯几个罪名本应该按照想象竞合犯的原理进行处理，[④]但是刑法为了体现和加强对黑社会性质组织的打击力度，作了数

---

① 陈建清、胡学相：《我国黑社会性质组织犯罪立法之检讨》，载《法商研究》2013 年第 6 期。

② 张卫兵：《论黑社会性质组织的构成要素》，载《中国审判》2010 年第 12 期；刘思：《组织、领导、参加黑社会性质组织罪研究》，黑龙江大学 2011 年硕士学位论文，第 9 页。

③ 赵秉志：《"严打"中刑罚适用若干问题研讨》，载《严打中的法律与政策适用（第三届全国检察理论研究论文集）》，中国检察出版社 2002 年版，第 70 页。

④ 也有这么一种可能，如果本罪和黑社会组织所犯的其他罪行是原因和结果，成立手段和目的的关系，那么，本来就应该按照刑法原理构成牵连犯从一重罪处罚。

罪并罚的特别规定。深层原因可能是组织、领导、参加黑社会性质组织罪危害性非常大,而刑法规定的最高刑罚是有期徒刑,无法包容黑社会性质组织实施的所有犯罪行为。① 但是,作为罪刑相当原则的要求和表现,禁止重复评价不应有例外。② 所以建议删除该条,直接按照想象竞合犯处理即可。

1997 年《刑法》中对于组织、领导、参加黑社会性质组织罪的特征并没有作出规定,2000 年最高人民法院《关于审理黑社会性质组织犯罪的案件具体应用法律若干问题的解释》第 1 条规定“通过贿赂、威胁等手段,引诱、逼迫国家工作人员参加黑社会性质组织活动,或者为其提供非法保护”属于黑社会性质组织的特征之一,亦即黑社会性质组织具有保护伞的特征,之后对保护伞特征质疑的声音此起彼伏,认为不利于尽早打击黑社会性质组织,于是 2002 年全国人民代表大会常务委员会作出《关于〈中华人民共和国刑法〉第二百九十四条第一款的解释》把保护伞特征拿掉,同年最高人民检察院发出《关于认真贯彻执行全国人大常委会〈关于刑法第二百九十四条第一款的解释〉和〈关于刑法第三百八十四条第一款的解释〉的通知》,根据该通知,黑社会性质组织是否有国家工作人员充当保护伞不影响该罪的成立,2011 年《刑法修正案(八)》将立法解释精神纳入刑法条文,亦即吸收立法解释黑社会性质组织不需要保护伞的规定。然而,是否需要保护伞作为条件仍然存在争论,本书建议将保护伞的特征和条件写入刑法,一来可以减少纷争,二来可以对组织、领导、参加黑社会性质组织罪进行限制和消减,三来避免乱扣帽子,缩小打击面,四来客观上讲黑社会性质组织的形成和发展往往都得到保护伞的荫庇,和保护伞往往交织在一起,否则不可能做大成势,制定该规定也有利于挖掘和打击保护伞。

二、司法上“口袋化”现象和改善

“组织、领导、参加黑社会性质组织罪”中的“组织”、“领导”和“参加”在司法实践中常常被不正确解读,有必须作出说明和正确界定。其中的“组织”是指倡议、策划、组建和发展黑社会性质组织的行为,“领导”是指对组织的犯罪活动进行谋划、指挥、决策和协调的行为,内涵基本没有争议,关键问

---

① 黄京平、石磊:《试论组织、领导、参加黑社会性质组织罪的几个问题》,载《法学论坛》2002 年第 6 期。

② 石经海:《黑社会性质组织犯罪的重复评价问题研究》,载《现代法学》2014 年第 6 期。

题在于两者的外延和区别问题，有观点认为“组织”仅限于黑社会性质组织成立之前的行为，①本书不太赞同，因为“组织”除了包括创建组织以外，还包括发展会员、惩戒和管理会员等内容，延伸到黑社会性质组织成立以后的组织内部各种事务，而“领导”的内容则主要是黑社会性质组织所实施的犯罪活动。② 厘清两者的关系在准确界定罪名时有重要意义，易言之，应当尽可能将组织黑社会性质组织罪和领导黑社会性质组织罪准确地区分开。当然，组织、领导、积极参加和一般参加之间存在一定的转化问题，在确定罪名时，可以在一种或者一种以上行为方式之间进行选择和定夺。比如，有可能同时组织和领导，那就应当确定为组织、领导黑社会性质组织罪。但是需要注意的是，一般参加有可能转化为积极参加，但是积极参加不可能转化为一般参加，因为这涉及法定刑度的选择问题。总之，准确理解和界定组织、领导、积极参加和一般参加的含义和关系，有助于防止将不属于组织、领导、积极参加或者一般参加的行为也囊括进来，有利于避免组织、领导、参加黑社会性质组织罪的不正确适用以及“口袋化”。

司法实践中存在“合并规责”和“转移归责”两种严重错误倾向，极大地扩大了犯罪圈，导致组织、领导、参加黑社会性质组织罪异化和扩张适用。所谓“合并规责”，就是对于一些经常从事违法活动的团伙，本身进行的赌博、打架斗殴、敲诈勒索达不到犯罪标准，但是司法机关却本着“打早、打小”的精神直接按照多人形成的团伙装入组织、领导、参加黑社会性质组织罪的“口袋”之中进行入罪处理和打击。所谓“转移归责”，主要是针对其他犯罪团伙的组织者或者领导者，其并不需要像黑社会性质组织的组织者或者领导者那样对组织实施的所有罪行承担责任，③但是司法实践中为了加强对组织

---

① 张春艳、吴静：《试论组织、领导、参加黑社会性质组织罪》，载《徐州师范大学学报（教育科学版）》2000 年第 1 期；高原：《论组织、领导、参加黑社会性质组织罪》，广西大学 2012 年硕士学位论文，第 10 页。

② 黄京平、石磊：《试论组织、领导、参加黑社会性质组织罪的几个问题》，载《法学论坛》2002 年第 6 期。

③ 2010 年最高人民法院《关于审理黑社会性质组织犯罪的案件具体应用法律若干问题的解释》第 3 条第 1 款规定：“组织、领导、参加黑社会性质的组织又有其他犯罪行为的，根据刑法第 293 条第 3 款的规定，依照数罪并罚的规定处罚；对于黑社会性质组织的组织者、领导者，应当按照其所组织、领导的黑社会性质组织所犯的全部罪行处罚；对于黑社会性质组织的参加者，应当按照其所参与的犯罪处罚。”

者和领导者的打击,将某一行为定性为组织、领导、参加黑社会性质组织罪以后,就可以使松散的犯罪团伙组织者、领导者承担原本不成立共同犯罪的他人实施的犯罪活动,从而实现刑事责任的“转移归责”。所以,无论是“合并规责”,还是“转移归责”,都严重背离了罪刑法定原则,共同导致组织、领导、参加黑社会性质组织罪沦为了一个真正的口袋罪。申言之,要使组织、领导、参加黑社会性质组织罪摆脱口袋罪的骂名,当务之急就是防止“打黑除恶”功利化、运动化和扩大化,杜绝侵犯人权,[①]竭力避免“合并规责”和“转移归责”两种错误倾向的发生,将罪刑法定原则奉为唯一的圭臬。

三、扫黑除恶专项斗争背景下的思考和应对

长期以来,一些地方的黑恶势力,欺行霸市、残害百姓、欺男霸女、为非作歹,严重影响社会稳定和正常秩序,成为小康社会的“拦路虎”和“绊脚石”。中共中央、国务院审时度势,把握大势,洞幽烛微,高瞻远瞩,迅速予以反应,作出英明决策,于2018年1月发出《关于开展扫黑除恶专项斗争的通知》,标志着我国为期3年的扫黑除恶专项斗争拉开序幕。扫黑除恶和打黑除恶尽管一字之差,但有天壤之别,“打”是孤立的、片面的,而“扫”是全面的、有机联系的,我们可以结合“大扫除”“扫清障碍”“秋风扫落叶”等进行理解,所以,从字面上,我们就会发现“扫”在宽度、广度、深度、力度、强度上都是“打”字可望而不可即的。这次“扫黑”,国家重视程度前所未有,着眼和强调巩固政权(政治安全、政权安全),更加重视综合治理、源头治理、齐抓共管,必须打“破网打伞”,基层“拍蝇”是关键。

扫黑除恶必须运用法治思维,把握好“度”,确保“三个效果”统一。这次扫黑除恶专项斗争会更加注重严格依法办案,明确政策界限,确保办案质量和办案效率的统一,确保政治效果、法律效果和社会效果的统一。继2000年最高人民法院颁布《关于审理黑社会性质组织犯罪的案件具体应用法律若干问题的解释》、2009年最高人民法院、最高人民检察院、公安部颁布《办理黑社会性质组织犯罪案件座谈会纪要》和2015年最高人民法院颁布《全国部分法院审理黑社会性质组织犯罪案件工作座谈会纪要》和2018年最高人民法院、最高人民检察院、公安部、司法部专门联合出台了《关于办理黑恶势力犯罪案件若干

---

① 赵秉志、张伟珂:《中国惩治有组织犯罪的立法演进及其前瞻——兼及与〈联合国打击跨国有组织犯罪公约〉的协调》,载《学海》2012年第2期。

问题的指导意见》之后,2019 年 5 月 9 日最高人民法院、最高人民检察院、公安部、司法部联合出台了《关于办理恶势力刑事案件若干问题的意见》、《关于办理黑恶势力刑事案件中财产处置若干问题的意见》、《关于办理实施"软暴力"的刑事案件若干问题的意见》和《关于办理"套路贷"刑事案件若干问题的意见》,可以概括地称为"四个意见"或者"四个文件"。本书的理解是"四个意见"分别涉及恶势力、涉案财物、软暴力和套路贷等内容,分别和黑恶势力犯罪的主体、客体、客观、主观有较大关联,因为软暴力实际上是暴力威胁以外的手段,而套路贷和非法占有的目的密切相关。"四个意见"力促依法、准确、有力惩处黑恶势力犯罪及其"保护伞",这样办理具体案件标准更加明确。

"四个意见"非常及时,非常重要。换句话说,法治思维就是要求我们既不能降格,也不要拔高。不能降格的具体含义是不能将黑恶势力犯罪作为一般犯罪对待和处理,更不能遗漏掉,使其成为漏网之鱼。该发现没有发现,该认定为没有认定,就是玩忽职守、就是失职、渎职。不能拔高就是不能凑数,不能将本不属于黑恶势力犯罪的行为甚至连普通犯罪都不构成的行为也认定为黑恶势力犯罪。回过头来,我们在总体肯定上述"一个解释"、"两个纪要"和"五个意见"的同时,必须承认组织、领导、参加黑社会性质组织罪和寻衅滋事罪等罪名的解释及规定过于分散,尤其是通过司法解释或者准司法解释进行解释和规定的正当性存疑,建议在完善相关罪名刑法规定时将上述解释中的合理内容吸收进去,至少也应当通过立法解释予以规定,毕竟司法解释是用来解释司法实践中的具体应用问题。质言之,对于组织、领导、参加黑社会性质组织罪,立法上应当进一步改进和完善,做到科学化、明确化、规范化,司法上应当既不降低也不拔高,尤其是后者特别需要警惕和防范。

第五节　巨额财产来源不明罪已然演变为口袋罪

我国《刑法》第 395 条巨额财产来源不明罪在早期一度被奉为"反腐利器",①对于国家工作人员无法查清是否来源于贪污、受贿等犯罪的"财产"设

① 1988 年全国人民代表大会常务委员会在《关于惩治贪污罪贿赂罪的补充规定》中创设了巨额财产来源不明罪的罪名。

置了兜底性、拦截性罪名，让贪腐分子无处遁形，严密了法网，防止贪腐分子被放纵和逍遥法外，对腐败行为也起到一定的威慑和警示作用。但是对巨额财产来源不明罪的高度评价并没有持续多久，实务界和学界讨论颇多，其中还夹杂着很多的非议，甚至一度反被人们称为贪腐分子的“保护伞”“避风港”“护身符”“安全岛”“挡箭牌”“保险柜”“最后一张王牌”。[①] 司法机关尤其是检察机关或者由于办人情案、办关系案，或者由于懒惰和对贪腐案件不积极、主动、深入查明已经发现的巨额财产的来源（当然另外也有嫌疑人查证实属困难的情形）。[②] 最终，一方面，行为人存在侥幸心理，避重就轻，拒不交代，在司法机关没有查清的情况下只能以法定刑相对较轻的巨额财产来源不明罪定罪量刑，这样巨额财产来源不明罪实际上是赋予了贪腐分子可乘之机，使其得以重罪轻判；另一方面，司法机关工作人员出于惰性、畏难情绪或者追求效率，不花力气查或者不愿意查，甚或出于对腐败分子的包庇和袒护，徇私减轻了贪腐分子的罪责以涉嫌巨额财产来源不明罪移送审判机关，这种情况也客观存在，同样践踏了司法公信力。另外，巨额财产来源不明罪的立法也存在模糊性、司法上存在理解不正确或者不准确的情况。[③] 以上诸方面使得巨额财产来源不明罪沦为一个新的“小口袋罪”，2009 年《刑法修正案（七）》将巨额财产来源不明罪的最高法定刑由 5 年提高到 10 年，尽管加重了处罚力度，但是却使巨额财产来源不明罪进一步“口袋化”，有扩大其作为补漏和兜底条款之虞。本书在下文中准备重点围绕巨额财产来源不明罪的犯罪构成进行具体论述，提出管见，以求教大方。

---

① 张曙光：《巨额财产来源不明罪的地位与作用的反思——一种刑事政策学意义上的观察》，载《天津法学》2012 年第 4 期；周世伟、王洪淼：《推定适用与刑罚的指向——兼析巨额财产来源不明罪的立法完善》，载《山西省政法管理干部学院学报》2014 年第 4 期。

② 本书成文时检察机关反贪、反渎等部门尚未转隶，所以当时的贪腐犯罪案件由检察机关负责侦查，检察机关某种意义上对巨额财产来源不明罪沦为口袋罪难辞其咎。转隶以后，鉴于监察委员会调查处理贪腐犯罪案件时间较短，能否在巨额财产来源不明罪上做到不偏不倚、精准恰当还有待时间的检验和考察。出于对实然的描述以及为了防患于未然，文章不准备做大的调整，只是需要注意转隶对巨额财产来源不明罪、玩忽职守罪将产生重大影响，包括口袋罪的界定在将来也可能需要做出一定的微调和校准。

③ 雷嘉：《巨额财产来源不明罪的立法完善》，载《商丘职业技术学院学报》2014 年第 6 期。文中“巨额财产来源不明罪的缺陷是双重的，既有可能放纵犯罪，也有可能殃及无辜”的观点，笔者是非常赞同的。该观点另外可以参考侯兰：《论巨额财产来源不明罪》，载《法制博览》2015 年第 28 期。

一、巨额财产来源不明罪的客体

对于巨额财产来源不明罪的客体有多种观点，第一种观点认为巨额财产来源不明罪侵害的法益是职务行为的廉洁性，[①]但是实际上巨额财产也有可能来自赌博、盗窃、诈骗等非职务行为，尽管这种可能性较小，但是不能够排除，所以“职务行为廉洁性说”难免以偏概全，不可取。第二种观点认为巨额财产来源不明罪侵害的法益是财产申报制度，但是我国并没有完整的财产申报登记制度，目前仍然停留在理论探索阶段，“财产申报制度说”只能说是一种假想。第三种观点认为巨额财产来源不明罪侵害的法益是公私财产所有权，[②]不能排除的两种可能性：巨额财产有可能是行为人自己的合法财产但是忘记来源和途径，巨额财产也有可能是来自非法经营、赌博、走私、贩毒等非侵财行为，这两种情况下公私财产所有权并没有受到侵犯。第四种观点是巨额财产来源不明罪侵害的法益是国家机关正常管理活动，巨额财产来源不明罪不属于渎职犯罪或者妨害社会管理秩序犯罪，而且巨额财产并不能确定来源于职务行为，也就不能确定存在贪赃枉法或者滥用职权的情况。

本书总体赞同第四种观点，并认为应当进而明确第四种观点中的国家机关仅仅是指是指司法机关，亦即本书主张“司法机关正常活动说”的观点，[③]因为行为人占有巨额财产的前提下，司法机关责令说明而行为人不说明巨额财产来源，也就侵犯了司法机关正常活动，影响司法机关惩治和打击犯罪活动，当然，妨碍司法机关正常活动也就意味着缺乏认罪态度，这是巨额财产来源不明罪的特别之处。厘清和明确巨额财产来源不明罪的法益对司法机关正常活动具有重要意义，有助于区分罪与非罪以及此罪与彼罪包括量刑情节的考量，申言之，如果能够说明巨额财产来源合法就属于无罪，如果能够说明巨额财产来源于其他具体犯罪，就应当认定为其他具体犯罪，并且认定坦白和认罪情节，如果拒绝说明或者说而不明同时无法查清，就应当认定为

---

① 闻韬：《巨额财产来源不明罪的立法完善》，载《人民检察》2014 年第 4 期；刘玉章：《论巨额财产来源不明罪及其完善》，载《世纪桥》2015 年第 11 期；王作富主编：《刑法分则实务研究》，中国方正出版社 2013 年版，第 1713 页。

② 李文燕、杨忠民主编：《刑法学》，中国人民公安大学出版社 2011 年版，第 528 页。

③ 田野：《巨额财产来源不明罪研究——以犯罪构成为视角》，昆明理工大学 2014 年硕士学位论文，第 11 页。

巨额财产来源不明罪,而且不具有认罪悔罪态度。

二、巨额财产来源不明罪的客观方面

巨额财产来源不明罪的客观方面有多种观点,有论者主张“持有说”,①巨额财产来源不明罪和非法持有枪支罪、持有假币罪、非法持有毒品罪等持有型罪名具有显著区别,因为这些罪名中持有对象本身具有非法的性质,而且非国家工作人员持有巨额财产并不构成犯罪,国家工作人员持有巨额财产也并不一定构成犯罪,还需要不能说明巨额财产来源这一条件。有观点支持“不作为说”,②该观点片面强调不能说明合法来源这个后行为,③忽视了非法持有巨额财产这个先行为,同样不妥当。基于上述分析,本书赞同持有和不作为“结合说”或者说是作为和不作为“结合说”,包括先行为和后行为两个行为,先行为是非法持有或者占有巨额财产,后行为是不能说明巨额财产来源,表现形态是不作为,至于其作为义务是什么有争议,④本书赞同非法占有巨额财产的先行为引发相应义务的观点,如果行为人不能说明持有的巨额财产来源就有可能构成巨额财产来源不明罪。

至于“差额巨大”和“非法所得”的认定标准,1993 年最高人民检察院《关于认真查办巨额财产来源不明犯罪案件的通知》明确立案标准是 5 万元,1997 年最高人民检察院立案标准规定提高到 10 万元,1999 年立案标准规定又变更为 30 万元,这固然有经济社会发展和通货膨胀物价上涨的因素,同时也能对巨额财产来源不明罪起到一定的限缩作用。2003 年最高人民法院印发的《全国法院审理经济犯罪案件工作座谈会纪要》对认定“非法所得”提出三点注意,涉及个人财产和家庭共同财产的关系、财产的范围、收入和

---

① 陈正云、钱舫:《国家工作人员职务经济犯罪的定罪和量刑》,人民法院出版社 2000 年版,第 229 页。

② 刘玉章:《论巨额财产来源不明罪及其完善》,载《世纪桥》2015 年第 11 期;冯丽君:《巨额财产来源不明罪引发的思考》,载《改革与开放》2012 年第 16 期。

③ 对于“说明来源”的问题,“持有说”将其界定为客观处罚条件,“不作为说”认为其属于本罪犯罪构成要件中的实行行为。

④ 有观点认为,刑法作为最后保障法,有权为特定主体设定说明巨额财产来源的义务。参见尹明灿:《巨额财产来源不明罪的司法实践考察》,载《法治论坛》2013 年第 2 期;谭靓:《巨额财产来源不明罪现实境遇与适用对策》,载《中国检察官》2012 年第 7 期。

支出等方面内容。[①] 本书认为在运用上述规定和标准时,对于收入应当坚持"就高不就低"的原则,对于支出应当坚持"就低不就高"的原则,这是有利于被告人原则、尊重和保障人权以及限制巨额财产来源不明口袋罪属性的必然要求。

三、巨额财产来源不明罪的主体

首先,单位犯罪应该被排除出去,因为具体个罪可能成立单位犯罪需要在个罪条文里面明示。其次,必须是已满16周岁具有刑事责任能力的人。最后,本罪主体是特殊主体,即国家工作人员。对于这里的国家工作人员范围又有三种观点,一是广义说,认为除了《刑法》第93条规定的国家机关工作人员、国有单位从事公务人员、国有单位委派到非国有单位从事公务的人员和其他依照法律从事公务的人员,还包括受委托从事公务的人员,本书不赞同这个观点,因为根据《刑法》第382条规定,只有贪污罪主体可以包括受委托从事公务的人员,而巨额财产来源不明罪的主体是不包括受委托从事公务的人员的,不然就违反了罪刑法定的原则。二是狭义说,认为只包括国家机关工作人员,这个观点狭隘地理解了巨额财产来源不明罪主体范围,根据刑法立法原意和精神,国家工作人员不仅包括"真正的国家工作人员",也包括"以国家工作人员论的人员",不然就会不当缩小打击范围,容易滋生腐败。三是中义说,亦称作折中说,也是通说,[②]根据以上分析,不难看出本书赞同这种观点,这也是基于《刑法》第93条得出的结论。但是有论者主张将其他依照法律从事公务的人员剔除出去并予以了论证,[③]本书不敢苟同,因为这种观点至少是违背现行刑法规定和罪刑法定原则的。

---

① 具体规定:(1)应把国家工作人员个人财产和与其共同生活的家庭成员的财产、支出等一并计算,而且一并减去他们所有的合法收入以及确属与其共同生活的家庭成员个人的非法收入;(2)行为人所有的财产包括房产、家具、生活用品、学习用品及股票、债券、存款等动产和不动产;行为人的支出包括合法支出和不合法的支出,包括日常生活、工作、学习费用、罚款及向他人行贿的财物等;行为人的合法收入包括工资、奖金、稿酬、继承等法律和政策允许的各种收入;(3)为了便于计算犯罪数额,对于行为人的财产和合法收入,一般可以从行为人有比较确定的收入和财产时开始计算。

② 管圣东:《巨额财产来源不明罪的理论争议和解决路径》,华南理工大学2015年硕士学位论文,第7页。

③ 田野:《巨额财产来源不明罪研究——以犯罪构成为视角》,昆明理工大学2014年硕士学位论文,第25、26页。

四、巨额财产来源不明罪的主观方面

对于巨额财产来源不明罪的主观方面，主要有“无过错说”“故意说”“直接故意说”“双重故意说”等观点，“无过错说”认为，成立巨额财产来源不明罪只需要客体、客观方面和主体三个要件，①这个观点是不正确的，违反了主客观相一致的原则，无罪过即无主观恶性，没有主观恶性就没有刑罚必要性。“故意说”认为，巨额财产来源不明罪的主观方面既包括直接故意也包括间接故意，②对应的内容分别为拒绝说明和不能说明，但是对客观无法说明的放任实际上违背了先行为非法占有巨额财产的直接故意，或者该说有意忽略了先行为非法占有巨额财产的直接故意。“直接故意说”认为巨额财产来源不明罪的主观方面，只包括直接故意，不包括间接故意，③这个观点也是片面的，因为没有说明对非法占有巨额财产的主观罪过。是故，本书比较赞同“双重直接故意说”，④亦即没有非法占有巨额财产的直接故意不可能构成巨额财产来源不明罪，没有不说明巨额财产来源的直接故意也不可能构成巨额财产来源不明罪。“双重直接故意说”实际上属于混合过错，混合过错在我国刑法里面并不鲜见，比如故意伤害致人死亡，伤害是故意的，死亡却是过失，转化型抢劫罪和交通肇事罪也是适例，均需要对两个以上客观方面的主观罪过分别作出判断和对照。动机和目的方面，巨额财产来源不明罪主要有两种可能，一种是为了逃避更重的处罚，比如贪污罪、受贿罪刑期相对重得多；另一种是隐私不想被暴露，“羞于见人”，但是这种情况非常少。

五、巨额财产来源不明罪泛化的制度机制匡正

至于巨额财产来源不明罪的立法改进，学界也有诸多建言。比如有论者建议增设财产刑，通过罚金的规定，使行为人在经济上不但得不到好处反而

---

① 管圣东：《巨额财产来源不明罪的理论争议和解决路径》，华南理工大学2015年硕士学位论文，第9页；陈正云、钱舫：《国家工作人员职务经济犯罪的定罪和量刑》，人民法院出版社2000年版，第232、233页。

② 蔡兴教主编：《财产贪污犯罪的疑难和杂症》，中国公安大学出版社2000年版，第472页；谭靓：《巨额财产来源不明罪现实境遇与适用对策》，载《中国检察官》2012年第7期。

③ 杨春洗、杨敦先：《中国刑法论》，北京大学出版社1998年版，第641页。

④ 王作富主编：《刑法分则实务研究》，中国方正出版社2013年版，第1716页；田野：《巨额财产来源不明研究——以犯罪构成为视角》，昆明理工大学2014年硕士学位论文，第33～35页。

加倍付出,充分发挥刑罚作用,同时建议增设资格刑,剥夺从事经济活动或者公务活动的资格,减少再犯可能。① 有论者建议进一步提高法定刑上限、删除差额部分予以追缴的规定,以及对责令行为人说明设置一个期限等内容。② 对于提高最高法定刑至无期徒刑或者死刑的观点,本书不敢苟同,因为本罪名一定程度上存在有罪推定和疑罪从有的风险,本是为了严密法网和打击贪污不得已而为之的选择,最高刑期提高到十年已经颇受诟病,再进一步提高的话有违人权保障,也会导致口袋罪的进一步扩张。差额部分予以追缴的规定有些多此一举,违反了立法语言的节俭性,因为我国《刑法》第 64 条明文规定“犯罪分子违法所得的一切财物,应当予以追缴或者责令退赔”,差额部分自然应当认定为犯罪分子违法所得。至于责令说明期限的问题,如果没有期限限制,行为人就会拒绝配合和及时说明,不断拖延,绞尽脑汁想出如何说明的万全之策,而一审和二审判决生效,如果仍然允许行为人申请再审和说明也违反了既判力原理,所以补充规定在一审判决前进行说明是比较合理的。③ 也有论者提出将“可以责令该国家工作人员说明来源”中的“可以”改成“应当”,④因为如果是任意性的“可以”,侦查机关就有可能碍于麻烦和盲目追求效率不深究细查,有可能使一些罪大恶极犯罪分子得不到严惩。⑤ 这个建议也是值得和应当采纳的。另外,必须健全办案责任机制,加强内外监督,对办理相关案件中出现的违纪、渎职甚至犯罪行为绝不姑息。同时,全面做好职务犯罪案件侦查的保障工作,充分调动干警办案积极性,鼓励干警办铁案、办硬案,不中途而废,不轻易以巨额财产来源不明罪定性结案,办案要经得起时间和历史考验。还有,学界普遍主张设立财产申报制度,成果用汗牛充栋描述恐怕也不为过,亟待破解的难题是如何解决必要性和可行性之间的矛盾,在此不再赘述。

---

① 雷嘉:《巨额财产来源不明罪的立法完善》,载《商丘职业技术学院学报》2014 年第 6 期。

② 陈伟:《巨额财产来源不明罪的现实境遇及其完善》,载《刑法论丛》2012 年第 4 卷。

③ 之后查明巨额财产来源是否需要启动审判监督程序学界有争议,笔者主张不启动,具体而言,如果系合法所得或者仅仅是一般违法所得,原判决仍然有效,如果查清属于其他犯罪所得,应当对新查出的犯罪行为根据刑法总则和分则规定追究刑事责任。

④ “责令该国家工作人员说明来源”是程序性要素,类似于客观处罚条件,但两者也不能完全等同。参见卢勤忠:《程序性构成要件要素概念的提倡》,载《法律科学》2016 年第 6 期。

⑤ 方涛:《巨额财产来源不明罪之我见》,载《长春大学学报》2014 年第 7 期。

结　语

口袋罪问题是我国刑法立法论和教义学中一个兼具重点和难点的问题，口袋罪既为立法概念，亦为司法概念，口袋罪兼具负价值和正价值，口袋罪弹性过大、内容过广、打击面过大，造成司法混乱，严重威胁罪刑法定原则实现，但是口袋罪也具有一些不容忽视的正面价值和积极意义，同样不能用来嘲笑和讥讽。我国口袋罪应当确立适当的哲理基础，口袋罪立法时必须尽可能顺应民意，口袋罪相关刑法规制须遵循罪刑法定以及谦抑性原则，立法和司法都应当严格抑制口袋罪名的产生、扩张乃至异化，避免与非犯罪化相抵牾，限制和消减口袋罪必须紧密结合明确性公众认同、法益机能理论、刑法解释和其他学科知识。

传统口袋罪包括非法经营罪、寻衅滋事罪，玩忽职守罪，传统口袋罪的根源在于立法，司法对传统口袋罪的口袋化有较大的助推作用，因此我们对其应立法上着眼于消减，司法上立足于限制。非法经营罪"堵截条款"的运用要于法有据，非法经营罪法条保护法益是市场准入秩序，"国家规定"建议限制为"法律"和"行政法规"，建议最终废除非法经营罪，取而代之以其他明确性程度较高的若干罪名。玩忽职守罪的条文建议与滥用职权罪分开设置和编排，主观上明文限定为过失，司法办案避免有罪推定和先入为主，因果关系认定上采用客观归责理论，结束理论上的纷争和实践中的困扰。

新型口袋罪主要包括以危险方法危害公共安全罪、破坏计算和信息系统罪、巨额财产来源不明罪和组织、领导、参加黑社会性质组织罪，新型口袋罪产生于司法实践的惯性、惰性、随意性，也和立法的含混不清存在较大关联。除了立法的完善和消减，以危险方法危害公共安全罪在实务中应准确把握“其他危险方法”的骤然性、直接性、破坏性和杀伤力，破坏计算机信息系统罪不能盲目扩大“后果严重”的认定范围，组织、领导、参加黑社会性质组织罪要避免“合并归责”和“转移归责”，巨额财产来源不明罪要健全工作机制以防止办案人员不作为或者乱作为。

参考文献

一、参考的著作

除马克斯、恩格斯、列宁等经典作家和中国共产党五代领导集体的相关著述以及国内外法学界有关口袋罪基本理论的著作外，本书主要的参考文献及相关资料包括：

1. [英]安德鲁·阿什沃斯：《刑法的积极义务》，姜敏译，中国法制出版社2018年版。

2. [德]米夏埃尔·帕夫利克：《目的与体系：古典哲学基础上的德国刑法学新思考》，赵书鸿译，法律出版社2018年版。

3. [美]保罗·罗宾逊等：《失义的刑法》，谢杰等译，上海人民出版社2018年版。

4. [日]平野龙一：《刑法的基础》，黎宏译，中国政法大学出版社2016年版。

5. [德]冯·李斯特：《论犯罪、刑罚与刑事政策》，徐久生译，北京大学出版社2016年版。

6. [美]道格拉斯·胡萨克：《过罪化及刑法的限制》，姜敏译，中国法制出版社2015年版。

7. [英]威廉姆·威尔逊：《刑法理论的核心问题》，谢望原等译，中国人民大学出版社2015年版。

8. [日]松宫孝明：《刑法总论讲义》，钱叶六译，中国人民大学出版社2013年版。

9. [德]卡尔·拉伦茨：《法学方法论》，陈爱娥译，商务印书馆 2013 年版。

10. [美]乔尔·范伯格:《刑法的道德界限》,方泉译,商务印书馆 2013 年版。

11. [日]山口厚:《刑法各论》(第 2 版),王昭武译,中国人民大学出版社 2011 年版。

12. [日]佐伯仁志等:《刑法与民法的对话》,于改之等译,北京大学出版社 2012 年版。

13. [德]卢曼:《社会的法律》,郑伊倩译,人民出版社 2009 年版。

14. [英]詹姆斯·迪南:《解读被害人与恢复性司法》,刘仁文、林俊辉译,中国人民公安大学出版社 2009 年版。

15. [日]西田典之:《日本刑法各论》,刘明祥、王昭武译,中国人民大学出版社 2007 年版。

16. [德]伯恩·魏德士:《法理学》,丁晓春、吴越译,法律出版社 2005 年版。

17. [美]保罗·H. 罗宾逊:《刑法的结构与功能》,何秉松、王桂萍译,中国民主法制出版社 2005 年版。

18. [日]川岛武宜:《现代化与法》,申政武、渠涛等译,中国政法大学出版社 2004 年版。

19. [日]松原芳博:《犯罪概念と可罰性——客観的処罰条件と一身的処罰阻却事由について》,成文堂 1997 年版。

20. [意]切萨雷·贝卡利亚:《论犯罪与刑罚》,黄风译,北京大学出版社 2008 年版。

21. [美]Eoghan Casey:《数字证据与计算机犯罪》,陈圣琳等译,电子工业出版社 2004 年版。

22. [美]劳拉·昆兰蒂罗:《赛博犯罪》,王涌译,江西教育出版社 2009 年版。

23. 刘艳红:《实质刑法观》(第 2 版),中国人民大学出版社 2019 年版。

24. 陈泽宪:《刑事法前沿》(第 10 卷),社会科学文献出版社 2018 年版。

25. 刘宪权:《人工智能:刑法的时代挑战》,上海人民出版社 2018 年版。

26. 张明楷:《犯罪论的基本问题》,法律出版社 2017 年版。

27. 刘仁文:《网络时代的刑法面孔》,社会科学文献出版社 2017 年版。

28. 赵秉志、袁彬:《刑法最新立法争议问题研究》,江苏人民出版社 2017 年版。

29. 车浩:《刑法教义的本土形塑》,法律出版社 2017 年版。

30. 刘仁文:《网络时代的刑法面孔》,社会科学文献出版社 2017 年版。

31. 赵秉志、袁彬:《刑法最新立法争议问题研究》,江苏人民出版社 2017 年版。

32. 陈兴良:《刑法哲学》,中国人民大学出版社 2017 年版。

33. 邓子滨:《中国实质刑法观批判》,法律出版社 2017 年版。

34. 阴建峰等:《刑事立法过程中公民参与问题研究》,法律出版社 2017 年版。

35. 冯军:《刑事责任论》,社会科学文献出版社 2017 年版。

36. 刘仁文:《废止劳教后的刑法结构完善》,社会科学文献出版社 2015 年版。

37. 赵秉志:《寻衅滋事罪的罪与罚》,北京大学出版社 2015 年版。

38. 李翔:《刑法解释的利益平衡问题研究》,北京大学出版社 2015 年版。

39. 张明楷:《责任刑与预防刑》,北京大学出版社 2015 年版。

40. 黄太云:《刑事立法的理解和适用》,中国人民公安大学出版社 2014 年版。

41. 李晓明:《行政刑法新论》,法律出版社 2014 年版。

42. 孟庆华:《寻衅滋事罪的理论与实践》,人民出版社 2014 年版。

43. 梁根林、[德]埃里克·希尔根多夫:《中德刑法学者的对话——罪刑法定与刑法解释》,北京大学出版社 2013 年版。

44. 杨兴培:《反思与批评——中国刑法的理论和实践》,北京大学出版社 2013 年版。

45. 王作富、刘树德:《刑法分则专题研究》,中国人民大学出版社 2013 年版。

46. 周光权:《法治视野中的刑法客观主义》(第 2 版),中国人民大学出版社 2013 年版。

47. 邓子滨:《斑马线上的中国》,法律出版社 2013 年版。

48. 王作富:《刑法分则实务研究》(第 5 版),中国方正出版社 2013 年版。

49. 陈忠林:《刑法散得集》(Ⅱ),重庆大学出版社 2012 年版。

50. 张明楷:《行为无价值论与结果无价值论》,北京大学出版社 2012 年版。

51. 林山田:《刑法各罪论》(修订五版),北京大学出版社 2012 年版。

52. 黄太云:《刑法修正案解读全编——根据刑法修正案(八)全新阐释》,人民法院出版社 2011 年版。

53. 张明楷:《刑法分则的解释原理》(第 2 版),中国人民大学出版社 2011 年版。

54. 陈忠林:《刑法适用解释》,中国检察出版社 2010 年版。

55. 韩忠谟:《刑法原理》,北京大学出版社 2009 年版。

56. 冯军:《刑法问题的规范理解》,北京大学出版社 2009 年版。

57. 阴建峰:《刑法的迷思与匡正》,中国人民公安大学出版社 2009 年版。

58. 陈兴良:《刑法的格致》,法律出版社 2008 年版。

59. 赵秉志:《犯罪未遂形态研究》,中国人民大学出版社 2007 年版。

60. 梁根林:《刑事法网:扩张与限缩》,法律出版社 2005 年版。

61. 陈泽宪:《犯罪定义与刑事法治》,法律出版社 2003 年版。

62. 魏东:《刑法观与解释论立场》,中国民主法制出版社 2011 年版。

63. 李希慧:《刑法探微》,中国人民公安大学出版社 2007 年版。

64. De Ann Kalich, Margot Hasha, CraigJ. Forsyth, *Misdemeanor Offenses*, Elsevier Inc. ,2015.

65. Andrew Ashworth and Lucia Zedner, *Preventive Justice*, Oxford University Press,2014.

66. John Finnis, *Natural Law and Natural Rights*, Oxford University Press, 2011.

67. Scott J. Shapiro, *Legality*, The Belknap Press of Harvard University Press, 2011.

68. David J. Bederman, *Custom as a Source of Law*, Cambridge University

Press,2010.

69. Joseph Raz, *The Authority of Law*: *Essays on Law and Morality*, Oxford University Press,2009.

70. Robert Audi, *Moral Values and Human Diversity*, Oxford University Press,2007.

71. Aleksander Peczenik, *Scientia Juris*: *Legal Doctrine as Knowledge of Law and as a Source of Law*, Springer,2005.

72. Herbert L. Packer, *The Limits of the Criminal sanction*, Stanford University Press,1968.

二、参考的文章

1. 陈兴良:《投机倒把罪:一个口袋罪的死与生》,载《现代法学》2019 年第 4 期。

2. 刘艳红:《“法益性的欠缺”与法定犯的出罪》,载《比较法研究》2019 年第 1 期。

3. 时延安:《犯罪化与惩罚体系的完善》,载《中国社会科学》2018 年第 10 期。

4. 孙国祥:《集体法益的刑法保护及其边界》,载《法学研究》2018 年第 6 期。

5. 汪庆华:《通过司法的社会治理:信访终结与寻衅滋事》,载《浙江社会科学》2018 年第 1 期。

6. 周光权:《黑社会性质组织非法控制特征的认定》,载《中国刑事法杂志》2018 年第 3 期。

7. 仇荣焕:《浅析“寻衅滋事罪”与其他犯罪的区别》,载《牡丹江大学学报》2018 年第 2 期。

8. 姜瀛:《“口袋思维”入侵网络犯罪的不当倾向及其应对进路》,载《苏州大学学报(法学版)》2018 年第 2 期。

9. 姜涛:《经济刑法之兜底条款应由司法解释予以明确》,载《净月学刊》2017 年第 4 期。

10. 梁根林:《传统犯罪网络化:归责障碍、刑法应对与教义限缩》,载《法学》2017 年第 2 期。

11. 梁根林:《刑法修正:维度、策略、评价与反思》,载《法学研究》2017 年第 1 期。

12. 孙国祥:《行政犯违法性判断的从属性和独立性研究》,载《法学家》2017 年第 1 期。

13. 李兰英、曾荣胜:《论从业禁止制度在公害犯罪中的适用》,载《厦门大学学报(哲学社会科学版)》2017 年第 1 期。

14. 梁根林:《传统犯罪网络化:归责障碍、刑法应对与教义限缩》,载《法学》2017 年第 2 期。

15. 李晓明:《论刑法与行政刑法的并立》,载《法学杂志》2017 年第 2 期。

16. 何荣功:《预防刑法的扩张及其限度》,载《法学研究》2017 年第 4 期。

17. 赵秉志:《中国刑法立法晚近 20 年之回眸与前瞻》,载《中国法学》2017 年第 5 期。

18. 刘仁文:《立体刑法学:回顾与展望》,载《北京工业大学学报(社会科学版)》2017 年第 5 期。

19. 李铮:《借故生非殴打他人并索要财物如何认定》,载《中国检察官》2017 年第 9 期。

20. 蔡道通:《经济犯罪"兜底条款"的限制解释》,载《国家检察官学院学报》2016 年第 3 期。

21. 江奥立:《寻衅滋事罪规制散布"虚假信息"行为的可行性分析》,载《苏州大学学报(法学版)》2016 年第 2 期。

22. 周光权:《积极刑法立法观在中国的确立》,载《法学研究》2016 年第 4 期。

23. 陈兴良:《犯罪范围的扩张与刑罚结构的调整》,载《法律科学》2016 年第 4 期。

24. 崔志伟:《口袋罪适用之限制与实行行为定型化之提倡——基于以危险方法危害公共安全罪的视角》,载《湖北经济学院学报》2016 年第 4 期。

25. 狄小华、宋金玲:《青少年暴力罪错的实证研究——以江苏东海聚众斗殴和寻衅滋事犯罪为例》,载《河南警察学院学报》2016 年第 4 期。

26. 陈忠林、李瑞杰:《犯罪行为个数的认定》,载《法治社会》2016 年第 6 期。

27. 卢勤忠:《程序性构成要件要素概念的提倡》,载《法律科学》2016 年第 6 期。

28. 彭文华:《犯罪的价值判断与行为的归罪模式》,载《法学》2016 年第 8 期。

29. 胡凡:《寻衅滋事罪适用的扩大化及其限制研究》,安徽大学 2016 年硕士学位论文。

30. 李蔚然:《强拿硬要型寻衅滋事罪的法教义学分析》,华东政法大学 2016 年硕士学位论文。

31. 阴建峰、贾长森:《"刑变罚恒"的价值背离及其重塑》,载《法学杂志》2016 年第 2 期。

32. 刘仁文:《后劳教时代的法治再出发》,载《国家检察官学院学报》2015 年第 2 期。

33. 赵秉志、商浩文:《论劳动教养制度的废止与刑法调整》,载《法律科学》2015 年第 3 期。

34. 陈兴良:《寻衅滋事罪的法教义学形象:以起哄闹事为中心展开》,载《中国法学》2015 年第 3 期。

35. 赵秉志、徐文文:《论我国编造、传播虚假信息的刑法规制》,载《中国检察官》2015 年第 3 期。

36. 余丰泳:《口袋罪的坏名声及冷思考》,载《民主与法制时报》2015 年 5 月 4 日,第 6 版。

37. 李川:《寻衅滋事罪情节犯的属性认定与限缩适用探究——以拟制抽象危险犯为视角切入》,载《法学》2015 年第 12 期。

38. 刘红艳:《随意殴打型寻衅滋事罪研究》,载《中国刑事法杂志》2014 年第 1 期。

39. 曾粤兴:《网络寻衅滋事的理解与适用》,载《河南财经政法大学学报》2014 年第 2 期。

40. 孙万怀:《宽严相济刑事政策应回归为司法政策》,载《法学研究》

2014年第4期。

41. 付立庆:《论抢劫罪与强拿硬要型寻衅滋事罪之间的关系——以孙某寻衅滋事案为切入点》,载《法学》2014年第4期。

42. 陈忠林、王昌奎:《刑法概念的重新界定及展开》,载《现代法学》2014年第4期。

43. 仝其宪、王永胜:《以危险方法危害公共安全罪如何走出口袋罪的窠臼》,载《宜宾学院学报》2014年第10期。

44. 徐松青、张华:《未成年人抢劫、寻衅滋事等罪名之辨》,载《人民司法》2014年第14期。

45. 米福丽:《论寻衅滋事罪的立法完善》,大连大学2014年硕士学位论文。

46. 陈亚威:《论寻衅滋事罪的司法认定》,吉林大学2014年硕士学位论文。

47. 刘祥:《口袋罪视角下的寻衅滋事罪探析》,华东政法大学2014年硕士学位论文。

48. 郭彦:《"起哄闹事型"寻衅滋事罪研究》,苏州大学2014年硕士学位论文。

49. 李坤:《寻衅滋事罪疑难问题研究》,河北大学2014年硕士学位论文。

50. 邓子滨:《犯罪论的体系更迭与学派之争》,载《法学研究》2013年第1期。

51. 陈泽宪:《关于我国刑法学研究转型的思考》,载《法学研究》2013年第1期。

52. 李兰英、周微:《论惩治危害食品安全犯罪的刑事政策》,载《中国刑事法杂志》2013年第3期。

53. 张训:《口袋罪视域下的寻衅滋事罪研究》,载《政治与法律》2013年第3期。

54. 张伯晋:《厘清法益明确罪状 摆脱口袋罪宿命》,载《检察日报》2013年4月19日,第3版。

55. 孙国祥:《论司法中刑事政策与刑法的关系》,载《法学论坛》2013年第 6 期。

56. 陈庆安:《恐吓类寻衅滋事罪的客观要件研究》,载《政治与法律》2013 年第 7 期。

57. 陈兴良:《口袋罪的法教义学分析:以以危险方法危害公共安全罪为例》,载《政治与法律》2013 年第 9 期。

58. 张向东:《利用信息网络实施寻衅滋事犯罪若干问题探析》,载《法律适用》2013 年第 11 期。

59. 陈国庆、韩耀元、侯庆奇:《〈关于办理寻衅滋事刑事案件适用法律若干问题的解释〉理解与适用》,载《人民检察》2013 年第 20 期。

60. 周光权:《新行为无价值论的中国展开》,载《中国法学》2012 年第 1 期。

61. 关振海:《规范与政策:寻衅滋事与故意伤害的二重区分——以 20 个公检法争议案件为切入》,载《国家检察官学院学报》2012 年第 1 期。

62. 周光权:《慎刑与规制:评议〈刑法修正案(九)(草案)〉》,载《中国法律评论》2012 年第 2 期。

63. 高翼飞:《从扩张走向变异:非法经营罪如何摆脱口袋罪的宿命》,载《政治与法律》2012 年第 3 期。

64. 卢君、杨君相、陈胜友:《"两个当场"情形下寻衅滋事罪的认定——陈建、曾小强寻衅滋事案》,载《法律适用》2012 年第 11 期。

65. 张维:《寻衅滋事罪问题研究》,吉林大学 2012 年博士学位论文。

66. 潘庸鲁:《寻衅滋事罪与故意伤害罪比较研究——以方玄昌、方舟子被袭案为切入点》,载《法律适用》2011 年第 2 期。

67. 阴建峰:《论法律效果与社会效果的统一——以贯彻宽严相济刑事政策为中心》,载《河南社会科学》2011 年第 2 期。

68. 聂立泽、胡洋:《寻衅滋事罪与故意伤害罪之关系新探》,载《政治与法律》2011 年第 3 期。

69. 张维、黄佳宇:《寻衅滋事罪司法困境之评析》,载《法学杂志》2011 年第 5 期。

70. 樊华中:《寻衅滋事罪规范内的追问与规范外的反思——以随意殴打型切入分析》,载《中国刑事法杂志》2011 年第 8 期。

71. 余作泽:《为口袋罪正名》,中国政法大学 2011 年硕士学位论文。

72. 俞小海:《刑法解释的公众认同》,载《现代法学》2010 年第 3 期。

73. 赵秉志、阴建峰:《论新中国刑法立法的客观影响因素》,载《南开学报》2010 年第 4 期。

74. 孙万怀:《以危险方法危害公共安全罪何以成为口袋罪》,载《现代法学》2010 年第 5 期。

75. 李川:《公法哲学视野下的刑事问题初探——以口袋罪和刑法谦抑性为例》,载《理论与改革》2010 年第 6 期。

76. 徐岱、张维:《刑事政策下的寻衅滋事罪立法及其完善——以〈中华人民共和国刑法修正案(八)草案〉为视角》,载《当代法学》2010 年第 6 期。

77. 徐立明、周波:《寻衅滋事罪与聚众斗殴罪的区分》,载《人民检察》2010 年第 8 期。

78. 游伟:《"寻衅滋事"不应成为口袋罪》,载《东方早报》2010 年 10 月 23 日,A23 版。

79. 阴建峰:《实行过限之本体探究》,载《中国刑事法杂志》2010 年第 11 期。

80. 梁根林:《责任主义原则及其例外——立足于客观处罚条件的考察》,载《清华法学》2009 年第 2 期。

81. 邓子滨:《刑法目的初探》,载《环球法律评论》2008 年第 1 期。

82. 张明楷:《寻衅滋事罪探究》(上篇),载《政治与法律》2008 年第 1 期。

83. 张明楷:《寻衅滋事罪探究》(下篇),载《政治与法律》2008 年第 2 期。

84. 刘金林:《口袋罪变迁见证法治进程》,载《人民检察》2008 年 5 月 9 日,第 4 版。

85. 高铭暄、梁健:《寻衅滋事罪若干疑难问题探讨》,载《人民司法》2008 年第 17 期。

86. 罗欣:《口袋罪分解折射立法三大进步》,载《人民检察》2008 年 5 月 9 日,第 4 版。

87. 刘仁文:《解决口袋罪立法司法须并进》,载《人民检察》2008 年 5 月

10 日,第 1 版。

88. 黄太云:《知识产权与网络犯罪立法完善需认真研究的几个问题》,载《中国刑事法杂志》2007 年第 3 期。

89. 陈建清:《论我国刑法中的犯罪动机与犯罪目的》,载《法学评论》2007 年第 5 期。

90. 陈泽宪:《罪刑法定与扩大解释》,载《人民检察》2007 年第 27 期。

91. [德]许迺曼:《刑法体系与刑事政策》,载许玉秀、陈志辉合编:《不移不惑献身法与正义:许迺曼教授六秩寿辰》,台北,新学林出版股份有限公司 2006 年版。

92. 王良顺:《寻衅滋事废止论》,载《法商研究》2005 年第 4 期。

93. 邓子滨:《法律制裁的历史回归》,载《法学研究》2005 年第 6 期。

94. 杜启新、安文录:《论寻衅滋事罪的合理定位》,载《政治与法律》2004 年第 2 期。

95. 裘霞、李佑喜:《以刑制罪:一种定罪的司法逻辑》,载《河南社会科学》2004 年第 6 期。

96. 万春:《从口袋罪到"口袋权"》,载《检察日报》2003 年 1 月 6 日法律生活周刊版。

97. 何庆仁:《寻衅滋事罪研究》,载《中国刑事法杂志》2003 年第 4 期。

98. 梁剑、叶良芳:《寻衅滋事罪立法规定质疑》,载《政治与法律》2003 年第 6 期。

99. 黄太云:《何谓"黑社会性质的组织"》,载《中国司法》2002 年第 11 期。

100. 汤晓慰:《寻衅滋事罪司法适用探析》,载《人民检察》2002 年第 8 期。

101. 黄太云:《有关危害互联网安全犯罪的刑法适用问题》,载《人民检察》2001 年第 4 期。

102. 李卓娅:《巨额财产来源不明,又一个口袋罪》,载《政府法治》2001 年第 4 期。

103. 桂亚胜:《新刑法罪名类型之分析》,载《法学》2000 年第 11 期。

104. 冯英菊:《试论寻衅滋事致人重伤、死亡的定罪问题》,载《人民检察》1998 年第 8 期。

105. 赵长青、高一飞:《论新刑法对三个口袋罪的修改》,载《云南法学》1997 年第 3 期。

106. 明逊、高一飞:《论罪刑结合的模式》,载《现代法学》1996 年第 4 期。

107. 李永升:《谈我国刑法中四口袋罪的修改》,载《法律科学(西北政法学院学报)》1991 年第 6 期。

三、主要分析的域外资料

1. 口袋罪有关西方立法,罪名表达方式和形式,德国"口袋"罪名有公开煽动他人实施犯罪罪、强制罪等,日本口袋罪有暴行罪、胁迫、强要罪和妨害业务罪等。

2. 口袋罪处理机关和定罪量刑,专门法院抑或普通法院?自由刑、财产刑抑或资格刑?预防、治罪、控制和矫正关系如何?

3. 口袋罪处理方式,不同性质责任的衔接和协调方法。

4. 轻罪微罪、保安处分与口袋罪刑事责任追究的关系。

5. 几种"口袋化"立法形式和司法实务中怎样贯彻罪刑法定、法益维护、人权保障原则。

四、相关数据

1. 世界范围内德日等国家口袋罪数量情况以及相关口袋罪刑法规制和案情情况。

2. 中国不同历史阶段口袋罪情况以及现行各口袋罪包含行为种类情况。

3. 我国 2014 ~ 2018 年各口袋罪案件数量、涉案人数、动机结构、类型统计、犯罪原因等相关情况。

4. 以北京市、上海市、江苏省、浙江省、南京市、苏州市、无锡市、南通市为模本对其相关数据进行分析。

5. 有关案卷调查数据,没有调查就没有发言权,采用田野调查和实证研究的方法和手段广泛进行调查。

6. 域外其他有关数据统计,包括法律清单、原著清单、译注清单、典型案件清单等。

作者近年来部分研究成果

1.《核准追诉实体和程序争议问题探究》,载《中国检察官》2022 年第 1 期。

2.《检察机关引导侦查的发展向度》,载《人民检察》2021 年第 11 期。

3.《退回补充侦查引导和说理机制的价值及完善进路》,载《中国检察官》2021 年第 9 期。

4.《监检关系视野下退回补充调查与自行补充侦查》,载《北方法学》2020 年第 6 期。

5.《核准追诉疑难问题探究》,收录于 2021 年《全国检察机关首届重罪检察实务论坛获奖文集》,并获评一等奖。

6.《非法经营罪的限制适用和消减进路》,载《人民检察》2020 年第 3 期。

7.《监察体制改革背景下自行补充侦查和退回补充调查关系论纲》,载《西南政法大学学报》2019 年第 3 期。

8.《监察体制改革背景下补充侦查问题研究》,载《法治现代化研究》2019 年第 3 期。

9.《刑法变革视野下的刑事处罚早期化——走向"实害危险二元立法例"》,载《河南警察学院学报》2018 年第 4 期。

10.《论寻衅滋事罪"口袋"属性的限制和消减》,载《政法论丛》2018 年第 3 期。

11.《行政刑法理论在中国的发展及转向》,载《社会科学战线》2017 年第 10 期。

12.《论犯罪论体系的颠覆——从"四要件"转向"三阶

层”》,载《北华大学学报(社会科学版) 》2017 年第 3 期。

13.《实现刑法公众认同进路的考量——以刑法规范的明确性为视角》,载《法学杂志》2016 年第 8 期。

14.《网络言论刑法展开问题研究》,载《中国刑法改革与适用研究》(全国刑法学术年会文集),中国人民公安大学出版社 2016 年版。

15.《知识产权刑事案件相关法律问题研究——以南通检察机关处理的 55 个案件为例》,载《北华大学学报(社会科学版)》2016 年第 4 期。

16.《论网络言论的刑法规制——以“两高”关于网络诽谤等刑事案件的司法解释为契机》,载《甘肃社会科学》2015 年第 5 期。

17.《玩忽职守罪的因果关系法律问题研究》,载《北华大学学报(社会科学版)》2015 年第 4 期。

18.《“口袋罪”的应然态度和限制进路》,载《苏州大学学报(哲学社会科学版)》2015 年第 3 期。

19.《捕后羁押必要性审查工作机制的构建》,载《湖北警官学院学报》2014 年第 11 期。

20.《拆迁人员和被拆迁人员共同勾结骗取拆迁补偿款法律适用》,载《清风苑》2014 年第 12 期。

21.《关于容留他人吸毒罪的思考与建议》,载《黑河学刊》2013 年第 1 期。

22.《浅论法律监督公信力》,载谢佑平主编:《司法评论》(第 3 卷),中国检察出版社 2012 年版。

23.《论台湾交通警察的任务和职权》,载《甘肃警察职业学院学报》2012 年第 4 期。

24.《论行为保全制度的内涵界定和价值考量》,载《改革与开放》2010 年第 5 期。

25.《少年罪错司法防治域外借鉴研究》,载《价值工程》2010 年第 12 期。

26.《对放高利贷行为基本理论及入罪合法性的研究》,载《中国集体经济》2010 年第 11 期。

27. 主持国家检察官学院 2022 年度立项课题《洗钱犯罪法律问题探究——以某洗钱案为例》,在研。

28. 主持江苏省哲学社会科学后期资助项目《口袋罪的限制适用和消减进路研究》,2020 年 12 月立项,课题编号:20HQ021,已经结项。

29. 主持江苏省人民检察院 2020 年度立项课题《检察机关退回补充侦查引导和说理机制研究》,课题编号:JS202016,2021 年 12 月结项。

30. 主持 2019 年南通市法学会立项课题《非法经营罪的限制适用和消减路径——以南通为例》,课题项目号:TFH2019C06,已经结项。

31. 主持 2015 年中国法学会课题《寻衅滋事罪要论——以口袋罪的限制和消减为视角》,课题项目号:CLS(2015)Y06,已经结项。

32. 主持苏州大学卓越人才计划立项项目《行政刑法的发展现状和未来走势》,项目号:5832002413,2013 年 10 月立项,2014 年 10 月结项,课题结项等级为优秀。

附录：关于寻衅滋事罪和组织、领导、参加黑社会性质组织罪等涉黑涉恶罪名的具体法律适用三十六解*

为了增强全市检察机关刑事检察部门对寻衅滋事罪、聚众斗殴罪以及组织、领导、参加黑社会性质组织罪等有关罪名的理解和把握，提高司法实践能力，尤其是正确处理相关罪名疑难复杂问题，同时适应“扫黑除恶”的需要，依法打击黑恶势力犯罪，特编写本指引，供大家学习和参考。

一、没有侵害社会公共秩序的法益，就没有成立寻衅滋事犯罪的余地

详解：寻衅滋事罪被规定在《刑法》分则第6章“妨害社会管理秩序罪”第一节“扰乱社会公共秩序罪”之中，首先须明确的是寻衅滋事罪应该侵犯了社会公共秩序的法益，不然，不可能构成寻衅滋事罪。

举例：甲与同事存在过节，一直怀恨在心，连续数日深更半夜打电话恐吓同事，扬言要杀害同事全家，同事精神受到严重刺激，工作生活无法继续，甚至住院治疗。因为公共秩序并未遭受破坏，公共秩序的法益未受侵害，可以直接排除适用寻衅滋事罪。

---

* 由本书作者陈小炜于2018年起草，此后根据法律法规、司法解释及司法文件的规定作了多次修改，形成现稿。

二、寻衅滋事犯罪在起因和动机上,不仅包括“无事生非”,还包括“借故生非”

详解:根据2013年《关于办理寻衅滋事刑事案件适用法律若干问题的解释》的规定,行为人因日常生活中的偶发矛盾纠纷借故生非的,实施《刑法》第293条所规定之行为的,应评价为“寻衅滋事”。如“随意殴打”可以分为两种:第一种是“无事生非”型殴打,没有任何原因直接殴打,这是典型的“随意”殴打;第二种是“借故生非”型殴打,亦被称为“小题大做”型,属于故意找碴,即在一般人看来不可能发生的殴打行为。

举例:甲不小心被他人身体刮擦了一下,即火冒三丈实施殴打,致人轻伤,这是非典型的“随意”殴打,亦可能构成寻衅滋事罪。当然“无事生非”和“借故生非”没有天然的鸿沟,有时很难做出绝对的区分,因为一点原因都没有的纯粹的“无事生非”是极少的。

三、利用信息网络辱骂、恐吓他人,“情节恶劣”的点击浏览入罪标准是5000次,转发入罪标准是500次

详解:按照2013年《关于办理网络诽谤等刑事案件适用法律若干问题的解释》,利用信息网络诽谤他人,点击、浏览次数超过5000次,或者被转发次数超过500次,构成诽谤罪,结合司法解释中利用信息网络辱骂或者恐吓他人情节恶劣,破坏社会秩序的,以寻衅滋事罪定罪追究刑事责任的规定,可以认为利用信息网络辱骂或者恐吓他人“情节恶劣”的点击浏览入罪标准是5000次,转发入罪标准是500次。

举例:甲针对乙发布侮辱性微博,被转发900余次,被评论500余条,引发大量负面言论和辱骂性跟帖,给他人带来了心理创伤以及社会评价降低的影响,社会影响恶劣,被认定为寻衅滋事罪定罪处罚。

四、“起哄闹事”型寻衅滋事罪必须侵犯公共场所秩序的法益,而且必须达到公共场所秩序严重混乱的程度

详解:根据《刑法》规定“起哄闹事”型寻衅滋事罪必须侵犯公共场所秩序才构成犯罪,公共场所秩序与公共秩序相比范围更为狭窄,社会公共秩序可以分为属于公共场所秩序的社会公共秩序和不属于公共场所秩序的社会公共秩序。同时,还应达到公共场所秩序严重混乱的程度,方才成立寻衅滋事罪。

举例：甲、乙在图书馆争座位，相互辱骂并殴打，尽管造成图书馆局部性影响，然而因为两人主观方面缺少寻衅动机，并没有追求扰乱公共场所秩序的结果，客观方面也没有导致公共场所秩序严重混乱，所以两人的个人纠纷不适宜升级处理为“起哄闹事”型寻衅滋事罪。但是，如果甲、乙为了寻求刺激，在图书馆内故意闹事，达到扰乱图书馆秩序使他人无法正常使用图书馆的程度，就另当别论了。这种情形显然属于“起哄闹事”，涉嫌寻衅滋事罪。

五、编造虚假信息在信息网络上散布，起哄闹事，造成公共秩序严重混乱的，以寻衅滋事罪定罪处罚

详解：该内容系司法解释明文规定。2013 年《关于办理网络诽谤等刑事案件适用法律若干问题的解释》规定，编造虚假信息，或明知是编造的虚假信息而在信息网络上散布，或组织、指使人员在信息网络上散布，起哄闹事，造成公共秩序严重混乱的，根据《刑法》第 293 条第 1 款第 4 项的规定，以寻衅滋事罪追究刑事责任。

举例：甲编造日本地震后海水受到污染食盐将会断供的谣言并在网络上发布，引发部分地区哄抢食盐，可以考虑适用寻衅滋事罪规制。需要注意的是，如果甲编造将要地震的虚假信息在信息网络上发布，起哄闹事，导致公共秩序严重混乱时，须优先适用特殊罪名，即 2015 年《刑法修正案(九)》在第 291 条之一增加规定的编造、故意传播虚假信息罪，该罪名规制的对象仅限于“虚假的险情、疫情、灾情、警情”。

六、几种情节并不严重的行为叠加在一起时，原则上不能评价为情节严重

详解：同时实施几种情节并不严重的行为，不适宜评价为情节严重，因为每种情节严重情形是罪状的表述完结，只有在合用诸如“情节严重”等项前规定的情况下，才能够综合评价。这是法治的要求，亦是对罪刑法定的遵循。

举例：随意殴打一次、辱骂一次、任意损毁财物一次，不能认定为“多次”，以无罪化处理为宜。

七、几种情节并不严重的行为叠加在一起时，特殊情况下可以评价为情节严重

详解：对于是否允许整体和综合评价，有原则就有例外，重行为评价为轻行为,复合行为评价为单一行为常常是必要也是允许的,在寻衅滋事数种行为并存的场合,同样能够得到运用。

举例:甲随意殴打他人一次,情节不恶劣,使用轻微暴力追逐拦截一次,情节不恶劣,使用轻微暴力强拿硬要一次,情节不严重,甲的第二次和第三次行为可以评价为两次单一的随意殴打行为,这样随意殴打他人达到三次,自然可以成立寻衅滋事罪。

八、共同寻衅滋事过程中实行过限者的处理应当坚持主客观相一致的原则

详解:寻衅滋事过程中个别人实行过限造成重伤或者死亡的,存在"全部转化说"和"部分转化说"两种观点。"部分转化说"比较科学,而"全部转化说"违反了主观和客观相一致的原则,容易陷入客观归罪。

举例:甲等五人随意殴打他人,甲突然拔刀捅刺,对方一人当场死亡,甲以外其他四人事前不知情甲带了尖刀,四人本身也没有杀人的故意,此时仅仅甲承担故意杀人的刑事责任。

九、共同寻衅滋事过程中实行过限者致一人重伤或者死亡,非实行过限的人员应当定寻衅滋事罪

详解:尽管一人重伤或者死亡的结果和非实行过限的人员寻衅滋事行为之间没有直接因果关系,但是寻衅滋事一方实际上是一个整体,互相提供心理支持,相互加功,非实行过限的人员对一人重伤或者死亡的结果具有一定程度的原因力。司法解释规定,寻衅滋事造成一人轻伤即构成寻衅滋事罪,在造成死亡或者重伤时,根据举轻以明重的法理,轻伤即构成寻衅滋事罪,重伤或者死亡更应当成立寻衅滋事罪。

举例:甲等五人随意殴打他人,甲突然拔刀捅刺,对方一人当场死亡,甲以外其他四人事前不知情甲带了尖刀,四人也没有杀人的故意,此时甲以外四人成立寻衅滋事罪。

十、共同寻衅滋事过程中实行过限致一人重伤或者死亡,寻衅滋事纠集者一般也应当定故意伤害罪、故意杀人罪

详解:寻衅滋事纠集者纠集他人寻衅滋事没有嘱咐限度和范围,被纠集者持刀捅刺他人过程中纠集者没有阻止,事后也没有施救,则说明纠集人对于造成的重伤或死亡结果持放任的态度,此时认定纠集者成立故意伤害罪或者故意杀人罪为宜。

举例：甲纠集乙等五人随意殴打他人，乙拿出随身携带的尖刀挥舞和捅刺，甲事前没有吩咐随意殴打的限度，事中没有阻止，有人心脏被捅刺后倒地甲没有施救，带领大家逃离作案现场，此时甲同样成立故意杀人罪。

十一、多次纠集实施寻衅滋事只有几次均构成犯罪时才有可能适用法定刑升格

详解：《刑法》明文规定，多次纠集他人实施寻衅滋事犯罪的，适用法定刑升格。易言之，如果几次寻衅滋事分别都不构成犯罪，那么就没有适用5～10年有期徒刑的余地。

举例：甲三次纠集他人随意殴打他人，每次均无人达到轻微伤或者轻微伤以上后果，此时，甲只达到寻衅滋事罪入罪门槛，只适用寻衅滋事罪基本法定刑。

十二、寻衅滋事共同犯罪只有在具备一定条件时方才可能适用法定刑升格

详解：多次寻衅滋事犯罪要适用法定刑升格判处5～10年有期徒刑，必须满足四个条件：(1)纠集他人，也就是说必须是纠集者；(2)必须达到纠集多次，多次是指至少3次；(3)每次均构成犯罪；(4)必须是未经处理的，如果已经被处理过了那就不能累计计算次数。

举例：甲三次纠集他人随意殴打他人，第一次造成轻伤，后被判处1年有期徒刑，其仍然不思悔改，又实施了类似行为，第二次和第三次也均造成轻伤，此时，甲尽管触犯了寻衅滋事罪，但是只适用寻衅滋事罪基本法定刑，因为第一次已经经过处理，不能累计计算。

十三、寻衅滋事罪基本法定刑不附加适用罚金刑，法定刑升格时可以附加适用罚金刑

详解：《刑法》第293条第1款规定有下列寻衅滋事行为之一，破坏社会秩序的，则处5年以下有期徒刑、拘役或者管制，第2款规定纠集他人多次实施前款行为，严重破坏社会秩序的，则处5年以上10年以下有期徒刑，可并处罚金。是故，寻衅滋事罪的基本法定刑不能够附加适用罚金刑，法定刑升格时可以附加适用罚金刑，也可以不附加适用。

举例：甲因为触犯《刑法》第293条第1款规定，被法院判处寻衅滋事罪

2 年有期徒刑,附加适用罚金 3000 元。此时法院判决有误,可以考虑抗诉。

十四、寻衅滋事情节恶劣或者情节严重时,仍然有适用但书或者《刑法》第 37 条的空间

详解:《刑法》总则中的情节是否显著轻微或者是否轻微,和分则中的情节是否严重或者恶劣不是同一层次的,判断的指标和包含的内容并不相同。后者主要判断后果、方式、次数、地点等内容,前者除了包括上述内容外,还包括行为人年龄、精神、出身、一贯表现、悔罪态度、有无赔偿以及被害人是否谅解等多个方面,寻衅滋事罪也不例外。

举例:甲中年丧妻痛苦不已,天天借酒消愁,经常酩酊大醉,三次上街随意殴打他人,造成一人轻微伤,两人未受伤,被检察机关以寻衅滋事罪起诉到法院。尽管该案符合 2013 年最高人民法院、最高人民检察院《关于办理寻衅滋事刑事案件适用法律若干问题的解释》中关于多次随意殴打他人的规定,但是应该讲,甲主观恶性和社会危害性并不算大,而且其思念亡妻容易得到他人理解和同情,以情节显著轻微危害不大或者情节轻微为由,认定甲无罪或无须判处刑罚免予刑事处罚并非不可,完全可通过赔偿损失、赔礼道歉、批评教育、治安处罚等方式予以处理,给甲一个改过自新的机会。实际上,《治安管理处罚法》第 43 条第 3 项对多次殴打、伤害他人或者一次殴打、伤害多人的规定和司法解释对多次随意殴打他人的规定作出了相互矛盾的处理办法。所以,基于谦抑性原则,不要轻易动用《刑法》,在一个人多次随意殴打他人时予以行政处罚即可,否则就会无端扩大刑事打击范围。

十五、寻衅滋事罪属于口袋罪,尽管寻衅滋事罪在目前存在一定的正价值,但是应当严格把握入罪标准,不能出入人罪

详解:按照《刑法》第 293 条的规定,第 1 款第 1 项中随意殴打型寻衅滋事罪必须达到情节恶劣,具体而言,需要满足造成轻伤或者两人轻微伤或者持械或者多次等条件,第 2 项中追逐、拦截、辱骂或者恐吓型寻衅滋事罪须达到情节恶劣,第 3 项中强拿硬要、任意损毁或占用型寻衅滋事罪须达到情节严重,第 4 项中起哄闹事型寻衅滋事罪须满足导致公共场所秩序严重混乱的程度,具体内容和标准司法解释都有规定。

举例:甲、乙、丙三人共谋到列车上去卖唱乞讨要钱。于是,三人于凌晨来到某火车站，撬开停靠该站的某旅客列车车窗，不顾旅客拦阻强行爬入车厢。上车后，甲先斥骂了阻止其上车的旅客，之后乙和丙假装成残疾人对着乘客唱歌并讨钱。甲强迫其中一位乘客让出座位，直接站到座位上喊“我们三人不是小偷，不是强盗，今天来给大家献个唱，请大家把钱备好，装睡的都醒醒”，然后用木棍敲击地板、不停挥舞。乙和丙共向三节车厢多位旅客索取 1 元或者 2 元不等“听歌费”，共计 350 元。旅客如果不给钱时，乙和丙就用木棍使劲敲击地板，催着要钱。其间，一位假装睡觉不愿给钱的旅客还遭到了乙的辱骂。一审法院判处三人为抢劫罪，这是有问题的，因为三人的暴力程度比较轻微，未达致不能反抗、不知反抗或者不敢反抗的程度，抢劫罪应当排除。到了二审法院被改判为强迫交易罪，这也是有问题的，因为强迫交易罪属于《刑法》分则第 3 章第 8 节扰乱市场秩序类犯罪，强迫交易罪中的“交易行为”在市场中必须合法存在，而通过卖唱来乞讨本身就不应该在市场上合法存在，同时强迫交易罪应当以真实交易为前提，乞讨人员唱歌不应该被认定为可以用来交换他人财物的商品。所以，二审改判强迫交易罪，同样错误。该案流氓或者寻衅动机不明显，“强拿硬要”没有达到多次，金额也不大，也没有引发他人精神失常或者自杀等情况，不应被评价为寻衅滋事罪。是故，该案不宜进行入罪处理，治安管理处罚比较恰当。

十六、聚众斗殴罪和寻衅滋事罪相比，强调聚众性、纠集性、组织性、计划性

详解：如果有人纠集或者教唆多人从他处赶到案发现场参与互殴，此时应当优先考虑聚众斗殴罪而非寻衅滋事罪，因为寻衅滋事罪更多的是具有临时性、偶发性、无计划性。

举例：甲和乙、丙发生矛盾，甲电话邀请两人殴打乙和丙，被邀约的两人“欣然”前往，积极参加，双方形成混战，造成一人轻伤、一人轻微伤，此时甲等三人构成聚众斗殴罪。

十七、聚众斗殴罪和寻衅滋事罪对暴力的要求不同

详解：聚众斗殴罪对暴力的程度未有特别的规定和要求，只须聚众斗殴的首要分子和其他积极分子参加即成立本罪。而寻衅滋事罪对暴力有着特别要求，只有达致情节严重、情节恶劣或造成公共场所秩序严重混乱的，才成立该罪。

举例：首要分子甲、积极参加者乙、丙和对方聚众斗殴致一人轻微伤，甲乙丙只可能成立聚众斗殴罪，不可能成立寻衅滋事罪。

十八、聚众斗殴罪中聚众斗殴方必须达到3人以上，对方不需要达到3人以上

详解：聚众斗殴罪是否需要满足两方都为3人以上，事实上学界有争论，但是，目前观点已经趋于统一，那就是聚众斗殴方需要3人以上，对方不需要达到3人以上。这可以从高铭暄老师在北京大学出版社的几个不同版本的"红宝书"《刑法学》教材中觅得端倪。

举例：甲和乙之间发生矛盾和口角，甲电话邀请两人和乙互殴，被邀约的两人"欣然"前往，积极参加，乙不甘示弱，积极应战，此时甲等3人构成聚众斗殴罪。

十九、聚众斗殴罪中聚众斗殴双方不一定需要有互殴的故意

详解：这主要是依据江苏省2010年公检法《关于办理聚众斗殴等几类犯罪案件适用法律若干问题的讨论纪要》得出的结论，该纪要规定对于斗殴双方都有聚众斗殴故意的，只要一方达到3人以上即可，对双方都应当认定聚众斗殴，但是对于没有聚众斗殴故意的一方，不应认定为聚众斗殴，可以从三个方面去理解，一是双方均3人以上的，双方具有聚众斗殴故意，双方均构成聚众斗殴罪；二是一方3人以上，一方不足3人，双方具有聚众斗殴故意，双方均构成聚众斗殴罪；三是一方3人以上，一方不足3人，仅有一方具有聚众斗殴故意的，具有聚众斗殴故意的一方应当被评价为聚众斗殴罪。

举例：甲和乙之间发生矛盾和口角，甲电话邀请两人殴打乙，被邀约的两人"欣然"前往，积极参加，乙"打不还手、骂不还口"，被打成重伤，此时，甲等3人构成聚众斗殴罪。

二十、一方聚众殴打对方，对方积极应战的，双方均可能构成聚众斗殴罪

详解：尽管一方主动聚众斗殴上门挑衅，但是对方如果不报警、不逃离，在形成聚众斗殴意思联络的情况下积极互殴，对方不能以正当防卫或者受到人身伤害为由不承担相应刑事责任，双方均成立聚众斗殴罪。

举例：甲因为合伙人乙擅自招聘丙、丁、戊、己发生纠葛，甲因为被打一记耳光，电话邀约多人持刀具前来打架，乙发号持钢管上的号令，打成一团，双方各有两人造成轻伤。双方都应被评价为聚众斗殴罪，并且构成持械聚众斗殴,适用法定刑升格。

二十一、互殴过程中缺乏聚众斗殴的意思联络不构成聚众斗殴罪

详解:两方人员没有明确的聚众斗殴意思表示,也没有聚众斗殴的犯意联络,尽管发生互殴,此时,因为缺乏聚众斗殴的故意,也不能认定为聚众斗殴罪。

举例:甲在饭店就餐后结账时,因为邻桌就餐的乙朝其瞪了一眼,两人发生口角,进而打架,甲乙双方人员纷纷上来帮忙,更有甚者持刀砍人、持啤酒瓶砸人,造成一人轻伤两人轻微伤。因为双方属于临时起意,没有明确的意思联络,也缺少明确的首要分子,定寻衅滋事罪更为合适。否则定聚众斗殴罪就可能因为持械,相关人员将面临3年以上有期徒刑,而认定为寻衅滋事罪则有可能在3年以下量刑。

二十二、在聚众犯罪中,一般都有首要分子,没有首要分子,则通常无法形成聚众的局面

详解:聚众犯罪是聚众行为和直接危害行为的结合,故而,在聚众犯罪中,首要分子的作用既应包括在聚众行为中的组织、策划或者指挥作用,也应包括在直接危害行为中的组织、策划或者指挥作用。然而,首要分子不一定会实施直接的殴斗行为,也可能会躲在幕后组织、策划或者指挥。不管其有无实施直接殴斗行为,只要其在聚众斗殴中起组织、策划或者指挥作用,就应被认定为聚众斗殴罪的首要分子。所谓"积极参加者",通常是指主动参加聚众斗殴并在其中起主要作用的人。积极参加者在聚众斗殴行为之中,其行为方式可能有不同表现,但只要在聚众斗殴过程中起主要作用,就应当被认定为积极参加者,这也是积极参加者和一般参加者相互区别的关键。

举例:甲和朋友在饭店就餐,因为邻桌就餐的乙朝其瞪了一眼,两人发生口角,进而打架,甲乙双方人员纷纷自发上来帮忙,更有甚者持刀砍人、持啤酒瓶砸人,导致1人轻伤、2人轻微伤。因为本案没有首要分子,排除适用聚众斗殴罪。

二十三、聚众斗殴罪只处罚首要分子和积极参加者,不处罚一般参加者,积极参加者一般也应当认定为主犯

详解:聚众斗殴罪只对两种人入罪处罚,即首要分子和积极参加者,这不仅是罪刑法定的要求,也是罪刑相当原则的应有之义。有观点认为"积极参加者”不仅仅指主犯，原因在于《刑法》第26条中的“主犯”一般是指在共同犯罪中起主要作用者，而“积极参加者”并不都是起主要作用者，立法上以“积极参加者”纳入主体范围，只是将从犯之中作用不大者剥离出犯罪主体外，并非对所有的从犯都不追究刑事责任。所以此处的“积极参加者”包括主犯以及部分从犯。我们并不赞同该观点，由于聚众犯罪中的积极参加者相当于共同犯罪中“其他在共同犯罪中起主要作用”的主犯，并不包括起次要或者辅助作用的从犯，不然，将无法区分积极参加者和一般参加者。所以，积极参加者和首要分子在聚众犯罪中都起主要作用，只是两者相比，前者所起作用往往略小。

举例：甲因为和戊、己素有积怨，一日纠集乙、丙、丁前往戊、己住处喊话挑衅、意欲斗殴，甲和乙积极参加斗殴，丙只是拍了拍对方一人的脸，丁没有“参战”，站在一旁“观战”。该案中只对首要分子甲和积极参加者乙定罪处罚，一般参加者不构成犯罪，甲是作用较大的主犯，乙是作用较小的主犯。

二十四、聚众斗殴过程中导致重伤或者死亡不能一概根据重伤定故意伤害，或者根据死亡定故意杀人

详解：聚众斗殴过程中，致人重伤是否都应认定为故意伤害罪，致人死亡是否都应认定为故意杀人罪，有两种观点：一是“结果说”，只看结果不问主观，亦即认为致人重伤就应认定为故意伤害罪，致人死亡就应认定为故意杀人罪。二是“要素说”，坚持主客观一致的原则，认为不仅要考察客观结果，还要查清当事人主观上到底是伤害的故意还是杀人的故意。“要素说”是主流观点，更加科学合理，因为如果明明是故意伤害但却说成是故意杀人明显不妥，反之亦然，否则就是对罪刑法定和主客观相一致原则的违背。

举例：聚众斗殴过程中，一方成员甲出于伤害故意，用刀砍了对方乙臂膀一刀，导致乙失血过多抢救无效死亡，此时应认定甲构成故意伤害罪。

二十五、黑社会性质组织成员的认定应当坚持主客观相一致的原则

详解：关于黑社会性质组织组织者和领导者，组织者是发起者或者创建者，领导者是实际居于领导地位的人员，并对整个组织起决策、指挥、协调或者管理作用。对于积极参加者或者一般参加者，2009年《办理黑社会性质组织犯罪案件座谈会纪要》除要求“明知而参加”外，还要求接受黑社会性质组织的领导和管理，亦即主观上须有将自己置于黑社会性质组织管理和控制之下的意愿，客观上须有接受黑社会性质组织领导和管理的事实。并且，2015年《全国部分法院审理黑社会性质组织犯罪案件工作座谈会纪要》明确了不属于黑社会性质组织成员的三种情形。

举例：甲与黑社会性质组织的头目乙私交甚好，深受乙马仔的尊重，然而甲在黑社会性质组织内既无上级，也无下级，也就是说甲在黑社会性质组织中没有稳定位置，亦无任何隶属关系，若甲仅仅临时受邀或基于个人的意愿而参与某起犯罪，不能评价甲为黑社会性质组织成员。

二十六、人数少于10人或者经济实力不足20万元，特殊情况下仍然有可能被认定为黑社会性质组织

详解：2015年最高人民法院《全国部分法院审理黑社会性质组织犯罪案件工作座谈会纪要》，对黑社会性质组织的特征中的"人数较多"界定为一般10人以上，对经济特征的具有"经济实力"授权各高级法院在20～50万元内划定最低数额标准。该会议纪要还规定，四个特征之中其他的要素均已经齐备，只是在成员人数或者经济实力方面未达到会议纪要规定的通常要求，但是已经较为接近的，也可以认定为黑社会性质组织。

举例：某组织9人，经济实力19万元，但是黑社会性质组织四个特征中的其他要素都具备，而且非常突出和猖獗，尤其是非法控制特征非常明显，此时应认定该组织是黑社会性质组织。

二十七、"非法控制或重大影响"通常需要多种情形交织在一起，并且涉及多个罪名

详解：最高人民法院、最高人民检察院、公安部2009年发布的《办理黑社会性质组织犯罪案件座谈会纪要》规定了"非法控制或重大影响"的八种情形，分别为：对在一定区域之内生活或者在一定行业之内从事生产、经营的群众产生心理强制或威慑，导致合法利益受损的群众不敢举报或控告的；对一定行业的生产或经营形成垄断，或对涉及一定行业的准入、经营、竞争等经济活动产生重要影响的；插手民间纠纷或经济纠纷，在相关区域或行业内造成严重影响的；干扰或破坏他人正常生产、经营或生活，并在相关区域或行业内产生严重影响的；干扰或破坏公司、企业、事业单位或社会团体的正常生产、经营或工作秩序，在有关区域或行业内造成严重影响，或造成其不能正常生产、经营或工作的；多次干扰或破坏国家机关、行业管理部门以及村委会、居委会等基层群众自治组织的工作秩序,或造成以上单位、组织的职能未能正常履行的;利用组织的势力或影响,使组织成员获得政治地位,或在党政机关、基层群众自治组织中获得一定职务的;其他形成非法控制或重大影响,严重扰乱经济或社会生活秩序的情形。最高人民法院2015年发布的《全国部分法院审理黑社会性质组织犯罪案件工作座谈会纪要》规定,上述八种情形通常不会独自存在,一般是两种以上情形同时存在和互相交织,进而严重影响经济或社会生活秩序。

举例:甲等人从事的违法犯罪活动中,仅有1起故意伤害犯罪、4起寻衅滋事犯罪可以被认定为犯罪集团所实施的犯罪,其他均为个人犯罪。而这5起犯罪的对象,都是针对甲的竞争对手即某公司的老板或员工,犯罪共导致1人死亡、1人轻伤以及1人轻微伤。对照上述两个会议纪要,契合其中第四种情形,即干扰或破坏公司、企业、事业单位或社会团体的正常生产、经营或工作秩序,在相关区域或行业内产生严重影响,或造成其不能正常生产、经营或工作的,但是根据2015年《全国部分法院审理黑社会性质组织犯罪案件工作座谈会纪要》,仅有一种情形不足以认为非法控制特征亦即社会危害性特征已经具备。同时,该犯罪集团存在的时间明显过于短暂,犯罪次数也偏少,侵犯的对象特定单一,该犯罪集团尚不足以称霸一方或严重影响当地同种行业的生产经营秩序。

二十八、成立组织、领导、参加黑社会性质组织罪无须具备"保护伞"的条件

详解:最高人民法院于2000年制定的《关于审理黑社会性质组织犯罪的案件具体应用法律问题的若干解释》和2002年人大常委会制定的立法解释《关于〈中华人民共和国刑法〉第二百九十四条第一款的解释》,均对黑社会性质组织作出相关解释,两者间的差别主要为非法保护是否为黑社会性质组织的成立条件。司法解释将"保护伞"条件规定为黑社会性质组织的要求,而立法解释则将"保护伞"规定为或然性条件,无"保护伞"亦可能成立黑社会性质组织。在2011年《刑法修正案(八)》发布之后,应当根据该修正案认定黑社会性质组织无须具备非法保护的条件。

举例:甲创立和领导的某组织同时符合黑社会性质组织的组织特征、经济特征、行为特征以及非法控制特征,然而并未利用也不存在国家工作人员

的包庇或者纵容,此时依然构成组织、领导、参加黑社会性质组织罪。

二十九、同时触犯了组织、领导、参加黑社会性质组织罪与其他的罪名时,实行数罪并罚

详解:同时触犯了组织、领导、参加黑社会性质组织罪与其他的罪名时,《刑法》第294条有明确规定,实行数罪并罚。如果没有刑法明文规定,则可能构成牵连犯从一重罪处罚。实行数罪并罚存在重复评价的重大嫌疑,但是为了严厉打击黑社会性质组织犯罪,数罪并罚亦有其合理性以及必要性。此外,同时触犯了包庇、放纵黑社会性质组织罪和其他罪名的,也应当数罪并罚。

举例:甲积极参加某黑社会性质组织,根据该组织指示,甲实施了故意杀人和抢劫行为,此时甲应当以参加黑社会性质组织罪、故意杀人罪和抢劫罪数罪并罚。

三十、黑社会性质组织骨干分子的量刑建议应参考积极参加者3~7年的法定刑

详解:黑社会性质组织的组织特征必须满足"骨干成员基本固定",骨干成员系积极参加者之中的核心分子,直接听命于组织者或领导者,作用大于一般的积极参加者。因为刑法依照组织者、领导者,积极参加者以及一般参加者区分了三档法定刑,但没有单独设置法定刑幅度,骨干成员应当参考积极参加者提出量刑建议。

举例:甲是黑社会性质组织成员,直接听命于组织者、领导者,带领组织中的一支队伍,应当认定为骨干分子,属于积极参加者,其作用大于一般积极参加者,此时量刑建议可以参考积极参加者3~7年的法定刑幅度范围。

三十一、寻衅滋事罪和故意伤害罪侵害的法益不同

详解:故意伤害罪保护的法益是他人身体健康权,而寻衅滋事罪必须满足侵害社会公共秩序的条件。

举例:甲到乙家喝酒,两人话不投机,甲将乙打成轻伤,甲只可能成立故意伤害罪,不可能成立寻衅滋事罪,因为甲不可能侵害社会公共秩序。

三十二、一个行为同时触犯寻衅滋事罪和其他罪名时,运用想象竞合原理从一重罪处罚

详解:2013年《关于办理寻衅滋事刑事案件适用法律若干问题的解释》

第7条明确规定,实行寻衅滋事,同时符合寻衅滋事罪与故意伤害罪、故意杀人罪、敲诈勒索罪、故意毁坏财物罪、抢夺罪或抢劫罪等罪的构成要件的,根据处罚较重的犯罪追究刑事责任。

举例:甲随意殴打他人致一人轻伤,如果侵犯了社会公共秩序,那么同时成立寻衅滋事罪和故意伤害罪,应当从一重罪处罚,定寻衅滋事罪,寻衅滋事罪基本法定刑为5年以下。

三十三、辱骂型寻衅滋事罪和侮辱罪在行为方式以及案件性质等方面存在差别

详解:侮辱的形式有多种,包括暴力、当众嘲笑、挖苦、辱骂、贴发传单或者传阅大小字报、漫画等,辱骂只是其中一种。而侮辱罪原则上只能是自诉案件,只有在严重危害社会秩序以及国家利益的情形下才会转化为公诉案件。另外,寻衅滋事罪和侮辱罪的法定刑也存在差异。

举例:涉嫌强奸罪的犯罪嫌疑人甲在看守所被羁押期间,强迫同监室乙喝尿、吃屎,并让同监室其他人用绳子系在乙的生殖器上拉着沿圆圈打转,并多次用鞋子随意殴打乙和其他人。对于该案的定性有这么几种观点,有人认为构成寻衅滋事罪,有人认为构成破坏监管秩序罪,有人认为构成侮辱罪,有人认为构成破坏监管秩序罪与侮辱罪进而实行数罪并罚,另外有人认为构成寻衅滋事罪和侮辱罪实行数罪并罚。我们赞同最后一种观点,因为对于"强迫同监室乙喝尿、吃屎,并让同监室其他人用绳子系在乙的生殖器上拉着沿圆圈打转"的行为,并无寻衅滋事罪之中的"辱骂",属于侮辱行为,并且情节严重,构成侮辱罪;"多次用鞋子随意殴打乙和其他人",不可能构成故意伤害罪,只能"不得已而求次之",根据2013年最高人民法院、最高人民检察院《关于办理寻衅滋事刑事案件适用法律若干问题的解释》,属于寻衅滋事罪"随意殴打"型寻衅滋事罪的"情节恶劣",该行为应当定寻衅滋事罪。同时根据《监狱法》,罪犯只指已决犯,而破坏监管秩序罪的实施主体为未决犯,所以上述两个行为不可能同时触犯破坏监管秩序罪。是故,甲某的两个行为应当定侮辱罪和寻衅滋事罪,实行数罪并罚。

三十四、敲诈勒索财物不足4000元的,不具有特殊情形时只可能成立寻衅滋事罪,不可能成立敲诈勒索罪

详解:根据司法解释,强拿硬要,同时侵犯社会公共秩序,达到1000元,成立寻衅滋事罪，而《刑法》第274条敲诈勒索罪的入罪门槛原则上是4000元。

举例：甲强拿硬要3000元，可能成立寻衅滋事罪，一般不可能成立敲诈勒索罪，例外情形是根据刑法规定，必须达到多次时才能够入罪。

三十五、故意毁坏财物不足5000元的，只有成立寻衅滋事罪的可能，无成立故意毁坏财物罪的可能

解析：根据司法解释，任意损毁财物，同时侵犯社会公共秩序，达到2000元，成立寻衅滋事罪，而《刑法》第275条故意毁坏财物罪的入罪门槛是5000元。

举例：甲任意损毁他人财物3000元，只有成立寻衅滋事罪的可能，无成立故意毁坏财物罪的可能。

三十六、寻衅滋事罪与抢劫罪的重要区别之一是暴力或胁迫程度不同

详解：寻衅滋事罪的暴力程度相对比较轻微，而抢劫罪的暴力或胁迫程度应该达到不能反抗、不知反抗或不敢反抗。在一个行为构成抢劫罪的情况下，原则上不再成立寻衅滋事罪。这是由两个罪名的行为特征决定的，也和法定刑的不同有关。

举例：甲驾车剐蹭到乙的三轮车，本应该是甲的责任，但是甲要求乙修车，双方发生口角，甲随即从车内拿出一把尖刀要往乙腹部捅刺，并使用刀具架在乙的脖子上说“不看看我的车牌号？你知道我是干啥的吗”，然后甲从乙三轮车内强行拿走人民币110元。本案中不难判断甲某有非法占有的目的，而且甲某的暴力程度足以使乙不能反抗、不敢反抗、不知反抗，这是符合抢劫罪构成要件的，结合“不看看我的车牌号？你知道我是干啥的吗”可以看出甲逞强要横、争强斗狠的寻衅动机，但是不能根据寻衅动机就认为只能适用寻衅滋事罪，如果这样，存在非法占有的目的成立抢劫罪，非法占有的目的加寻衅动机反而成立处罚比抢劫罪轻得多的寻衅滋事罪，这样不仅不符合逻辑和推理，也是荒诞不经的。

后 记

经过无数个夜以继日的挑灯夜战,“正果终于修成”,以博士论文《“口袋罪”要论——以寻衅滋事罪的限制和消减为重点》作为重要基础的专著书稿《口袋罪的限制适用和消减进路研究》终于定稿即将付梓。此时此刻,我的心底早已不是曾经想象的那种突然释放和掏空的感觉,相反,一股暖流和感动油然而生。这种情感,如同涓涓细流,滋润心田,如同微微暖风,涤荡胸怀。攻读博士的点点滴滴,撰写书稿的诸多感悟,足以汇成温暖心灵的海洋,让我心潮澎湃,几多感慨背后是无限的感激!

身为检察官,这份职业也曾经给予了我足够的职业荣誉,但是“如何突破人生局限”的思索,一直激励着我不满足于现状。为此,在繁重的办案任务和工作之余,我利用业务时间继续学习法学理论知识,终于如愿考上了苏州大学刑法学专业在职博士研究生。苏州大学的优良学风、老师的博学多才、同学之间的纯洁友情给我留下了深刻印象和美好回忆,让我觉得这次深造真是不虚此行、受益匪浅、收获颇丰。通过博士阶段以及后续的不断学习,我的知识不断丰富,我的思想观念不断成熟,我的人生不断地展现出一个全新的面貌!

首先我要感谢导师李晓明教授。先生学识渊博,思维敏锐,待人谦和,是我心目中极度崇拜的德才兼备的优秀法学家,也是我做人做学问的楷模和榜样。在我攻读博士学位的日子里,先生不仅给予了我广阔的锻炼平台、丰富的学术资源,还教导我在研习刑法过程中要戒骄戒躁和谦虚谨慎。无论是参与学术研讨,还是进行论文写作,我都经历了从知识积累到生活丰富的人生升华,领悟了学术研究的真谛和人生奋斗的意义。在我的博士论文写作期间,从开题框架搭建和结构完善,先生在百忙之中多次抽空与我探讨交流,反复推敲和斟酌,为我论文具体内容的写作打下了扎实的基础。也曾经记得在校园和先生散步时,以及在和先生一起乘坐动车去参加研讨会时,还有在先生办公室单独接受课程面授时,甚至在先生组织的研究生读书会交流读书心得时,先生都时刻不忘主动关心我论文的写作进度、结构思路,一直鞭策我,不断向我输送学术营养、思想启迪和写作灵感。尤其是记不清多少次凌晨时分给先生发邮件,先生都会立即回复为我答疑解惑。初稿完成,二稿、三稿乃至最终定稿,我都无法忘记先生给予我的耐心鼓励和悉心指导,字里行间都凝聚着先生的心血,流露出他对学生深沉的爱和无私的帮助。由于先生人格魅力的影响和专业上的不断指导、关帮,才有了我在学术上的成长和进步,感激、感谢、感恩之情无以言表。我只有将其化为今后更加努力工作和学习的动力,报答先生,报答社会。

正是由于导师的栽培,我在学习和工作上都取得了一些连自己都惊讶的成绩。我先后在《法学杂志》《政法论丛》《苏州大学学报》《甘肃社会科学》《社会科学战线》《西南政法大学学报》《北方法学》《法治现代化研究》《人民检察》等国家级、省级等期刊杂志上发表论文30余篇;2013年主持苏州大学卓越人才计划项目"行政刑法的发展现状和未来走势",获得苏州大学"学术新人奖";2014年被所在单位评为先进工作个人;2015年作为课题组负责人和主持人,申报的课题"寻衅滋事罪要论——以'口袋罪'的限制和消减为视角"被中国法学会立项资助(已经成功结项);2016年被评为江苏省优秀中青年法学家候选人、江苏省检察专门人才、南通市优秀检察人才,"转战"到单位核心业务部门公诉处工作后,被江苏省人民检察院批准为全省首批员额检察官;2017年博士论文预答辩、盲审、正式答辩均以优良等级通过,被评为南通市226高层次人才培养对象;2018年被所在单位行政嘉奖,被组织选派赴新疆伊犁州挂职支援锻炼;2019年被伊犁州人民检察院荣记三等功,获得江苏省人民检察院"新时代优秀检察官提名奖",并被所在单位提拔为第二检察部(重大刑事犯罪检察部)副主任;2020 年被评为全国检察机关首批重罪检察人才;2021 年被评为南通市十佳青春榜样和优秀党务工作者,被最高人民检察院抽调借用工作,年底被任命为南通市海门区人民检察院党组成员、副检察长(挂职);2022 年 4 月,根据组织安排,主持南通市人民检察院第二检察部工作。点点滴滴,历历在目,饮水思源,师恩难忘。

同时,我也要感谢我硕士就读学校南京师范大学法学院刘敏教授、李建明教授,苏州大学王健法学院胡玉鸿教授、胡亚球教授、朱谦教授、彭文华教授、钱叶六教授、胡育新老师,各位老师给予了我无私的教诲,为我的博士学习提供了巨大支持,使我终身受益。

感谢对我在职博士学习给予了很多关心、支持和帮助的诸位领导和单位同事!感谢我的家庭(因为读博,很多承诺我都没有兑现,但是他们没有流露任何不满,没有一丝一毫的抱怨)、师兄师姐(吕新建、康敬奎、易波、桂萍、张鑫、王菁、陈多旺、孙持明)、同学(凌晔、汪厚冬、尹德贵、陈红梅、江金满、尹文平、韩冰)、亲朋好友(沙福华、何金清、马荣春、王兴红、张秀萍、马淑萍、汤俊云、羌松延、黄美兰、彭宏灵、王栋成、钱桂东、张云东、刘峰成、王鑫锋、张艺、陈智勇、陈剑锋、魏巍、胡冬阳、张振华),等等,他们给了我巨大的情感支撑!感谢法律出版社张珺编辑,为本书的出版付出了很多辛劳!

最后,衷心感谢对本书提出过宝贵意见和建议的专家们!祝您们身体健康,万事胜意!

2021 年 12 月 16 日凌晨定稿于北京市香山南路 109 号